Bibliothèque nationale de France

Direction des collections

Département Droit, Economie, Politique

DE

LA RESPONSABILITÉ

LÉGALE ET CONVENTIONNELLE

DES TRANSPORTEURS MARITIMES

AU POINT DE VUE DU TRANSPORT DES MARCHANDISES

PAR

Jean RÖDEL

DOCTEUR EN DROIT

LAURÉAT DE LA FACULTÉ DE DROIT DE BORDEAUX

BORDEAUX

IMPRIMERIE Y. CADORET

17. — Rue Poquelin-Molière — 17

1907

DE

LA RESPONSABILITÉ

LÉGALE ET CONVENTIONNELLE

DES TRANSPORTEURS MARITIMES

AU POINT DE VUE DU TRANSPORT DES MARCHANDISES

PAR

Jean RÖDEL

DOCTEUR EN DROIT
LAURÉAT DE LA FACULTÉ DE DROIT DE BORDEAUX

BORDEAUX

IMPRIMERIE Y. CADORET

17 — RUE POQUELIN-MOLIÈRE — 17

1907

AVANT-PROPOS

La question de la responsabilité du transporteur dans le contrat d'affrètement, c'est-à-dire dans le contrat de transport des marchandises par mer, a soulevé, dans ces dernières années, les plus vives discussions, tant en France que dans les différentes nations maritimes. Les grandes compagnies de navigation ont, en effet, introduit dans leurs connaissements des clauses par lesquelles elles restreignent ou réduisent à néant la responsabilité qui, en droit commun, découle pour elles de l'inexécution des obligations du contrat de transport. Ces clauses, reproduites par la plupart des armateurs des différents pays, sont devenues de style et on les retrouve aujourd'hui dans tous les connaissements, sous forme de clauses imprimées qui sont considérées comme liant les chargeurs par cela même qu'ils ont accepté le connaissement. De vives protestations s'étant élevées dans ces dernières années contre la validité de ces clauses admise par la jurisprudence française et la question ayant même été portée sur le terrain législatif, il nous a paru intéressant d'en présenter une étude d'ensemble et de nous demander si la prohibition des clauses de non responsabilité, consacrée par le législateur il y a deux ans à peine dans le contrat de transport terrestre (¹), devrait être étendue au contrat de transport par mer.

(¹) Loi du 29 mars 1905 dite loi Rabier du nom de son auteur.

Rodel 1

Afin de mieux faire ressortir l'étendue des dérogations apportées par les clauses de non responsabilité aux règles de l'exécution du contrat de transport maritime et d'établir une opposition bien nette entre les dispositions légales et les dérogations qu'y apporte la convention des parties, il nous a paru indispensable de faire tout d'abord l'étude des règles du Code de commerce que ces clauses viennent battre en brèche chaque jour. Ces dérogations ne peuvent en effet être comprises que si l'on connaît bien les règles auxquelles elles font échec.

Notre étude ainsi entendue comporte donc deux parties : la première, consacrée à la responsabilité légale ; la seconde, réservée aux limitations conventionnelles de cette responsabilité.

Notre première partie elle-même devra comprendre plusieurs points :

Tout d'abord, la détermination des personnes à la charge desquelles peut naître la responsabilité. En effet, si cette responsabilité naît toujours à la charge du fréteur, c'est-à-dire de celui qui s'est engagé à transporter ou à faire transporter des marchandises, le rôle de fréteur peut être joué soit par le propriétaire du navire ou l'armateur, soit par le capitaine. Il est incontestable que le contrat d'affrétement fera toujours naître une obligation soit pour le propriétaire du navire, soit pour l'armateur (quand ces deux qualités ne sont pas réunies sur la même tête) et il en sera ainsi qu'il soit intervenu en personne au contrat ou que ce dernier ait été passé par le capitaine (car il est certain que celui-ci a en tous cas la qualité d'agent du fréteur). Mais si l'affrétement est conclu par le capitaine, nous avons à rechercher en outre si ce dernier ne peut pas être considéré comme personnellement chargé de l'exécution du contrat de transport et ne doit point par suite être reconnu personnellement responsable envers les affréteurs des actes dommageables pour la cargaison qu'il commet ou laisse commettre. L'étude des personnes responsables dans le contrat de transport maritime, qui fera l'objet de notre premier chapitre, ne traitera cependant pas de la faculté laissée par la loi au propriétaire de navire de se libérer de sa responsabilité par l'abandon du navire ou du fret afférent aux marchandises transportées; l'étude de cette importante matière dépasse le cadre d'un travail qui a surtout pour but de montrer le contraste existant entre la responsabilité légale et la responsabilité conventionnelle du transporteur.

A un second point de vue, le contrat d'affrétement engendrant diverses obligations à la charge du fréteur et chacune de ces obligations donnant naissance à un chef spécial de responsabilité, nous aurons à les déterminer dans notre deuxième chapitre. Mais les limites mêmes de notre sujet nous imposeront à cet égard l'obligation de ne nous occuper que des cas où la responsabilité du transporteur est engagée en tant que voiturier, négligeant par suite nécessairement l'étude de la responsabilité qui peut résulter pour le fréteur des contrats conclus par le capitaine pour les besoins du navire ou des engagements contractés par lui sur l'ordre de l'expéditeur.

L'inexécution des obligations du contrat d'affrétement et la responsabilité qui en découle donnant naissance à des recours en justice de la part de l'affréteur, il conviendra d'étudier dans notre chapitre III ; par qui l'action en responsabilité est mise en mouvement, quel est le tribunal devant lequel elle doit être portée, quel est l'objet de la condamnation à laquelle elle aboutit, et enfin comment elle peut s'éteindre.

Aux règles qui d'après le droit commun régissent la responsabilité du transporteur dans le contrat d'affrètement, nous opposerons dans notre seconde partie les limitations conventionnelles qui y sont apportées par les armateurs dans les connaissements. Après avoir passé en revue les clauses restrictives de la responsabilité et celles par lesquelles l'armateur s'exonère soit des fautes de ses préposés, soit de ses fautes personnelles, nous pénétrerons dans l'étude de la délicate question de la validité de ces clauses; nous verrons que ni la jurisprudence ni le législateur n'ont pu arriver jusqu'à ce jour à une solution susceptible de concilier les intérêts opposés des fréteurs et des affréteurs et nous nous demanderons, dans deux chapitres successifs, si dans l'état actuel de nos lois, il n'y aurait pas des textes permettant à la jurisprudence de réglementer les clauses de non responsabilité ou si au contraire l'intervention du législateur nécessiterait l'extension à notre matière de la réforme introduite par la loi Rabier dans le contrat de transport terrestre.

Disons, en terminant, que, pour être complète, notre étude comportera d'une part, dans un chapitre préliminaire, l'examen de la responsabilité légale et conventionnelle du fréteur au point de vue historique et, d'autre part, dans chacune de nos grandes divisions, un aperçu sommaire des solutions fournies en notre matière par la législation des diverses nations maritimes.

DE LA

RESPONSABILITÉ LÉGALE ET CONVENTIONNELLE

DES TRANSPORTEURS MARITIMES

AU POINT DE VUE DU TRANSPORT DES MARCHANDISES

———

CHAPITRE PRÉLIMINAIRE

Historique.

Bien que le droit romain nous ait laissé peu de règles de droit commercial et, notamment, de droit maritime, c'est cependant dans cette législation que nous pouvons trouver le point de départ de la réglementation de la responsabilité dans le contrat de transport, telle qu'elle est organisée dans notre droit actuel. C'est, en effet, le dernier état du droit romain inspiré lui-même des principales règles de la loi des Rhodiens qui a été reproduit dans le Consulat de la Mer, coutumier de la Méditerranée et qui, par suite, a donné naissance à la réglementation contenue sur ce point dans l'ordonnance de la marine (août 1681). Cette dernière, il est vrai, a fait subir aux règles admises par la législation romaine de profondes modifications qui ont passé dans notre code de commerce. Il est donc intéressant de suivre l'évolution de cette réglementation de la responsabilité depuis ses origines lointaines jusqu'à nos jours.

Dans le premier état du droit romain, le commerce terrestre et maritime étaient en défaveur ; le peuple romain se suffisait à lui-même et n'avait que des rapports commerciaux peu importants avec les cités voisines et surtout avec les peuples dont la mer le séparait. Ce n'est qu'à la fin de la République et au début de l'Empire que le commerce, et notamment le commerce maritime, prit une grande extension ; dès lors, les règles suivies jusque-là devinrent insuffisantes. Ce fut ici, comme sur bien d'autres points, par une très lente évolution et grâce au parti que jurisconsultes et praticiens surent tirer des principes fondamentaux du droit, que les progrès se réalisèrent au point de vue qui nous occupe. On utilisa, pour former le contrat de transport, divers procédés qui furent successivement ou simultanément en pratique : ce furent peut-être d'abord le contrat de stipulation, dont l'usage ne dut cependant pas être fréquent en notre matière à cause de son formalisme et du caractère de droit strict de l'action qu'il faisait naître ; puis les actes fiduciaires n'engendrant à l'origine aucune action et qui ne furent sanctionnés par des actions de bonne foi qu'à la fin de la République, époque à laquelle ils se transformèrent soit en *locatio operarum*, soit en *locatio operis faciendi* ; enfin, dans le dernier état du droit romain, le *receptum nautarum*, pacte prétorien par lequel le capitaine ou *magister navis* se chargeait non plus d'une cargaison, mais d'objets déterminés ; ce pacte se formait par simple accord de volonté entre le *magister navis* et le chargeur et était sanctionné par une action *in factum* prétorienne.

Ainsi, peu à peu, le droit romain s'adaptant à l'évolution des mœurs rendit de plus en plus facile la réalisation du contrat de transport. Mais ce progrès, relatif aux formes du contrat, n'était pas suffisant pour donner une entière satisfaction aux besoins des commerçants qui expédiaient leurs marchandises outre-mer. On sait avec quelle défaveur étaient vus à Rome le commerce et même les entreprises maritimes. Non seulement les patriciens ne s'y adonnaient pas, mais même parmi les plébéiens, seules les petites gens s'y livraient par eux-mêmes. Toutefois, comme le commerce maritime était une source de profits que convoitaient même les citoyens les plus honorés, comme, d'autre part, lesdépenses qu'il nécessitait ne le rendait guère accessible à la petite plèbe, la règle que les personnes en puissance sont un instrument d'acquisition pour ceux sous la *potestas* desquels elles se trouvent, avait fourni un moyen de concilier ces tendances opposées. Le maître ou le père de famille *exercitor navis* confiait à son esclave ou à son fils en puissance *magister navis* la conduite du navire et retirait ainsi les profits de l'expédition.

Malheureusement le principe de la non-représentation admis par le droit romain laissait le plus souvent dans cette hypothèse le chargeur sans recours utile d'après le droit civil, au cas où il avait à exercer une action en responsabilité. L'esclave ou le fils de famille représentaient bien l'*exercitor navis* en tant qu'ils rendaient sa condition meilleure, mais non en tant qu'ils la rendaient pire; l'*exercitor* pouvait donc bien devenir créancier du chargeur par suite de l'accomplissement du contrat de transport, il ne pouvait devenir son débiteur; une double exception était seulement supportée par ce principe : le tiers pouvait agir contre le maître ou le père par l'action *de peculio* jusqu'à concurrence du pécule du *magister navis*, tant que ce pécule lui était laissé, ou par l'action *de in rem verso*, si le père ou le maître avaient tiré profit de l'expédition et jusqu'à concurrence de ce profit (1) ; — d'autre part, si le dommage causé au chargeur était la suite d'un délit commis par le *magister navis* ou même par un tiers, le *magister* étant tenu d'une action pénale soit à titre de délit, soit à titre de quasi-délit, la personne sous la puissance de laquelle il se trouvait était tenue *noxaliter*.

Les mêmes inconvénients se présentaient lorsque le *magister navis* était un *extraneus* vis-à-vis de l'*exercitor*, avec même cette aggravation que jamais ce dernier ne pouvait être tenu *noxaliter* ; et, par suite, si le *magister navis* n'avait aucun bien, le chargeur se trouvait forcé de supporter son insolvabilité.

C'est pour remédier à cette situation que le préteur intervint par la création de l'action *exercitoria*, de même qu'il créait pour le commerce terrestre l'action *institoria*. Grâce à cette action, le chargeur peut dorénavant agir contre l'*exercitor* pour l'exécution de tous les engagements pris par le *magister navis*, esclave ou fils de famille. « *Æquum fuit cum qui magistrum navi imposuit, teneri ut tenetur qui institorem tabernæ vel negotio præposuit* » (2).

Ce progrès n'était pas suffisant, car l'obligation de l'*exercitor* n'en résultait que si le *magister navis* était sous la puissance de ce dernier ; le chargeur restait exposé à l'insolvabilité du *magister navis*, si celui-ci était *sui juris*. Aussi un nouveau pas fut-il fait à l'époque classique ; l'action *exercitoria* fut donnée contre l'armateur même quand le *magister*

(1) Loi 7, Dig., *Naut. caup.*, IV, 9.
(2) Loi 1, pr., Dig., *de ex. act.*, XIV, 1.

navis était un *extraneus* (1), mais avec cette restriction que le principe de la représentation *per liberam personam* n'ayant jamais été admis par les Romains, les tiers conservent leur action contre le *magister navis* qui s'est engagé directement envers eux : ils auront deux débiteurs au lieu d'un. L'*exercitor* pouvait d'ailleurs être lui aussi *alieni juris;* car est armateur quiconque organise une expédition du navire en choisissant le capitaine. Suivant Ulpien (2) : « *Exercitorem autem eum dicimus ad quem obventiones et reditus omnes perveniunt, sive is dominus navis sit, sive a domino navem per aversionem conduxit, vel a tempus, vel ad perpetuum* ». Pour être *exercitor*, il suffit donc d'avoir droit aux profits d'un navire dont on est propriétaire ou qu'on a loué. Bien entendu, le fait que l'*exercitor* est lui-même *alieni juris*, n'empêche pas qu'il soit obligé envers le chargeur par l'action *exercitoria*. Mais l'*exercitor alieni juris* n'acquérant pas pour lui, mais bien pour son chef de famille ou son maître, ceux-ci sont tenus avec lui de l'action *exercitoria*.

D'autre part, si le *magister navis* était le préposé de plusieurs *exercitores*, les tiers pouvaient exercer contre l'un quelconque de ceux-ci l'action *exercitoria in solidum* : « *Ne in plures adversarios distringatur, qui cum uno contraxerit* », dit Gaius (3).

Enfin quand l'*exercitor* n'est pas propriétaire du navire, la responsabilité des actes du *magister navis* pèse d'une façon définitive sur l'armateur et non sur le propriétaire de navire : « *Ad quem obventiones et reditus omnes perveniunt, sive is dominus sit, sive a domino navem per aversionem conduxit, vel ad tempus, vel ad perpetuum* » (4).

---

(1) Loi 1, § 4, Dig., de ex. act., XIV, 1.
(2) Loi 1, § 15, Dig., eod. tit.
(3) Loi 2, Dig., eod. tit.
(4) Loi 1, § 15, Dig., eod. tit.

L'action *exercitoria* fut ainsi étendue dans les proportions les plus larges ; deux conditions spéciales étaient seulement exigées pour que l'exercice en fût possible contre l'*exercitor* : que le *magister navis* eût été régulièrement institué par l'*exercitor* et que le tiers qui agissait contre ce dernier eût directement traité avec le *magister*.

Cette extension de la responsabilité de l'*exercitor* vis-à-vis du chargeur mettait ce dernier à l'abri du danger de l'insolvabilité du *magister navis*. Mais il va sans dire que ce dernier était toujours tenu personnellement, à moins qu'il ne fût esclave, des actions auxquelles pouvait donner naissance le transport. C'étaient tout d'abord les actions nées du contrat de louage, c'est-à-dire, suivant qu'on admet que ce contrat constituait une *locatio operarum* ou une *locatio operis faciendi*, l'action *conducti* ou l'action *locati* ; c'était en outre, en considérant le transport comme un contrat *do ut des*, l'action *præscriptis verbis* ; c'était encore l'action générale appelée *condictio ob remdati* ; c'étaient enfin des actions pénales, soit les actions de droit commun *furti et legis Aquiliæ*, données ici dans les conditions ordinaires, soit l'*actio oneris aversi*, toute particulière à notre hypothèse, accordée au chargeur quand le capitaine a détourné les marchandises embarquées.

Signalons enfin qu'un moyen de réaliser la responsabilité du *magister navis* consistait à faire repousser par l'*exceptio doli* l'action intentée par celui-ci contre le chargeur, par exemple en paiement du prix de la *locatio*.

L'action *exercitoria* n'est pas, à vrai dire, une action distincte de celles que nous venons d'énumérer, au moins de celles qui ont un caractère contractuel. Ce sont les mêmes actions données à titre d'actions *adjectitiæ qualitatis* contre le préposant pour fortifier le recours exercé par le chargeur.

Cette action ne s'étend toutefois pas aux hypothèses où un délit ayant été commis par le *magister navis*, une action pénale est née contre lui; ici seule l'action noxale peut être donnée contre le préposant, mais à condition qu'il ait le *magister navis* sous sa puissance.

Ainsi, dans le dernier état du droit romain, suivant la qualité du *magister navis*, c'est-à-dire suivant qu'il agissait pour son propre compte ou, au contraire, comme préposé d'un *exercitor*, le chargeur n'avait à sa disposition que des actions contre le *magister*, on pouvait au contraire agir, non seulement contre ce dernier, mais encore contre l'*exercitor*.

Ayant ainsi déterminé quelles personnes pouvaient, en droit romain, être responsables en matière de transport maritime et par quelles actions elles étaient tenues, il n'est pas sans intérêt de rechercher dans quels cas cette responsabilité était encourue.

La responsabilité du transporteur ne commence qu'au moment où les marchandises sont remises au *magister navis*. De ce moment il est responsable de tout *damnum* ne résultant pas de la force majeure ou du cas fortuit, car il s'est engagé par le contrat de transport à remettre les marchandises en bon état. Il répond ainsi de toute perte, avarie ou retard occasionnés à la marchandise. Sa responsabilité ne cesse, par suite du caractère de bonne foi du contrat de transport, que dans les cas fortuits ou de force majeure; il ne sera donc pas responsable des pertes provenant d'une fortune de mer; toutefois, le transporteur redeviendrait responsable si le cas fortuit avait été précédé d'une faute sans laquelle il n'aurait pas été subi (¹), par exemple si le navire se perd corps et biens à l'entrée d'une rivière par suite de l'absence d'un pilote à bord

(¹) Loi 3, § 1 et 2, Dig., IV, 9.

Le transporteur répond donc tout d'abord de son dol et à Rome il fallait considérer comme tel, toute allégation mensongère ayant amené le chargeur à traiter avec le *magister navis* ou l'*exercitor*, par exemple s'il a fait une fausse déclaration de tonnage, il est aussi responsable de sa *culpa lata* et de sa *culpa levis* considérée *in abstracto* comme tout débiteur obligé en vertu d'un contrat passé dans son intérêt.

Les hypothèses où cette responsabilité sera engagée sont très nombreuses; ainsi le chargeur répondra du dommage occasionné par la surcharge du navire à moins que le chargeur, bien qu'il la connût, n'ait demandé l'embarquement de ses marchandises; il répond aussi de l'état d'innavigabilité du navire et des vices qui le rendent incapable de transporter les marchandises au lieu de destination ; des manquants dans la cargaison; du défaut d'arrimage de la cargaison qu'il doit remettre en bon état au destinataire, *salvam fore recipit* (il n'y avait pas à Rome de réglementation spéciale de l'arrimage ; il était soumis aux usages de chaque port); du jet à la mer de tout ou partie des marchandises, même quand ce jet a été nécessité par une tempête ou autre cas de force majeure; le transporteur est enfin responsable s'il a transbordé ou fait transborder les marchandises sur des allèges pour les débarquer, sans nécessité, ou s'il a commis quelque imprudence dans cette opération.

Toutefois la responsabilité du transporteur, qu'elle fût mise en action contre le *magister navis*, ou contre l'*exercitor*, avait pour limite la *lex praepositionis*, c'est-à-dire le contrat passé entre le chargeur et le transporteur (¹). Le principe de la liberté des conventions dans les contrats de bonne foi,

(¹) Loi 1, § 7, Dig., de ex. act., XIV, 1. « *Non autem omnes ex causa praetor dat in exercitoriam actionem sed ejus rei nomine cujus ibi praepositus fuit, id est si in eam rem praepositus sit* ».

la théorie de la validité des pactes adjoints *in continenti* à de tels contrats, qu'ils fussent *ad minuendam* ou *ad augendam obligationem* (¹), devaient faire reconnaître la faculté pour l'armateur de donner à sa responsabilité soit pour ses fautes personnelles, soit pour celles du *magister navis* une étendue plus ou moins grande. Ainsi une *pœna* pouvait être convenue pour le cas où le *magister navis* s'étant obligé à effectuer son voyage dans un temps déterminé, le navire n'arriverait pas dans le délai fixé. L'*exercitor* pouvait également s'exonérer d'une façon complète de toute responsabilité pour fautes du capitaine.

Le droit romain est même allé jusqu'à admettre qu'on pût s'exonérer de la responsabilité de sa propre faute et a validé les clauses exclusives de la responsabilité personnelle de l'*exercitor* et du *magister navis*. Ulpien dit en effet : « *Hoc servabitur quod initio convenit... excepto eo, quod Celsus putat non valere, si convenerit ne dolus præstetur ; hoc enim bonæ fidei judicio contrarium est et ita utimur* » (²). Le droit romain admet donc la validité des clauses restrictives et exclusives de la responsabilité. La seule exception que ce principe subisse est qu'on ne peut insérer dans le contrat de transport une clause contraire à l'ordre public et aux bonnes mœurs, ce qui conduit à considérer comme nulle la clause par laquelle l'*exercitor* ou le *magister navis* s'exonéreraient de leur dol ou de leur faute lourde, qui est toujours assimilée au dol.

Les principes du droit romain ont-ils passé dans notre ancienne jurisprudence? On trouve tout d'abord en présence,

---

(¹) Loi 7, § 7, Dig., *de pactis*, II, 14. « *Pacta conventa quæ neque dolo malo neque adversus leges, plebiscita, senatusconsulta, edicta principum neque quo fraus cui eorum fiat, facta erunt servabo* ».

(²) Loi 23, Dig., *de reg. juris*. L. 17.

en notre matière, deux monuments de la législation maritime
coutumière : les Rôles d'Oléron, contenant les principaux
usages maritimes de la côte de l'Océan, et le Consulat de la
Mer, exposé des coutumes de la Méditerranée.

Ces deux monuments présentent un contraste frappant, au
point de vue des règles de la responsabilité des transporteurs, en ce qui concerne la détermination des personnes
auxquelles incombe cette responsabilité. Tandis que dans les
coutumes des côtes de l'Atlantique, les qualités de propriétaire ou d'armateur et de patron du navire ou capitaine ne
sont pas distinguées l'une de l'autre et sont par suite considérées comme étant toujours réunies sur la même tête, la
législation maritime de la Méditerranée conserve la distinction très nette établie par le droit romain entre l'armateur
et le propriétaire de navire, d'une part, et le capitaine ou
patron, d'autre part. Par suite, les Rôles d'Oléron ne prévoient
jamais que la responsabilité du patron seul vis-à-vis des
chargeurs; qu'il s'agisse de jet, d'avaries ou de dommages
causés par l'équipage à la marchandise, ce monument ne se
préoccupe que des rapports des capitaines (patrons) et des
chargeurs (marchands); mais il reste muet sur le point de
savoir à qui incombe la responsabilité, quand le propriétaire
du navire et le patron sont distincts: il est probable que
dans ce cas, qui était très rarement réalisé, le propriétaire
était considéré comme responsable des faits de son préposé;
mais rien ne dit s'il avait quelque moyen de décliner cette
responsabilité.

Le Consulat de la Mer, au contraire, distingue la responsabilité du capitaine et celle de l'armateur ou propriétaire
de navire. Son chapitre XVIII, intitulé : « Des marchandises
qui recevront quelque dommage pour avoir été mal estivées
ou pour toute autre négligence », c'est-à-dire des marchan-

dises avariées par suite d'un vice d'arrimage (dispositions défectueuses prises pour leur aménagement ou chargement sur le pont), dit que le patron doit réparer tout le dommage souffert par le propriétaire de la marchandise et ajoute que ce n'est qu'à défaut de ressources suffisantes du patron pour payer cette indemnité que le navire sera vendu au préjudice des armateurs. Donc, comme le droit romain, le Consulat de la Mer admet la responsabilité illimitée du patron et subsidiairement la responsabilité du propriétaire de navire pour faits du capitaine.

Quant à la question de savoir si les propriétaires ou les patrons peuvent s'exonérer de toute responsabilité au cas de faute, elle n'est pas résolue par le Consulat de la Mer; cependant il paraît bien qu'il devait en être ainsi; les commerçants de la Méditerranée avaient, en effet, la coutume de faire accompagner leurs marchandises par un représentant qui assistait à l'embarquement, à la traversée et à la livraison des marchandises, surveillait le capitaine, prenait part à la direction du navire et devenait alors seul responsable vis-à-vis d'eux, à l'exclusion du propriétaire de navire, de tous les actes du capitaine et notamment du jet des marchandises.

Les règles divergentes des rôles d'Oléron et du Consulat de la Mer furent unifiées par l'ordonnance de la marine d'août 1681 dont les principales règles, on le sait, ont passé dans notre Code de commerce. Cette législation nouvelle est surtout intéressante, au point de vue qui nous occupe, par la réaction qu'elle consacre contre le principe romain de la responsabilité illimitée du propriétaire de navire. Le point de départ de cette réaction se trouve dans le contrat de commande ou de pacotille, très usité au Moyen-Age, par lequel des capitalistes confiaient à un navigateur un fonds en marchandises ou en argent pour le faire fructifier moyennant une rétribution proportionnelle aux bénéfices; les fonds confiés au capitaine étaient seuls engagés par les opérations de ce dernier sans que les bailleurs pussent perdre au delà de leur mise. Ce contrat de commande intervenait également entre le propriétaire d'un navire et le capitaine auquel en était confiée la direction. Le capitaine jouait alors, vis-à-vis tant du propriétaire de navire que des chargeurs, le rôle d'un commandité; il était non seulement un préposé à la direction du bâtiment, mais aussi le gérant de la cargaison; par suite il devenait responsable personnellement et *in infinitum* de tous ses engagements, tandis que les propriétaires du navire et des marchandises regardés comme commanditaires n'étaient responsables que jusqu'à concurrence des capitaux versés dans l'entreprise.

Cette manière d'envisager le rôle du capitaine aboutit à ce résultat que le propriétaire du navire ne pourra jamais être obligé au delà de la valeur de son bâtiment. Cette limitation de la responsabilité des propriétaires de navires a été consacrée par l'ordonnance de 1681 dans l'art. 2 du titre VIII du livre II : « Les propriétaires de navires seront responsables des faits du maître; mais ils en demeureront déchargés en abandonnant le navire et le fret »; et Émérigon commentait ce passage de l'ordonnance en ces termes : « Les propriétaires de navires répondent de tout ce que fait leur capitaine au cours du voyage pour cause de navigation. Mais l'action des créanciers ne compète contre eux que jusqu'à concurrence de l'intérêt qu'ils ont sur le corps du navire, de telle sorte que si ce navire périt ou s'ils abdiquent leur intérêt, ils ne sont garants de rien. On voit donc que l'obligation où les propriétaires sont de garantir les faits de leur capitaine est plus réelle que personnelle ».

Quant aux limitations conventionnelles de la responsabilité, l'ordonnance de 1681 ne les a pas prévues d'une manière complète. Elle prohibe seulement (¹) les clauses d'irresponsabilité du dol ou de la faute lourde du capitaine ou de l'armateur; mais les interprètes ont étendu cette prohibition, même aux clauses exonératoires des fautes non intentionnelles.

Que sont devenues les règles de la responsabilité dans le code de commerce et quelles modifications peuvent y être apportées par la convention des parties? Telles sont les deux questions dont nous avons à faire l'étude.

(¹) Art. 21, livre III, titre VI.

PREMIÈRE PARTIE

Etude de la responsabilité légale.

CHAPITRE PREMIER

Des personnes responsables.

Le contrat d'affrètement, tel qu'il est réglementé par les art. 273 à 310 de notre code de commerce (titre VI, VII et VIII du livre II), ne suppose en présence que deux personnes : l'*affréteur*, qui prend à bail le navire ou une partie du navire, ou fait transporter sur ce navire des marchandises ; et le *fréteur*, qui donne en location son navire ou s'engage à transporter ou à faire transporter ces marchandises d'un point à un autre.

Il est évident que le fréteur ainsi obligé d'effectuer le transport des marchandises en sera responsable ; mais le rôle de fréteur peut être joué soit par le propriétaire du navire qui en est en même temps l'armateur, soit par un armateur distinct du propriétaire, soit enfin par le capitaine, la question se posant alors de savoir si le capitaine peut être regardé comme agissant à la fois en son nom personnel et comme mandataire de l'armateur ou du propriétaire, ou seulement en cette dernière qualité.

Dans les deux derniers cas, on est amené à se demander si, à côté de la responsabilité du fréteur, ne naît pas celle du propriétaire du navire qui n'a pas traité avec l'affréteur et même celle du capitaine si l'on admet qu'il n'a pas agi seulement comme représentant des fréteurs, mais encore en son nom personnel, sauf, dans cette dernière hypothèse, à voir sa responsabilité rejaillir sur l'armateur et sur le propriétaire du navire.

Enfin le développement même des entreprises maritimes a rendu nécessaire, pour la formation et l'exécution du contrat d'affrètement, la coopération d'autres personnes, substituées au fréteur pour l'exécution de certaines de ses obligations : *le commissionnaire-chargeur* ou *le commissionnaire de transport, le consignataire de la marchandise,* et enfin *le courtier maritime* chargé de mettre en rapport fréteurs et affréteurs.

Nous étudierons successivement, dans le droit français et étranger, la responsabilité de ces diverses personnes : tout d'abord du propriétaire de navire et de l'armateur, puis celle du capitaine, enfin celle des personnes qu'ils se substituent dans la formation ou l'exécution du contrat d'affrètement.

SECTION PREMIÈRE

RESPONSABILITÉ DU PROPRIÉTAIRE DE NAVIRE ET DE L'ARMATEUR

L'art. 216 du Code de commerce ainsi conçu : « Tout propriétaire de navire est civilement responsable des faits du capitaine et tenu des engagements contractés par ce dernier, pour ce qui est relatif au navire et à l'expédition », ne prévoit que l'hypothèse dans laquelle les qualités de propriétaire de navire et d'armateur sont réunies sur la même tête ; cette hypothèse est d'ailleurs la plus fréquente, comme nous l'avons dit plus haut, mais il peut se faire que ces deux qualités soient séparées ; cela se réalisera dans le cas où le propriétaire ayant loué son navire désarmé, le preneur arme ce navire, organise l'expédition et traite avec les chargeurs, et aussi dans le cas où plusieurs copropriétaires ou quirataires donnent mandat à l'un d'eux ou à un tiers de jouer le rôle d'armateur.

§ 1. *Le propriétaire de navire est en même temps l'armateur.*

Aucune difficulté ne peut naître sur la détermination du propriétaire de navire ; c'est celui qui est porté comme tel sur l'acte de francisation du navire. Quelles sont la nature et l'étendue de sa responsabilité ?

Nous devons poser nettement d'une part la distinction qui s'impose entre la responsabilité contractuelle et délictuelle du propriétaire du navire (¹) ; et d'autre part établir la double responsabilité qui pèse sur l'armateur, pour ses fautes personnelles et pour celles des agents auxquels il a confié la direction du navire.

D'après le droit commun, chacun répond de sa faute personnelle et du dommage causé par son propre fait en vertu de l'article 1137 du Code civil en ce qui concerne les obligations contractuelles, en vertu de l'article 1382 du même code, en ce qui concerne les délits et quasi-délits. L'armateur pro-

---

(¹) Cette distinction est admise par la plupart des auteurs et la jurisprudence. M. Planiol cependant, dans son *Traité élémentaire de droit civil*, II, n. 911 et s., prétend qu'elle ne repose sur aucun fondement sérieux et qu'il n'y a pas de différence de nature entre la faute délictuelle et la faute contractuelle, l'une et l'autre résultant de la violation d'une obligation antérieure et donnant lieu à une indemnité.

priétaire est donc d'abord responsable des fautes personnelles qu'il peut commettre par ses délits ou dans l'accomplissement des obligations résultant du contrat par lui passé avec l'affréteur, soit parce qu'il n'a pas mis à sa disposition tout ou partie du navire en bon état de navigabilité, soit parce qu'il n'a pas veillé avec assez d'exactitude au chargement ou au déchargement des marchandises, ou à la bonne conduite du navire.

Si nous examinons la responsabilité qui peut incomber au propriétaire de navire au sujet des faits d'autrui, on sait que d'après l'article 1384 du code civil on est responsable « du dommage causé par le fait des personnes dont on doit répondre »; et que parmi les personnes ainsi responsables du fait d'autrui l'article 1384 classe le commettant pour fautes du préposé; or, le propriétaire armateur ne pouvant pas lui-même accomplir tous les actes relatifs à l'exécution du contrat de transport, il y a lieu de se demander si sa responsabilité ne peut pas être engagée par les actes de ses préposés. La question se pose d'abord pour les actes du capitaine.

Pour que le commettant réponde des actes de son préposé, trois conditions doivent être réunies : 1° que le préposé accomplisse pour le commettant des actes matériels; 2° que le préposé soit librement choisi par le commettant; 3° que le commettant puisse donner des ordres au préposé.

Ces conditions sont-elles remplies dans les rapports du propriétaire et du capitaine, préposé à la direction de l'expédition? Évidemment, le capitaine accomplit pour l'armateur des actes matériels durant le voyage; quant aux conditions de l'engagement du capitaine, elles sont libres sous cette seule restriction que le propriétaire est obligé de le choisir « parmi les navigateurs français réunissant les qualités requises par les lois, règlements et ordonnances » (¹); mais à vrai dire la troisième condition n'est pas remplie; le capitaine est « maître après Dieu » sur son navire; il a seul le droit d'y commander; l'armateur ne peut lui donner des ordres au sujet de la conduite même du navire et cela s'explique aisément puisqu'il manque le plus souvent de l'aptitude technique nécessaire à cet égard; de plus, en eût-il le droit, l'armateur se trouverait le plus souvent dans l'impossibilité de le faire, car il ne peut suivre le navire dans son voyage.

L'article 1384 ne paraît, par suite, pas pouvoir s'appliquer dans notre hypothèse et les principes contenus dans ce texte n'auraient pu suffire pour permettre de rendre l'armateur responsable des faits du capitaine. Et cependant l'art. 216 C. co. consacre cette responsabilité dans les termes suivants : « Tout propriétaire de navire est civilement responsable des faits du capitaine... pour ce qui est relatif au navire et à l'expédition ». Cette extension des règles de l'art. 1384 C. c. à notre hypothèse, malgré la différence que nous venons de signaler et qui la sépare du droit commun, s'explique par plusieurs considérations : tout d'abord la nature même du contrat de transport maritime qui rend impossible la surveillance du préposé par le commettant, oblige ce dernier à une prudence plus grande dans le choix du capitaine, et par suite rend légitime sa responsabilité lorsque son préposé commet une faute dans l'exécution du contrat, bien que l'armateur n'ait pu lui donner d'ordres. D'autre part, l'intérêt de la navigation maritime exigeait que le propriétaire fût rendu responsable des fautes du capitaine, afin que l'affréteur se

---

(¹) Règlement du 1er janvier 1786. Loi du 3 brumaire an IV. Arrêté du 16 thermidor an X. Ordonnances des 7 août 1825 et 21 août 1828.

trouvât en présence d'un débiteur susceptible d'une responsabilité effective.

Le propriétaire est donc responsable des fautes, délits ou quasi-délits commis par tout capitaine comme maître du navire, mais la base même de sa responsabilité qui se trouve uniquement dans le fait qu'il a préposé le capitaine à la conduite du navire, abstraction faite de la possibilité pour lui de donner des ordres au capitaine, entraîne cette différence avec le droit commun, qu'il n'est jamais admis à prouver, ainsi que le prévoit l'art. 1384, qu'il n'a pu empêcher le fait qui donne lieu à cette responsabilité.

Le propriétaire de navire est toujours responsable de droit des faits du capitaine ; mais cette responsabilité n'est qu'une responsabilité indirecte ; le propriétaire n'est obligé qu'indirectement, puisque ce n'est pas de son fait personnel que naît sa responsabilité ; par suite, n'est-il responsable qu'en seconde ligne : le capitaine, auteur direct du dommage, est le premier obligé à réparer le préjudice qu'il a causé (art. 1382 C. c.).

D'autre part, la responsabilité du propriétaire de navire n'est que civile ; elle ne saurait être encourue que pécuniairement et le propriétaire n'est pas responsable devant la juridiction répressive des peines disciplinaires, correctionnelles ou criminelles, encourues par le capitaine.

Mais, par contre, l'art. 216 ne prévoit aucune distinction, le propriétaire doit être reconnu responsable des faits du capitaine alors même qu'il ne l'a pas choisi ; par exemple, lorsque celui-ci l'a été par le consul dans un port étranger à la suite de la mort ou d'un empêchement survenu au capitaine primitif au cours de l'expédition ; c'est là une conséquence du second motif que nous avons indiqué pour justifier l'art. 216 : l'intérêt des affréteurs de se trouver en présence d'un débiteur solvable, alors même que toute idée de rapport de commettant à préposé doive être ici écartée. A plus forte raison est-il responsable des faits du capitaine que celui qu'il avait choisi s'est substitué dans le commandement au cours du voyage, puisqu'ici l'idée de mandat reparaît, et le principe que nous venons d'invoquer pour le rendre responsable d'un capitaine, au choix duquel il est resté étranger, permet d'étendre sa responsabilité même dans l'hypothèse où il aurait interdit au capitaine de procéder à cette substitution. Ulpien en avait déjà décidé ainsi (¹), et Émérigon, reproduisant cette disposition, disait : « Les propriétaires répondent encore des faits de celui qui, pendant le voyage, a été subrogé maître, quand même la subrogation eût été prohibée ; le tiers qui est de bonne foi ne doit pas en souffrir » (²).

L'intérêt de la navigation exige, en effet, que les tiers puissent considérer comme ayant le droit de commander celui qu'ils voient commander en effet.

La responsabilité civile du propriétaire de navire, qui est ainsi très large au point de vue des personnes au sujet desquelles elle existe, ne l'est pas moins en ce qui concerne les faits qui peuvent l'engager. Elle s'étend, dit en effet l'art. 216, « aux faits relatifs au navire et à l'expédition ». Cette formule est extrêmement compréhensive ; elle s'applique à toutes les fautes, délits ou quasi-délits commis par le capitaine, pourvu qu'ils l'aient été dans l'exercice de ses fonctions ; elle ne laisse en dehors de ses termes que les faits dommageables commis par le capitaine en dehors de son navire.

Nous passerons en revue, dans notre deuxième chapitre, les principaux faits qui engendrent, sans contestation possible,

(¹) Loi 1, § 4, De ex. act., Dig., XIV, 1.
(²) Contr. à la grosse, chap. IV, sect. 2.

la responsabilité du propriétaire et du capitaine. Contentons-nous de citer pour l'instant les hypothèses où des dommages matériels ont été causés à la cargaison par échouement ou abordage fautifs, mauvais arrimage, manque de soins, prolongation du voyage par suite de déroutement ou de relâches inutiles, négligence et retard dans le chargement et le déchargement ; le cas où des infractions aux lois de douanes ont été commises, etc.

Mais nous devons, dès maintenant, rechercher si cette responsabilité du propriétaire est également encourue au cas où des faits de contrebande ont été commis par le capitaine, par suite du chargement de marchandises prohibées, à l'insu et au détriment de l'affréteur ; c'est là, en effet, une question relative à l'étendue d'application de l'art. 216 C. com. La négative a été soutenue (¹), en se fondant sur ce que le capitaine, par le chargement de marchandises prohibées aurait outrepassé les limites de son mandat, alors que le propriétaire n'est responsable que des fautes commises par le capitaine dans la conduite du navire, c'est-à-dire dans l'étendue même de ce mandat ; mais il a été répondu (²), avec juste raison, tout d'abord que ce système conduirait à exonérer l'armateur de tous les faits délictueux auxquels il n'a pas participé, car on ne saurait prétendre que le capitaine a reçu mandat de les accomplir et d'autre part le chargement des marchandises sur le navire rentre dans les fonctions du capitaine, sans distinguer si elles sont ou non prohibées (³).

La Cour de cassation (⁴) a d'ailleurs nettement tranché la question ; elle a décidé que si, par la faute du capitaine, la

(¹) Bédarride, *Comm. marit.*, I, n. 276.
(²) Desjardins, *Tr. de dr. comm. marit.*, II, n. 265.
(³) Lyon-Caen et Renault, *Tr. de dr. comm.*, V, n. 187.
(⁴) Cass. req., 22 juill. 1867, D., 68. 1. 81.

saisie du navire pour introduction dans un port étranger, de marchandises prohibées, entraîne l'inexécution de la charte-partie, le propriétaire-armateur sera responsable des dommages-intérêts dus à l'affréteur (si toutefois la fraude était commune au capitaine et à l'affréteur, le juge du fait devrait diviser entre eux la responsabilité et l'armateur ne serait, bien entendu, responsable que de la partie du préjudice imputable au capitaine).

Avant de terminer ces explications sur la responsabilité du propriétaire pour fautes du capitaine, il importe de remarquer que cette responsabilité subsiste vis-à-vis des affréteurs, même quand le contrat d'affrètement n'est pas l'œuvre de l'armateur lui-même et a été conclu par le capitaine ; car ce ne peut être que comme mandataire du propriétaire-armateur que le capitaine a affrété le navire et, par suite, la responsabilité du propriétaire doit être absolument la même que s'il avait traité lui-même avec les affréteurs.

Le propriétaire du navire est donc, aux termes de l'art. 216 C. co., responsable des actes du capitaine. Mais faut-il aller plus loin et décider que sa responsabilité s'étend aux faits de l'équipage ? (Il ne saurait évidemment s'agir ici que de délits ou de quasi-délits, car l'équipage n'a pas qualité pour accomplir dans l'intérêt du navire des contrats ou des quasi-contrats). D'après certains auteurs (¹), « le propriétaire n'est pas seulement responsable civilement des fautes du capitaine, il l'est aussi des fautes que les gens de l'équipage commettent dans le service auquel ils sont employés ». Cette opinion nous semble parfaitement fondée ; tout d'abord les gens de l'équipage sont, dans l'exercice de leurs fonctions, les préposés du propriétaire-armateur, soit qu'ils aient été choisis par l'armateur-propriétaire lui-même, soient qu'ils l'aient été par

(¹) Desjardins, II, n. 273.

le capitaine, car, en faisant ce choix, ce dernier doit être
regardé comme ayant agi comme mandataire de l'armateur.
Par suite, alors même qu'on croirait ne pas devoir étendre
l'art. 216 C. com. à notre hypothèse, la responsabilité de
l'armateur pourrait résulter de l'art. 1384 C. c.; mais il
nous paraît plus juste d'admettre que c'est en vertu de
l'art. 216 que cette responsabilité est encourue; car, en par-
lant des fautes du capitaine, la loi s'est placée dans le cas le
plus fréquent. A l'époque où le code de commerce a été pro-
mulgué, les fautes des hommes de l'équipage pouvaient être
considérées comme fautes du capitaine lui-même parce que
l'équipage, peu nombreux, était entièrement sous la direction
du capitaine et n'accomplissait, en principe, aucun acte que
sous son commandement. Les progrès de la navigation à
vapeur, l'accroissement du tonnage des bâtiments, en augmen-
tait, dans une mesure considérable, le nombre des hommes
de l'équipage, en divisant d'autre part leur rôle dans la conduite du navire, a fait naître des hypothèses où la faute
commise par l'un d'eux peut ne plus être regardée comme
une faute du capitaine; l'art. 216 ne paraît donc plus applicable dans sa lettre; mais il l'est à coup sûr dans son esprit,
car il y a les mêmes raisons pour engager la responsabilité
de l'armateur-propriétaire dans l'un et l'autre cas; l'intérêt
des affréteurs de se trouver en présence d'un débiteur solvable, se présente même dans cette hypothèse avec plus de
force.

Au rang des gens de l'équipage, il faut placer le second,
les matelots, le mécanicien et le chauffeur dans un bâtiment
à vapeur. C'est ainsi que la Cour de cassation a décidé que
le propriétaire est responsable des suites de l'explosion
attribuée à l'imprudence du mécanicien et du chauffeur (1).

(1) Cass., 20 mars 1854, D., 54. 1. 235.

Il est, au surplus, à remarquer que les gens de l'équipage étant les préposés directs de l'armateur, celui-ci est seul responsable de leur fait; le capitaine ne le deviendrait que si une faute personnelle pouvait lui être reprochée (¹).

Des fautes de l'équipage, il faut rapprocher celles du pilote-lamaneur que doit prendre tout capitaine qui approche de terre. Le propriétaire-armateur doit en être considéré comme responsable, même quand la présence du pilote à bord est obligatoire et, par suite, s'impose au capitaine (²). Cette responsabilité est encourue quelle que soit la situation respective du capitaine et du pilote. Si le pilote dépend du capitaine, l'armateur est tenu de ses fautes, comme il est tenu de celles du capitaine et des gens de l'équipage; si c'est le pilote qui seul dirige la marche du navire, il en est garant, comme il est garant du capitaine substitué à celui qu'il a préposé à la direction du navire.

Sans doute, on pourrait objecter que cette responsabilité ne s'explique pas en présence de l'obligation qui incombe au propriétaire-armateur de prendre un pilote et du choix qui lui est imposé dans une classe limitée de personnes. « Mais sa responsabilité civile se justifie, dit avec raison M. Levillain (³), par une double considération : d'une part, le propriétaire, instruit, dès le moment du départ, de l'obligation qui existera pour le capitaine de se faire assister d'un pilote dans une circonstance déterminée, peut être considéré comme acceptant par anticipation le pilote pour son préposé; d'autre part, la nécessité de recourir à l'intervention d'un pilote et de choisir ce pilote dans une certaine catégorie d'individus a été établie dans l'intérêt de l'armateur (⁴);

(¹) Trib. com. Marseille, 19 août 1902, *Rev. int. dr. marit.*, XVIII. p. 80.
(²) Cour de Rennes. 12 fév. 1894, D., 92, 2, 225.
(³) *Note* sous Caen, 16 juill. 1879, D., 81. 2, 169.
(⁴) Décret du 12 nov. 1806 et loi du 29 janv. 1881.

comment pourrait-il arguer de mesures de précaution introduites en sa faveur pour s'affranchir de la responsabilité que lui impose le droit commun, et comment pourrait-il priver les tiers d'un recours qui leur est ouvert à raison du préjudice éprouvé »?

Nous verrons, en étudiant la responsabilité du capitaine, que l'accord est loin d'être aussi unanime sur la question de la responsabilité de ce dernier pour fautes du pilote.

Le propriétaire du navire répond même des fautes des passagers; mais ici la responsabilité du propriétaire ne saurait plus être fondée sur des considérations tirées du caractère de préposés appartenant à ceux dont il répond, car les passagers n'ont pas cette qualité. Elle résulte seulement de ce que le capitaine a un pouvoir disciplinaire sur les passagers comme sur les gens de l'équipage (¹) et que, par suite, les fautes qu'ils commettent doivent être considérées comme dues à la négligence du capitaine — à une condition toutefois, c'est que l'acte accompli par le passager pût être empêché par le capitaine. La responsabilité du propriétaire s'arrêtera, par suite, aux limites mêmes fixées aux pouvoirs disciplinaires du capitaine par l'art. 97 du décret du 24 mars 1852, qui donne au capitaine sur les passagers « l'autorité que comportent la sûreté du navire, le soin des marchandises et le succès de l'expédition »; c'est donc l'art. 216 qui engage la responsabilité de l'armateur-propriétaire en ce cas.

Enfin au cas de remorquage, le propriétaire du navire remorqué est responsable des fautes du capitaine du remorqueur vis-à-vis des tiers. Contrairement à l'hypothèse précédente, l'art. 216 C. com., ne saurait plus ici être en jeu, car il ne s'y réfère pas; seuls les principes de l'art. 1384 C. c.,

____

(¹) Cresp et Laurin, *Cours de droit maritime*, t. , p. 621.

peuvent être invoqués, le capitaine du remorqueur est le préposé de l'armateur-propriétaire. Il n'est pas douteux que le propriétaire du navire remorqué, ainsi déclaré responsable des fautes du capitaine du remorqueur, a un recours contre ce dernier et le propriétaire du navire remorqueur. Pour triompher dans ce recours, il n'a pas à faire d'une manière spéciale la preuve de la faute du remorqueur; sans doute, il ne pourrait pas invoquer comme telle la décision qui l'a déclaré responsable de cette faute, car elle sera par rapport au remorqueur *res inter alios judicata* ; mais si le remorquage n'est pas l'exécution d'un contrat de transport, ainsi que le font justement remarquer MM. Lyon-Caen et Renault et de Valroger (¹), la preuve de l'absence de faute n'en incombe pas moins au propriétaire du remorqueur; en effet le droit commun (art. 1148 et 1302 C. c.) impose à la personne tenue d'une obligation, de prouver le cas fortuit, la force majeure qui l'a empêché de l'exécuter ; or, dans notre cas, le propriétaire du remorqueur, obligé de conduire le navire remorqué au port, doit faire la preuve des circonstances exclusives de sa faute qui l'ont empêché de remplir son obligation, au préjudice, non seulement du propriétaire du navire remorqué, mais encore des tiers.

§ II. *Les qualités de propriétaire et d'armateur sont distinctes.*

Si le plus souvent le propriétaire du navire en est en même temps l'armateur, il est des cas dans lesquels ces deux qualités ne sont pas réunies sur la même tête. Sur qui va peser la responsabilité? Sur le propriétaire ou sur l'armateur?

Chacun répondra évidemment des fautes qui lui sont per-

(¹) Lyon-Caen et Renault, V, n. 191 bis; de Valroger, I, n. 401.

sonnelles : le propriétaire, notamment, de ce qui touchera à la navigabilité du navire qu'il est tenu d'assurer ; l'armateur de tout ce qui touchera plus proprement au transport des marchandises. Mais la question est plus délicate lorsqu'il s'agit de déterminer à qui incombera spécialement la responsabilité des actes du capitaine.

Écartons tout d'abord une première hypothèse, où aucune difficulté ne peut naître : c'est celle où les copropriétaires d'un navire ont chargé un tiers ou l'un d'eux de l'administration du navire, l'armateur est alors *armateur-gérant*, c'est-à-dire mandataire des propriétaires ; c'est en vertu de ce mandat qu'il choisit le capitaine, et par suite les actes de celui-ci engagent la responsabilité de tous les copropriétaires : à moins de faute personnelle de sa part, l'armateur-gérant ne peut donc être actionné par les tiers que comme représentant de ses mandants, les copropriétaires, parmi lesquels d'ailleurs il peut figurer lui-même.

Mais il peut se faire que l'armateur soit un affréteur de la totalité du navire qu'il a loué dégarni, et à l'équipement duquel il a procédé en vue d'une entreprise déterminée ; il devient alors un *affréteur-armateur*. Qui va répondre des fautes du capitaine envers les tiers : l'armateur ou le propriétaire ? La jurisprudence avait d'abord penché dans le sens de la responsabilité de l'armateur, en invoquant le droit romain ([1]), qui déclarait l'*exercitor* responsable des actes du capitaine, sans distinguer s'il était propriétaire ou simple locataire du navire ; en se fondant d'autre part sur les principes généraux du mandat, c'est en effet dans notre hypothèse l'armateur qui a choisi le capitaine, de sorte que ce dernier est son préposé ; or le préposant répond des faits et

[1] Loi 1, pr. et §§ 2, 5, 15, Dig., de ex. act., XIV, 1.

actes de son préposé. Quant au texte de l'art. 216 C. co., qui édicte toujours la responsabilité du propriétaire, il était écarté comme ayant statué pour le cas le plus fréquent où le propriétaire est en même temps armateur; ce texte ne trouvant plus son application, les principes généraux du mandat (art. 1998 C. c.) commandaient de rendre responsable l'armateur.

Cette opinion n'a pas prévalu, et il est généralement admis en doctrine et en jurisprudence (¹) que le propriétaire reste seul responsable des actes du capitaine à l'égard des tiers et cela à l'exclusion même de l'armateur. Le plus souvent, en effet, dit-on, c'est le propriétaire qui, bien que le navire ait été armé par un tiers, nomme et congédie le capitaine; le capitaine étant son préposé, il se trouve seul responsable des actes de ce dernier. Si au contraire le droit de nommer et de congédier le capitaine a été confié à l'armateur, on peut prétendre qu'il n'exerce ce droit qu'en vertu d'une délégation du propriétaire, dont par suite le capitaine reste encore le préposé. C'est donc le propriétaire seul qui doit être responsable de ses fautes. D'autre part l'art. 216 est formel; il déclare que : « *Tout propriétaire de navire* est civilement responsable »; à défaut d'un autre texte, sa responsabilité seule peut donc se trouver engagée, et c'est en vain qu'on soutient que le législateur s'est préoccupé exclusivement, dans ce texte, du cas où le propriétaire est en même temps armateur; l'hypothèse inverse se présente trop souvent dans la pratique pour que le législateur ait pu l'oublier en édictant cet article; on est donc en droit de prétendre qu'il a entendu le faire rentrer dans ses prévisions. Enfin, dit-on, le deuxième alinéa de l'art. 216 corrobore l'argument tiré des termes de l'al. 1 de ce même article. La responsabilité des actes du capitaine et la faculté d'abandon sont corrélatives ; or seul le propriétaire a la faculté d'abandon, donc seul il peut être responsable des actes du capitaine.

Dans ces termes, cette opinion nous paraît trop absolue : sans doute, nous admettrions que dans tous les cas le propriétaire est, en vertu de l'art. 216 C. co., responsable des actes du capitaine, non seulement lorsque ce dernier est son préposé, mais même lorsque cette qualité peut lui être refusée. Le fondement même que nous avons reconnu à cet article, permet de l'appliquer dans tous les cas au propriétaire non armateur. S'il reposait sur l'art. 1384 C. c., il faudrait en effet l'écarter, lorsque le capitaine n'ayant pas été choisi par ce propriétaire, il n'en est pas le préposé ; mais il conserve au contraire toute sa force, lorsque, comme nous le pensons, il a pour but de permettre aux tiers de ne pas se trouver en présence d'une responsabilité illusoire. Mais de ce que le propriétaire est dans tous les cas responsable des actes du capitaine, il nous paraît excessif de conclure qu'il en est seul responsable ; car, de ce que l'art. 216 C. co. édicte sa responsabilité, on ne peut conclure que cette responsabilité est exclusive.

Il nous paraît au contraire que si l'affréteur-armateur a choisi le capitaine, il doit répondre des fautes de son préposé en vertu de l'art. 1384 C. c. ; en plaçant le capitaine à la tête de l'expédition, il est devenu responsable de ses actes. De sorte que les tiers chargeurs pourront agir dans tous les cas en responsabilité, à la fois contre le propriétaire et contre l'affréteur-armateur, soit que l'on considère que l'affréteur-armateur, en choisissant le capitaine, a agi exclusivement en son propre nom, soit que l'on pense qu'il a fait ce choix, à la fois en son propre nom et au nom du propriétaire, car en ce cas le capitaine est le préposé d'un mandataire qui agit à la fois en son propre nom et au nom du mandant, et, d'après le droit commun, les tiers ont également dans ce cas le mandant et le mandataire pour obligés (¹).

En tous cas, nous estimons que, rendu responsable des fautes du capitaine choisi par l'affréteur-armateur, le propriétaire aurait un recours contre ce dernier. Il en devrait être ainsi non seulement dans l'hypothèse où l'armateur a choisi le capitaine en son nom exclusif, puisqu'alors le propriétaire n'est plus tenu que des actes d'un tiers qui n'est en rien son préposé ; mais même dans l'hypothèse où le capitaine a été choisi par l'armateur en son nom et en celui du propriétaire, car, en ce cas, le propriétaire a, comme tout mandant, le droit de demander compte au mandataire du préjudice que lui a causé la mauvaise exécution du mandat.

Remarquons enfin que l'armateur qui n'est pas propriétaire devra être regardé comme responsable à l'égard des tiers, non en vertu de l'art. 216 C. com., mais en vertu de l'art. 1382 C. c., toutes les fois qu'il aura commis une faute personnelle, notamment lorsqu'il aura donné au capitaine des ordres dont l'exécution a causé préjudice aux tiers (²).

§ III. *Responsabilité des copropriétaires du navire.*

La propriété du navire, au lieu d'appartenir à un seul, peut être divisée entre plusieurs copropriétaires ou quirataires. Il est évident que cette situation ne change pas le principe de la responsabilité du propriétaire pour les actes du capitaine ou ceux de l'armateur ; mais elle fait naître la question

(¹) Desjardins, II, n. 262.
(²) Voir en ce sens arrêt de Cass. du 18 mars 1878, cité plus haut : aff. Tandonnet et Etcheverry contre Compagnies d'assurances maritime *La Garonne et autres*.

de savoir de quelle manière cette responsabilité sera encourue, et si, quand les tiers agissent par voie d'action en responsabilité contre l'un des propriétaires, ce quirataire n'est tenu que proportionnellement à sa part d'intérêt dans le navire ou peut être poursuivi pour le tout.

En ce qui concerne la responsabilité des quirataires pour actes du capitaine, la solidarité avait été admise par le droit romain (¹) et s'il y eut controverse dans les coutumes maritimes du Moyen-Age, tous nos anciens auteurs concluaient dans le même sens (²). Sous l'empire du code de commerce, qui, dans son article 216, n'a entendu que reproduire les règles de l'ancien droit, il semble que la même solution doive être adoptée et c'est celle qui triomphe en jurisprudence et en doctrine (³). On a cependant pensé trouver dans l'art. 216 lui-même un argument en faveur de la divisibilité de la responsabilité des quirataires (⁴). Cet article décide en effet (3ᵉ alinéa modifié par la loi du 14 juin 1841), que le capitaine copropriétaire n'est responsable des « engagements contractés par lui que dans la proportion de son intérêt » ; puisque ce dernier lui-même lorsqu'il est poursuivi comme copropriétaire ne l'est que dans cette proportion, c'est la preuve que tel est le principe de la responsabilité des copropriétaires.

On ajoute que les quirataires constituent une espèce d'association en participation et que la solidarité n'est pas admise entre coparticipants (⁵).

(¹) Ulpien, loi 1, § 25. Dig., de rei. act. XIV, 1.

(²) Valin, Commént. sur l'ordon., I, p. 569; Emérigon, Contr. à la grosse, chap. IV, sect. II.

(³) Desjardins, II, p. 53; Cresp et Laurin, I, p. 389. — Cass., 27 février 1877, D., 77. 1. 211.

(⁴) Bédarride, Comment. du Code de commerce, I, n. 290.

(⁵) Alauzet, IV, p. 131.

Mais ces arguments sont faciles à réfuter; la limitation apportée dans l'art. 216 par la loi du 14 juin 1841, à la responsabilité du capitaine copropriétaire, n'implique pas qu'il en soit de même des autres copropriétaires; elle a en seulement pour but de corriger la législation antérieure en limitant l'obligation du capitaine propriétaire qui était auparavant illimitée; règle de faveur pour le capitaine, elle ne saurait être étendue aux autres copropriétaires dont la responsabilité était déjà limitée par la faculté d'abandon. Quant à l'argument tiré de l'existence d'une participation entre les quirataires, il n'aurait de portée que si un seul copropriétaire était connu des tiers, nommait le capitaine et était obligé par ses actes; or, dans la plupart des cas, les quirataires sont portés à l'acte de francisation et connus des tiers et ils sont tous obligés par les opérations du capitaine; mais il faut même aller jusqu'à dire que peu importe la caractéristique de la société qu'ils constituent; du moment qu'il y a opération faite par plusieurs dans l'intérêt commun, la solidarité doit être admise.

S'agit-il de la responsabilité des quirataires pour les actes de l'armateur, on a fait une distinction assez peu justifiable entre les actes de l'armateur affréteur pour lesquels la solidarité est admise sans contestation, et ceux de l'armateur-gérant pour lesquels elle est discutée. Dans le premier cas, la jurisprudence applique aux propriétaires de navires les principes de l'art. 1384 C. civ., d'après lesquels, quand il y a plusieurs commettants, ils peuvent être condamnés solidairement pour les actes de leurs préposés quand l'acte de mandat qui sert de base à leur responsabilité est indivisible; mais elle reconnaît toutefois qu'ils peuvent s'affranchir de cette responsabilité par l'abandon. Quant aux actes de l'armateur-gérant, on a soutenu que les copropriétaires n'en étaient responsables que pour une part proportionnelle à leur copropriété; en effet, dit-on, aucun texte du code de commerce ne les déclare en ce cas responsables solidairement; or, d'après l'art. 1202 C. c., la solidarité ne se présume pas.

Cette solution ne nous semble pas exacte et la solidarité nous paraît devoir être admise même dans ce cas; sans doute, on ne peut dire qu'il existe entre les copropriétaires d'un navire une société entraînant pour les associés solidarité des dettes; mais cette solution est commandée par l'analogie qui s'impose entre la responsabilité des quirataires pour les actes du capitaine et celle qu'ils encourent pour les actes de l'armateur-gérant; solidaires dans le premier cas, ils doivent également l'être dans le second. « Comment pourrait-on concevoir, disent MM. Lyon-Caen et Renault (¹), que des personnes fussent obligées solidairement quand un mandataire les a représentées, alors qu'elles ne le seraient que conjointement en agissant elles-mêmes »?

Pour terminer cette étude sur la responsabilité des propriétaires et de l'armateur, il conviendrait d'étudier la restriction que l'art. 216 C. com. a apportée au gage sur lequel peut s'exercer l'action en responsabilité des tiers. Mais nous avons déjà dit dans notre introduction que la faculté d'abandon mériterait une étude qui dépasse le cadre de notre sujet; disons seulement que le propriétaire de navire peut s'exonérer de sa responsabilité pour les actes du capitaine par l'abandon du navire et du fret.

(¹) Lyon-Caen et Renault, V, n. 207 bis.

SECTION II

RESPONSABILITÉ DU CAPITAINE

Le capitaine préposé par l'armateur à la direction de l'expédition maritime engage, nous venons de le voir, la responsabilité de ce dernier par ses actes. Mais doit-il, en outre, être regardé comme personnellement responsable, et s'il l'est, dans quelle mesure l'est-il et à l'égard de qui cette responsabilité existe-t-elle ?

La responsabilité du capitaine ne saurait être douteuse quand, dans l'exercice de ses fonctions, il commet quelque délit ou quasi-délit ; elle est commandée par le principe général de l'art. 1382 C. c. La partie lésée peut mettre cette responsabilité en action de trois manières : elle peut actionner directement le capitaine qui lui porte préjudice ; elle peut aussi poursuivre exclusivement le propriétaire ou l'armateur civilement responsables en vertu de l'art. 216 C. com. ; elle peut enfin les confondre tous deux dans une même action, sauf pour l'armateur poursuivi le droit d'exercer un recours contre le capitaine qui doit rester définitivement responsable de la faute par lui commise.

En dehors de cette responsabilité délictuelle, la question se pose de savoir si le capitaine n'encourt pas en outre une responsabilité contractuelle. Il est en effet chargé, d'une part, de la direction du navire et, d'autre part, de l'exécution du contrat de transport. Doit-il n'être regardé, dans les actes qu'il accomplit à ce dernier point de vue, que comme un simple agent d'exécution n'obligeant que l'armateur sans s'obliger lui-même, ou au contraire une responsabilité personnelle existe-t-elle contre lui ? Observons immédiatement que cette question de responsabilité personnelle du capitaine s'agite le plus souvent dans ses rapports avec les propriétaires de navires. Quant aux tiers (les chargeurs), ils n'ont pas d'intérêt à avoir le capitaine comme personnellement responsable, à moins qu'ils ne craignent que les propriétaires ou armateurs ne se dégagent par l'abandon.

Il est généralement admis et avec raison que, dans ses rapports avec les affréteurs, le capitaine ne doit être considéré que comme ayant traité au nom de l'armateur, comme étant un mandataire de celui-ci pour tout ce qui concerne l'exécution du contrat d'affrètement; ce principe est incontestable pour certaines obligations qu'il ne peut évidemment assumer que comme mandataire de l'armateur: ce sont celles qui se rapportent au navire; par exemple l'obligation de fournir un bâtiment en bon état de navigabilité. Ici le capitaine ne saurait être regardé comme personnellement obligé puisque ce n'est pas lui qui fournit et arme le navire; en cas d'inexécution de cette obligation, l'armateur seul devra être considéré comme responsable, et si le capitaine est assigné, ce ne saurait être qu'ès-qualité, c'est-à-dire comme mandataire représentant l'armateur dans l'instance.

Mais il faut en décider de même pour toutes les autres obligations que le capitaine pourrait avoir contractées à l'égard des affréteurs; ce seront, par exemple, celles de prendre charge des marchandises à partir du moment où elles lui sont remises, d'en délivrer un connaissement, d'y inscrire les marques des colis et de les vérifier, l'obligation d'arrimage et celle de délivrer à destination la cargaison mise à bord (¹). Sans doute, le rôle de capitaine paraît ici plus essentiel dans

(¹) Trib. Seine, 17 janv. 1901, *Rev. int. de droit mar.*, XVI, p. 644. — Cour de Bordeaux, 14 juin 1895, *ibid.*, XV, p. 302; Cassation, 2 juill. 1900, *ibid.*, XVI, p. 6. — Cour de Rennes, 24 mai 1898, *ibid.*, XIV, p. 43; Cassation, 16 juill. 1900, *ibid.*, XVI, p. 118.

l'exécution de ces obligations, mais il paraît difficile de méconnaître qu'en signant le contrat de transport le capitaine soit autre chose que le représentant de l'armateur qui seul s'oblige à transporter la marchandise et sera par suite vraiment seul partie au procès. Sans doute, d'après les art. 221 et 222 du Code de commerce : « Tout capitaine, maître ou patron chargé de la conduite d'un navire ou autre bâtiment est garant de ses fautes, même légères, dans l'exercice de ses fonctions » (art. 221). « Il est responsable des marchandises dont il se charge » (art. 222).

Mais il nous paraît que la responsabilité édictée par ces textes ne vise que les hypothèses où le capitaine, dans l'exercice du mandat à lui confié par le fréteur, commet quelque faute ayant, vis-à-vis des affréteurs, le caractère d'un délit ou d'un quasi-délit; si en effet le capitaine n'est pas obligé contractuellement vis-à-vis des affréteurs, il n'en répond pas moins vis-à-vis d'eux, conformément à l'art. 1382 C. civ., des faits dommageables qu'il peut commettre.

Il nous paraît donc que l'affréteur ne pourra pas agir contre le capitaine en se fondant sur l'inexécution du contrat de transport dont le capitaine n'est pas tenu personnellement vis-à-vis de lui, mais seulement en invoquant les principes de droit commun sur la responsabilité délictuelle et quasi-délictuelle.

C'est ce qu'ont voulu exprimer certains auteurs en disant que le capitaine ne répond pas de la simple négligence qu'il commet dans l'exercice de ses fonctions mais qu'il sera au contraire tenu de sa faute lourde (¹). Sous cette forme, cette distinction n'est pas juridique, car si l'on peut déterminer la responsabilité du capitaine d'après le fondement sur lequel elle

—————
(¹) De Courcy, *Quest. dr. marit.*, 2ᵉ série, p. 103.

repose, il paraît au contraire impossible de le faire d'après la gravité des fautes par lui commises, la limitation de responsabilité pour ses seules fautes graves n'étant faite par aucun texte.

Il faut donc décider, pensons-nous, que si le capitaine ne commet qu'une faute contractuelle, aucune responsabilité personnelle ne peut naître à sa charge, il ne saurait être poursuivi qu'ès-qualité comme mandataire des fréteurs ; que si au contraire il commet une faute délictuelle ou quasi-délictuelle, il encourt une responsabilité personnelle.

Le fondement de la responsabilité personnelle du capitaine étant ainsi déterminé, il est nécessaire de rechercher vis-à-vis de qui cette responsabilité est encourue et dans quelle mesure elle existe.

En ce qui concerne les personnes vis-à-vis desquelles cette responsabilité existe, la réponse est facile. Elle se produit à l'égard de l'affréteur, des chargeurs, consignataires ou destinataires des marchandises, devenus ses créanciers personnels à la suite de délits par lui commis (¹). D'autre part, la responsabilité du capitaine sera également engagée à l'égard du propriétaire de navire ou de l'armateur qui, s'ils sont actionnés en vertu de l'art. 216 C. co., se retourneront contre lui par l'action en garantie ; mais ici, il faut remarquer que le fondement de la responsabilité du capitaine n'est plus celui que nous venons de déterminer. C'est parce que le capitaine est le mandataire des fréteurs, qu'il sera tenu vis-à-vis d'eux de tous les faits qui auront pu les obliger vis-à-vis des affréteurs comme responsables des actes de leur préposé.

L'étendue de la responsabilité du capitaine est fixée par les articles **221** et **222** du Code de commerce.

______

(¹) Lyon-Caen et Renault, V, n° 518 et suivants.

D'après le premier, « tout capitaine, maître ou patron, chargé de la conduite d'un navire ou autre bâtiment, est garant de ses fautes même légères dans l'exercice de ses fonctions ». Le capitaine est garant de ses fautes même légères, c'est-à-dire de son dol, de ses fautes ou même de simples imprudences dans la direction du navire; c'est ce qui constitue la baraterie civile, par opposition à la baraterie criminelle qui implique une intention frauduleuse de la part du capitaine et lui fait encourir une amende, un emprisonnement ou une peine afflictive et infamante.

La baraterie civile engage seulement la responsabilité pécuniaire du capitaine, mais elle existe par cela seul qu'il y a faute; que celle-ci soit légère ou très légère et la distinction proposée par certains auteurs (¹) entre ces deux sortes de fautes ne repose sur aucun fondement juridique. De même, le capitaine doit être considéré comme responsable quelle que soit la nature de la faute par lui commise, qu'elle soit nautique, c'est-à-dire plus spécialement relative à la navigation ou qu'elle soit au contraire commerciale. On peut seulement soutenir que les premières sont plutôt visées par l'art. 221 et les autres par l'art. 222.

La responsabilité édictée par l'art. 221 du Code de commerce entraîne contre le capitaine une présomption de faute qui résulte de l'art. 230 du même code. « La responsabilité du capitaine ne cesse que par la preuve d'obstacles de force majeure ». C'est donc à lui qu'incombe la charge de prouver le cas fortuit, la force majeure ou le vice propre, en un mot le fait exclusif de sa faute (²).

À défaut de cette justification, le capitaine est obligé à la

(¹) Bédarride, I, n. 358.

(²) La jurisprudence est fixée en ce sens. V. Rouen, 3 mars 1897, Rev. Intern. dr. marit., XII, p. 680. — Cass., 18 juill. 1900, ibid., XVI, p. 145.

réparation du dommage envers ceux qui l'ont souffert. Cependant, même après avoir prouvé le cas fortuit ou de force majeure qui a entraîné le préjudice, le capitaine peut encore rester tenu, s'il a commis précédemment une faute sans laquelle l'événement ne se serait pas produit ou n'aurait pas été dommageable, *si culpa præcesserit casum*. Au point de vue de la preuve, la situation est alors renversée et il incombe par suite au chargeur qui actionne le capitaine, de démontrer l'existence de cette faute et d'établir le rapport de cause à effet qui existe entre elle et le préjudice causé.

Responsable de ses propres fautes, le capitaine l'est-il aussi des actes de l'équipage qui est sous ses ordres? Il ne s'agit pas ici du cas où le capitaine est lui-même en faute pour avoir confié à un de ses subordonnés une fonction qu'il aurait dû remplir lui-même (par exemple la délégation du commandement au second à l'entrée d'un port), ou parce qu'il n'a pas exercé sur lui une surveillance suffisante; en ce cas, c'est la responsabilité personnelle du capitaine qui est engagée par l'acte dommageable de son subordonné.

La question ne se pose sous sa véritable face que si, dans la délégation faite à son subordonné, le capitaine est exempt de toute faute (il a, par exemple, passé le commandement au second en cours de route, à un moment où aucun incident n'était à prévoir). Est-il, en ce cas, responsable de plein droit de la faute de ses subordonnés? Il paraît, au premier abord, logique d'appliquer au capitaine l'art. 1384 C. c. et de le déclarer, comme commettant, responsable des fautes des hommes de l'équipage, qui paraissent bien être ses préposés, puisqu'il a sur eux une autorité constante. Les auteurs qui admettent cette théorie (¹) lui reconnaissent toutefois le

(¹) Desjardins, II. n. 882.

droit de prouver qu'il n'a pu empêcher les faits dommageables par suite d'un véritable cas de force majeure l'exonérant de toute responsabilité en vertu de l'art. 230 C. com. Mais remarquons que l'application de cet article à notre hypothèse ne saurait être admise; cet article a, en effet, pour but de permettre au capitaine d'échapper à la responsabilité personnelle qu'il encourt pour ses propres fautes; en lui laissant la faculté d'établir le fait de force majeure qui est exclusif de cette faute, il est absolument étranger à la responsabilité que le capitaine pourrait encourir pour le fait de ses subordonnés; l'art. 1384 C. c. serait seul applicable dans l'espèce et, en ce qui regarde la responsabilité du commettant pour faits du préposé, il n'admet aucune exception de cas fortuit ou de force majeure ayant empêché la surveillance.

On admet plus généralement que, lorsqu'aucune faute ne peut être reprochée au capitaine, il ne saurait être déclaré personnellement responsable des faits de l'équipage; d'après les uns (¹), il ne pourra être poursuivi qu'ès-qualité, comme représentant du navire, de telle sorte que la condamnation prononcée contre le capitaine ne sera exécutoire que contre l'armateur ou le propriétaire du navire en vertu de l'art. 216 C. com.

D'après d'autres (²), seul l'armateur devra être considéré comme responsable des faits des gens de l'équipage. Cette dernière opinion, aujourd'hui consacrée par la jurisprudence (³), nous paraît préférable. Il est certain que l'art. 1384 C. c. doit recevoir application dans notre hypothèse, et par suite ce serait le méconnaître gravement que de décider que

(¹) De Courcy, Quest., 2ᵉ série, p. 101 et s.
(²) Lyon-Caen, V, n. 621; de Valroger, I, n. 382.
(³) Trib. com. Marseille, 19 août 1892, Rev. int. dr. marit., XVIII, p. 89.

les fautes de l'équipage n'engagent que le navire conformément à l'art. 216 C. co., de sorte que nul n'en répondrait personnellement à titre de responsabilité civile ; mais puisque l'art. 1384 doit recevoir son application, il commande de regarder comme engagée la responsabilité de l'armateur. En effet, par rapport aux gens de l'équipage, le commettant est, non pas le capitaine, mais l'armateur. Sans doute l'engagement a pu être fait par le capitaine lui-même, mais il a alors agi au nom de l'armateur, dont les gens de l'équipage restent par suite les véritables préposés. D'autre part, ne serait-il pas injuste de rendre le capitaine civilement responsable du fait de personnes qui, en dernière analyse, ne sont pas à son service et ne travaillent pas pour lui ? Les travaux préparatoires de l'art. 221 C. co. corroborent cette opinion. Des deux rédactions proposées devant le Tribunat : « Le capitaine est garant de ses fautes, même légères, dans l'exercice de ses fonctions » et « le capitaine est garant de ses fautes et de celles de son équipage », la première seule a passé dans le Code, ce qui établit bien que le législateur n'a pas voulu rendre le capitaine responsable des fautes de son équipage. Nous croyons donc qu'il est non seulement équitable mais aussi juridique de décider que les hommes de l'équipage sont, au même titre que le capitaine, les préposés de l'armateur (*) ; par suite, si aucune faute ne peut être reprochée au capitaine, l'armateur seul sera définitivement responsable de leurs actes; si le capitaine est poursuivi, il pourra se retourner contre son commettant par voie d'action en garantie.

Si le capitaine n'est pas responsable personnellement des fautes des gens de l'équipage, que faut-il décider de sa responsabilité quand un pilote est à bord du navire ? Tout

(*) V. Section 1re de notre Chapitre, p. 27.

d'abord, il est certain que la présence d'un pilote à bord n'a pas pour effet de réduire le capitaine à une inaction complète, et que par suite ce dernier restera personnellement responsable toutes les fois qu'il sera en faute (négligence dans l'accomplissement de ses devoirs, absence prolongée du bord, etc.). Mais la question devient plus délicate, quand il s'agit de la responsabilité qu'encourrait le capitaine, non pour ses fautes personnelles, mais pour celles du pilote ; de nombreux auteurs admettent en ce cas la responsabilité personnelle du capitaine, en se basant sur ce que le commandement du navire continue à lui appartenir pendant le pilotage ; d'autres, au contraire, l'exonèrent de toute responsabilité. M. Levillain notamment, commentant un arrêt de la cour de Caen (¹), dit que si l'on considère la nature des besoins en vue desquels le pilotage a été institué et les textes du Code, on voit que le pilote, chargé de la conduite du navire se trouve responsable, à l'exclusion du capitaine préposé à la conduite du bâtiment, du dommage survenu pendant son séjour à bord.

La jurisprudence nous semble avoir adopté la meilleure solution en distinguant suivant que l'autorité du pilote est ou non prépondérante ; dans le premier cas, le capitaine n'est pas responsable des fautes du pilote ; car il a dû suivre ses indications ; il l'est au contraire dans le second, car il a été l'arbitre des mesures prises à l'occasion des difficultés de la navigation (²).

D'après l'art. 222 du C. com. « le capitaine est responsable des marchandises dont il se charge » ; on s'est demandé, au sujet de cet article, si l'on ne se trouvait ici que dans un cas

---

(¹) Note de M. Levillain sous Caen, 16 juill. 1879, D., 81, II, p. 160.
(²) Douai, 21 déc. 1885, *Rec. int. dr. marit.*, II, p. 515; 25 mars 1889, *ibid.*, V, p. 26.

d'application du principe de la responsabilité du capitaine posé dans l'art. 221 C. co. ou, si au contraire, il ne serait pas absolument distinct de cette dernière.

L'art. 222 s'occupe de la responsabilité du capitaine par rapport au chargement, responsabilité dont nous verrons de multiples applications dans le chapitre II. Faut-il considérer que les obligations qui lui incombent à ce point de vue ont été assumées par lui personnellement ou qu'il n'a été, à ce point de vue, que le représentant de l'armateur? C'est dans le premier sens que décide la Cour de cassation ([1]); elle argumente en ce sens : 1° de la place occupée par l'art. 222 dans un titre consacré au capitaine (titre IV du livre II) et dans une série d'articles se rapportant aux obligations personnelles du capitaine ; 2° de l'art. 229 qui, prohibant le chargement sur le pont sans l'autorisation du chargeur, dit qu'en cas de violation de cette prohibition, « le capitaine » sera responsable de tous dommages subis par la marchandise même par fortune de mer. Elle en conclut que, de même que dans l'hypothèse de l'art. 221, le capitaine doit être de plein droit présumé en faute en cas de préjudice causé au chargement, présomption qui ne cesse ici encore que par la preuve d'un cas fortuit.

La cour de Nouméa, dans un arrêt récent ([2]), a poussé la doctrine de la Cour suprême jusqu'à ses extrêmes limites. Dans l'hypothèse d'un transbordement de marchandises, elle a jugé qu'au cas de perte du navire sur lequel les marchandises ont été transbordées, il ne suffit pas aux chargeurs, pour rendre l'armateur responsable, d'établir que le transbordement a été opéré d'une façon défectueuse par les agents de ce dernier; il leur faut encore prouver que ces agents ont

<hr>

[1] Cass., 15 juillet 1901, *Rev. int. dr. marit.*, XVI, p. 145.
[2] Nouméa, 25 juillet 1904, *ibid.*, XIX, p. 521.

accompli le transbordement seuls et sans l'assentiment du capitaine. Par suite, la présomption de faute contre le capitaine est si absolue qu'une faute de l'armateur ne peut être retenue que si elle est établie d'une manière exclusive de celle du capitaine.

Cette doctrine a été vivement critiquée par MM. Govare et Denisse [1], qui soutiennent que l'art. 222, en déclarant le capitaine responsable des marchandises dont il prend charge, ne vise pas le capitaine personnellement, mais le transporteur, « l'armateur représenté par le capitaine » ; qu'il ne s'agit, par suite, dans cet article, que de la responsabilité du capitaine ès-qualité.

La théorie de la Cour de cassation nous paraît, à cet égard, préférable ; il nous semble, en effet, que la prise en charge des marchandises fait naître pour le capitaine une obligation personnelle de les mener à bonne destination et que par suite, au cas où cette obligation n'est pas remplie, il doit être présumé en faute. Toutefois, la doctrine de la cour de Nouméa nous semble, comme à M. Lyon-Caen [2], excessive, car si le capitaine répond du transport des marchandises, l'obligation d'assurer ce transport n'incombe pas moins à l'armateur dans ses rapports avec les tiers et, par suite, la loi n'édictant nulle part une présomption de faute plus forte contre le capitaine que contre l'armateur, on ne voit pas comment le chargeur serait forcé, pour s'adresser à ce dernier, d'établir sa faute personnelle.

[1] Govare et Denisse, Les clauses de non responsabilité et la jurisprudence. Rev. int. de droit., XVII, p. 225.

[2] Lyon-Caen, Revue crit., 1903, p. 516.

SECTION III

AUTRES PERSONNES RESPONSABLES

Il peut arriver que l'armateur se fasse remplacer dans l'exécution totale ou partielle du transport par un commissionnaire de transport ou commissionnaire-chargeur, ou bien que le destinataire ne se présentant pas, la cargaison soit confiée à un tiers consignataire, ou encore que l'armateur et l'affréteur aient été mis en présence par l'intermédiaire d'un courtier maritime. Quelle est l'étendue de la responsabilité de ces diverses personnes substituées au fréteur et à l'affréteur?

1. *Commissionnaire de transport ou commissionnaire-chargeur*. — L'armateur qui ne peut réaliser lui-même l'exécution du contrat de transport, peut la confier à un commissionnaire de transport, qui le remplace totalement. En ce cas évidemment, bien que l'armateur avec lequel ont traité les chargeurs reste responsable du fait du commissionnaire, ce dernier l'est également tant à leur égard qu'à celui du destinataire [1] et c'est à lui qu'incombe la charge définitive de cette responsabilité au cas où l'armateur a été actionné.

De même l'armateur peut seulement, tout en assurant lui-même le transport des marchandises, à partir du moment où elles sont chargées à bord du navire, confier le soin de leur chargement à un commissionnaire-chargeur. La responsabilité du commissionnaire-chargeur s'appréciera d'après les mêmes principes que celle du commissionnaire de transport, eu égard aux obligations qu'il assume, sans qu'il y ait à distinguer s'il les a accomplies par lui-même ou par des tiers qu'il s'est substitués [2]. Il faut même décider qu'il reste

[1] Cour de Rennes, 4 juin 1943, *Rev. int. dr. marit.*, XIX, p. 63.
[2] Cour de Rouen, 2 juill. 1942, *ibid.*, XVIII, p. 676.

responsable des pertes et avaries subies par les marchandises après leur chargement, lorsque celui-ci a été fait dans des conditions défectueuses au point de vue de l'arrimage ou de la navigabilité du navire, car il devait s'opposer au chargement ainsi effectué.

2. *Tiers consignataire de la marchandise.* — Lorsque le destinataire ne se présente pas pour retirer les marchandises, le capitaine peut faire nommer par justice un tiers consignataire dont la mission est de retirer les marchandises « et de les conserver pour le compte de qui il appartiendra ». Ce tiers consignataire est un mandataire du capitaine et de l'armateur pour toutes les obligations dont ils sont tenus envers le réceptionnaire nanti du connaissement dès qu'il a reçu les marchandises; il est donc responsable de tout préjudice causé au destinataire. La jurisprudence avait d'abord estimé que, conformément aux principes du mandat, toute action devait être refusée aux destinataires de la cargaison contre le tiers consignataire pour l'exécution du contrat de transport, sa personnalité s'effaçant devant celle de ses mandants (¹).

Mais les tribunaux admettent à l'heure actuelle, avec plus de raison, que ce mandataire étant substitué au capitaine, assume personnellement envers les destinataires les obligations qu'avait celui-ci relativement à la livraison des marchandises; que, par suite du fait de la détention de la marchandise, un lien de droit se forme entre lui et les porteurs du connaissement qui ne seront pas forcés de se contenter contre le tiers consignataire de l'action oblique de l'art. 1166 C. c. mais auront une action directe à son encontre (²).

¹ Nantes, 26 déc. 1885, *Rev. int. du marit.*, II, p. 316.

² Rouen, 31 juill. 1895, *ibid.*, XI, p. 312. — Le Havre, 23 mai 1898, *ibid.*, XIV, p. 361. — Le Havre, 7 mai 1901, *ibid.*, XVII, p. 77.

Toutefois, la responsabilité du consignataire ne naît qu'au moment où il remplace le capitaine dans l'exécution de ses obligations, par suite du départ de celui-ci. Il en résulte que, tant que le capitaine est présent au port de destination, les destinataires n'ont pas d'action contre le consignataire; si, au contraire, le capitaine quitte le port avant la fin de la livraison, l'action peut être dirigée contre le consignataire (1).

D'autre part la substitution du consignataire au capitaine pour l'accomplissement des obligations de ce dernier ne fait pas disparaître la responsabilité du capitaine pour les fautes qu'il peut avoir lui-même commises; par suite, au cas de préjudice causé au destinataire, s'il est impossible de discerner la part de responsabilité qui incombe séparément au capitaine et au tiers consignataire, celui-ci peut être déclaré solidairement responsable avec le capitaine envers le destinataire, sauf, s'il y a lieu, son recours contre ce dernier; c'est l'application du principe de l'obligation *in solidum* (2).

3. *Le courtier maritime*. — Le courtier maritime ne fait que servir d'intermédiaire entre armateur et chargeur; il n'est donc pas, dans le contrat de transport, partie contractante, et ne peut, en principe, être responsable des fautes commises dans son exécution. Il ne peut être responsable que dans les cas où une faute personnelle peut lui être reprochée, par exemple s'il a donné au chargeur des renseignements inexacts sur l'époque à laquelle le navire sera mis à sa disposition ou sur la quantité de marchandises susceptibles d'y être chargées (3).

1) Le Havre, 4 fév. 1901, *Rev. int. dr. marit.*, XVI, p. 651.
2) Le Havre, 29 juin 1892, *ibid.*, VIII, p. 332.
3) Trib. com. Nantes, 6 février 1901, *ibid.*, XVII, p. 464.

SECTION IV

LÉGISLATION COMPARÉE

Après avoir étudié dans la législation et la jurisprudence françaises les personnes qui peuvent encourir une responsabilité dans le transport maritime des marchandises, il convient d'indiquer la solution que reçoit cette question à l'étranger, tant au point de vue de la responsabilité de l'armateur ou du propriétaire de navire que de celle du capitaine. Ce rapide aperçu nous permettra d'ailleurs de constater que les règles posées par les différents codes maritimes se rattachent aux principes posés dans notre code de commerce et ne divergent que dans l'application qu'ils font de ces principes et dans l'extension plus ou moins grande qu'ils donnent à leurs déductions.

§ 1. *Responsabilité de l'armateur ou du propriétaire du navire.*

La plupart des législations étrangères admettent comme l'art. 216 de notre Code de commerce la responsabilité civile de l'armateur-propriétaire de navire vis-à-vis des chargeurs pour toutes les fautes commises par le capitaine ou ses subordonnés dans l'exécution du contrat de transport (art. 491 du C. de com. italien du 2 avril 1882; art. 587 du C. de com. espagnol du 22 août 1885; art. 492 du C. de com. portugais du 28 juin 1888; art. 501 du C. de com. roumain du 16 avril 1887; art. 216 du C. de com. grec). Les solutions diffèrent seulement, dans le cas où les deux qualités de propriétaire du navire et d'armateur ne sont pas réunies sur la même tête, sur le point de savoir lequel des deux doit être définitivement responsable des fautes de ses préposés.

Tandis que la législation anglaise ne rend l'armateur (ship's husband) responsable que s'il est en même temps affréteur principal et si le navire est à sa disposition, le Code de commerce allemand du 10 mai 1897, dans ses articles 484 et 486, rend l'armateur (Rheeder) responsable des fautes du capitaine, qu'il ait ou non la propriété du navire affecté au commerce; et l'art. 664 ajoute : « En cas de sous-affrétement, ce n'est pas le sous-fréteur, mais l'armateur qui répond avec le navire et le fret de l'exécution du sous-contrat d'affrétement en tant qu'elle rentre dans les attributions du capitaine et que ce dernier s'en est chargé en recevant les marchandises et en délivrant le connaissement ».

La responsabilité du propriétaire ou de l'armateur est étendue par la plupart des législations maritimes aux faits du capitaine, de l'équipage et du pilote (art. 451 et 452 C. com. allemand; art. 633 du merchant shipping act anglais de 1894; articles précités des codes espagnol, portugais, italien et grec; art. 885 C. com. chilien de 1886); mais la question de la responsabilité du propriétaire de navire pour les actes du pilote, en cas de pilotage obligatoire, es¹. diversement résolue par les différents codes étrangers. Tandis que la législation de la Belgique (loi maritime du 21 août 870) et des celle États-Unis d'Amérique (¹) laissent subsister la responsabilité du propriétaire de navire malgré la présence à bord d'un pilote obligatoire, le merchant shipping act anglais de 1894 (art. 633) et le code de commerce allemand (art. 788) décident que la responsabilité du propriétaire du navire cesse quand le pilotage est obligatoire. L'art. 788 du code allemand dispose en effet : « Quand un navire s'est trouvé sous la conduite obligatoire d'un pilote lamaneur et que les gens

(¹) Journ. de dr. int. privé, 1877, p. 91 et 264.

composant l'équipage ont rempli les obligations qui leur incombent, l'armateur n'est pas responsable du dommage qui résulte d'un abordage causé par la faute du pilote ». La même solution est adoptée par la jurisprudence italienne et par le code de commerce portugais (art. 492).

Au cas de copropriété du navire, l'étendue de la responsabilité des copropriétaires à l'égard des chargeurs est régie dans chaque nation par des règles différentes et la question de savoir si les copropriétaires sont tenus des actes de l'armateur-gérant qu'ils ont préposé à l'administration du navire, solidairement ou seulement proportionnellement à leur part de copropriété, est résolue dans l'un et l'autre sens suivant les États. Admettent la responsabilité solidaire des copropriétaires envers les chargeurs : le code de commerce italien, dont l'art. 56 débute par ces mots : « Les propriétaires et armateurs sont solidairement responsables »; la loi maritime belge du 21 août 1879 (art. 11); le code roumain (art. 565) et la jurisprudence autrichienne (¹). Quant à la législation anglaise, elle n'admet la solidarité qu'au cas d'insolvabilité d'un des copropriétaires, la part de celui-ci étant alors supportée par les autres copropriétaires.

La majorité des codes étrangers repoussent au contraire la solidarité et décident que les copropriétaires ne sont tenus à l'égard des tiers des actes de l'armateur-gérant que proportionnellement à leur part. C'est ainsi que l'art. 507 al. 1 C. com. allemand n'admet qu'une responsabilité individuelle. Il en est de même des codes de commerce espagnol (art. 591), portugais (art. 495) et hollandais (art. 321 et 327). Enfin les codes maritimes finlandais de 1874 (art. 23, al. 2), suédois de 1891, danois de 1892, norvégien de 1893, repoussent la soli-

---

(¹) Trib. com. et maritime de Trieste, 24 juin 1880. *Rev. int. dr. marit.* XVI. p. 94.

darité; l'art. 9 du code suédois admet que chacun des copropriétaires n'est tenu que proportionnellement à sa part dans le navire des engagements personnels qui lui incombent.

§ 11. *Responsabilité personnelle du capitaine.*

La responsabilité personnelle du capitaine n'est admise, dans la plupart des législations étrangères comme dans la nôtre, que pour ses propres fautes; elle est au contraire repoussée en ce qui concerne l'exécution du contrat de transport, dont le propriétaire et l'armateur sont seuls garants, le capitaine n'étant à cet égard que leur préposé. C'est ainsi que le merchant shipping act anglais de 1894 déclare que le capitaine n'est personnellement responsable que de sa barratry ou de sa faute (¹), et cette décision est confirmée par l'art. 502 du C. com. allemand, ainsi conçu : « Tout ce qui a été conclu par le capitaine dans les limites de ses attributions, engage l'armateur vis-à-vis des tiers et affecte à la garantie le navire et le fret. Le capitaine n'est pas obligé envers les tiers pour ces actes, à moins qu'il ne se soit porté garant de l'exécution ou n'ait outrepassé ses attributions ».

Les Codes de commerce portugais (art. 498) et espagnol (art. 618 et 620) consacrent la responsabilité civile du capitaine envers l'armateur et de ce dernier envers les chargeurs à raison des dommages survenus à la cargaison : le capitaine n'est personnellement responsable que des fautes par lui commises dans la conduite du navire. Il en est de même de l'art. 496 du Code de commerce italien et de l'art. 221 du

(¹) Il faut remarquer que le mot barratry a, dans la langue maritime anglaise, un sens plus compréhensif que notre « baraterie de patron ». Tandis que la baraterie de patron ne comprend que la faute non intentionnelle, le mot barratry s'applique aux actes intentionnellement frauduleux du capitaine et non seulement à la simple négligence.

C. com. belge, qui, reproduisant notre art. **221**, n'admet la responsabilité du capitaine que dans la direction du navire. Le code de commerce roumain (art. 506) et la jurisprudence belge (¹) édictent la responsabilité du capitaine dans l'exercice de ses fonctions pour ses fautes même légères. Enfin, l'art 59 du Code maritime danois de 1892 admet que « le capitaine est tenu de réparer tout dommage occasionné à l'armateur ou au propriétaire de la cargaison par sa faute ou négligence dans l'accomplissement des devoirs qui lui incombent envers eux, et le fait qu'il a agi suivant leurs ordres ne le dégage de sa responsabilité qu'à l'égard de celui qui donné les ordres »; et l'art. 58, confirmant la thèse aujourd'hui adoptée par nos auteurs et notre jurisprudence à savoir que le capitaine n'est pas personnellement responsable en ce qui concerne l'exécution du contrat de transport, dispose : « Le capitaine n'encourt aucune garantie personnelle pour les engagements qu'en sa qualité il aura contractés au nom de l'armateur ou du chargeur ».

Enfin, la question de la responsabilité du capitaine relativement aux faits des gens de l'équipage est, contrairement à la tendance actuelle de notre jurisprudence, résolue affirmativement par la plupart des codes étrangers ; c'est ainsi que l'art. 633 du merchant shipping act anglais de 1894 et l'art. 618-4° du C. com. espagnol déclarent le capitaine responsable des faits délictueux de l'équipage à moins qu'il ne prouve qu'il a tout fait pour les empêcher ; et que l'art. 59, 2° al. des codes danois et norvégien dispose : « Le capitaine est également responsable du dommage causé par la faute ou la négligence de l'équipage dans le service, à moins qu'il soit démontré que la surveillance n'a pas fait défaut ». Donc,

---

(¹) Cour de Bruxelles, 17 juin 1905, *Rev. int. dr. marit.*, XX, p. 96.

tandis que notre jurisprudence déclare l'armateur seul responsable des fautes des membres de l'équipage, ses préposés, les différents codes étrangers édictent contre le capitaine une présomption de responsabilité qui ne peut être détruite que par la preuve que celui-ci a bien surveillé ceux par la faute desquels il est responsable.

CHAPITRE II

Cas de responsabilité.

Le propriétaire ou l'armateur est responsable non seulement de ses propres fautes mais encore de celles du capitaine (art. 216 C. com.); le capitaine n'est tenu que des fautes qu'il a commises personnellement dans la direction du navire ou dans les soins à donner à la cargaison (art. 221 et 222 C. co.); tel est le double principe qui se dégage de l'étude que nous venons de faire. Pour bien délimiter la responsabilité tant de l'armateur que du capitaine, il importe tout d'abord d'examiner les principaux cas dans lesquels elle peut être mise en jeu, par suite de la violation des obligations qu'engendre pour l'un et l'autre le contrat de transport. Nous devrons rechercher ensuite quel est le moment où cette responsabilité commence à être encourue et celui auquel elle cesse de l'être pour préciser quelle est son étendue dans le temps.

Un principe général doit dominer cette étude des cas de responsabilité : c'est qu'il y a responsabilité toutes les fois qu'il y a faute et que cette faute a occasionné un préjudice. La faute consistera en un délit, en un quasi-délit ou en un manquement non fortuit ni commandé par la force majeure, aux obligations naissant du contrat de transport maritime ; mais la responsabilité n'existera que s'il y a relation de cause à effet entre la faute et le préjudice causé. La faute déterminera la personne sur laquelle doit peser, définitivement la responsabilité et qui sera suivant les cas le capitaine, l'armateur ou l'une des personnes qui les remplacent (consignataires, commissionnaires), à moins que la faute ne soit commune à plusieurs d'entre elles, par exemple au capitaine et à l'armateur sans qu'il soit possible de déterminer la part de responsabilité de chacun, auquel cas elles seront solidairement tenues de la réparation du dommage.

Les hypothèses dans lesquelles la faute du transporteur peut engendrer un préjudice pour le chargeur sont multiples. Il peut en être ainsi en effet toutes les fois que le fréteur manque à l'une des obligations que le contrat d'affrètement lui impose : celles de mettre le navire affrété à la disposition de l'affréteur ; de le tenir en bon état de navigabilité ; de recevoir les marchandises à bord et de les arrimer convenablement ; de transporter les marchandises dans les délais et de leur donner les soins nécessaires à leur conservation ; de délivrer les marchandises à qui de droit à destination ; mais ces diverses hypothèses peuvent être ramenées facilement à trois chefs : 1° déclaration erronée du tonnage et défaut de capacité du navire ; 2° perte, avarie et retard, provenant tant de l'état du navire que du défaut de soins apporté dans l'arrimage ou le transport des marchandises ; 3° délivrance des marchandises à d'autres qu'aux personnes indiquées dans le connaissement. C'est à l'étude de ces différents chefs de responsabilité et à la détermination de la durée de celle-ci que sera consacré notre chapitre.

SECTION PREMIÈRE

DÉCLARATION ERRONÉE DU TONNAGE ET DÉFAUT DE CAPACITÉ DU NAVIRE

Par le contrat de transport, le fréteur s'est engagé soit à mettre à la disposition de l'affréteur un navire d'un certain tonnage, soit à transporter une quantité de marchandises déterminées.

L'inexécution de l'une ou de l'autre de ces obligations engage sa responsabilité et l'oblige à réparer le préjudice qui en a été la suite.

Tout d'abord le fréteur est responsable quand, ayant promis à l'affréteur de mettre à sa disposition un navire d'un tonnage déclaré, sa déclaration de tonnage est erronée. Cette responsabilité pèse sur l'armateur comme préposant du capitaine, mais elle peut aussi peser sur lui à titre personnel.

« Le maître qui aura déclaré son vaisseau d'un plus grand « port qu'il n'est, dit l'ordonnance de 1681 [1], sera tenu des « dommages et intérêts du marchand » et l'art. 289 C. com., reproduisant l'ordonnance, dit : « le capitaine qui a déclaré « le navire d'un plus grand port qu'il n'est est tenu des « dommages-intérêts envers l'affréteur ». Le capitaine ou l'armateur doivent donc être reconnus responsables des conséquences de l'inexactitude de leur déclaration, par exemple au cas où le navire ne peut contenir toutes les marchandises que l'affréteur était en droit de charger eu égard à la capacité déclarée du navire [2].

Pour que l'art. 289 reçoive application, un certain nombre de conditions doivent être réunies.

Il faut, tout d'abord, que la déclaration de tonnage ait été un élément essentiel de la convention des parties. Pour cela, il est nécessaire qu'il s'agisse d'un affrètement relatif à la totalité ou à une quote-part d'un navire et non d'un affrètement pour le transport d'une certaine quantité de marchandises; que, d'autre part, la déclaration de tonnage figure dans le connaissement, qui, seul, doit être considéré comme

[1] Ordonnance de 1681, livre III, titre III, art. 1.
[2] Trib. com. de Rochefort, 12 janv. 1909, *Rev. int. dr. marit.*, XVI, p. 57.

l'expresssion de la volonté des contractants; enfin que l'affrètement, bien que portant sur la totalité ou une quote-part du navire, n'ait pas été fait à forfait, ce qui exclurait toute responsabilité du fréteur pour la déclaration de tonnage qu'il aurait pu faire.

D'autre part, l'erreur dans la déclaration du tonnage n'engendrera pas la responsabilité du fréteur quand elle peut être considérée comme excusable. En premier lieu il en sera ainsi, lorsqu'elle sera minime eu égard au tonnage réel du navire. L'art. 290 dit à cet égard : « N'est réputé y avoir erreur en la déclaration du tonnage d'un navire, si l'erreur n'excède un quarantième ou si la déclaration est conforme au certificat de jauge ». Une erreur aussi faible ne peut évidemment être regardée comme une faute du capitaine, car elle est difficile à éviter et de plus elle paraît ne pas être suffisante pour causer un véritable dommage à l'affréteur. Il en est ainsi, en second lieu, lorsque le tonnage indiqué par le fréteur est égal ou supérieur à la jauge légale (art. 290 *in fine*). Celui-ci est, en effet, couvert dans ce cas par l'opération officielle dont il a suivi les indications; c'est alors à l'affréteur à se rendre compte par lui-même du tonnage effectif du navire. C'est bien entendu en ce cas à la jauge officielle du pays auquel appartient le navire qu'il faut se reporter.

Il faut enfin, pour que l'art. 289 soit applicable, que l'affréteur ait fait signifier au fréteur une protestation dans les vingt-quatre heures qui suivent le moment où il s'est aperçu de l'erreur dans la déclaration du tonnage; sinon il est censé se contenter du tonnage réel et renoncer à toute indemnité pour le manquant.

La déclaration erronée de tonnage engage d'ailleurs la responsabilité personnelle de celui dont elle émane et, par suite, si elle a été faite non par le capitaine mais par l'armateur, celui-ci est responsable personnellement [1].

Le fréteur est encore responsable envers les chargeurs du défaut de capacité du navire lorsqu'il s'est engagé à transporter une quantité de marchandises déterminée et que le navire ne peut en prendre la totalité ou qu'il ne fait le chargement total qu'en surchargeant le navire; la surcharge du navire constitue en effet une faute. Mais cette responsabilité cesse si le fréteur s'est engagé, par suite d'une erreur excusable ou d'une ignorance justifiée de cette capacité.

SECTION II

PERTE, AVARIES ET RETARD

Le fréteur étant avant tout un transporteur répond de la perte des marchandises qu'il doit transporter, des avaries, ou du retard apporté à leur livraison. Cette responsabilité pèse en premier lieu sur le capitaine, comme représentant de l'armateur; l'art. **222** C. com. dit en effet : « Il (le capitaine) est responsable des marchandises dont il se charge »; elle existe également contre le propriétaire de navire, même s'il n'est pas en faute, par application de l'art. **216** C. com. : « Tout propriétaire de navire est civilement responsable des « faits du capitaine, pour ce qui est relatif au navire et à « l'expédition ».

Les principes à poser en ce qui concerne le point de savoir dans quels cas cette responsabilité est encourue par le fréteur sont très simples. Nous avons vu, dans notre chapitre Ier, que la responsabilité du fréteur était toujours présumée et que la preuve de la force majeure incombait à ce dernier (art. **230** C. com.). Cette présomption de faute du fréteur recevra donc son

[1] Cass., 9 nov. 1898. Rev. int. dr. marit., XIV, p. 321.

application au cas de perte, avaries ou retard et ces dommages seront présumés avoir été entraînés par une faute du fréteur, telle que l'innavigabilité du navire, le défaut d'arrimage ou le défaut de soins apporté au transport de la marchandise. Mais le fréteur pourra prouver que la perte, l'avarie ou le retard ont été occasionnés par suite du vice propre de la chose, de la faute du chargeur ou d'un cas fortuit ou de force majeure et cette preuve dégagera sa responsabilité. Nous avons donc à rechercher successivement quand le fréteur est responsable de l'avarie ou du retard et quand il ne l'est pas.

§ 1. Quand le fréteur est-il responsable?

Les règles qui régissent la présomption de faute en cas de perte, avarie ou retard sont les mêmes dans le contrat de transport maritime que dans le contrat de transport terrestre (art. 103 et 104 du C. com.); seules les applications de ces règles sont spéciales au contrat d'affrètement.

1° *Perte.* — En ce qui concerne la perte, l'art. 1784 du C. civ. présume la négligence ou la faute du transporteur et l'art. 103 du C. com. le répète en ces termes : « Le voiturier « est garant de la perte des objets à transporter, hors les cas « de force majeure ». Le voiturier est donc responsable, en principe, toutes les fois qu'il y a perte et, par suite, la seule question que nous ayons à nous poser est celle de savoir quand cette perte existera.

Il y aura perte totale toutes les fois que les marchandises confiées au transporteur ne seront pas représentées par lui, et il importera peu, bien entendu, que des marchandises étrangères à celles qui avaient été chargées aient été substituées par lui à ces dernières (¹).

(¹) Cass., 1er juillet 1896, *Rev. int. de marit.*, XII, p. 130.

La perte sera partielle lorsqu'un déficit ou des manquants seront constatés dans la cargaison, par exemple lorsqu'il existera une différence de poids assez importante entre la quantité de marchandises portée au connaissement et celle qui a été chargée dans la cale (¹). Mais il va sans dire que c'est au destinataire à établir que les marchandises qu'il prétend perdues ont bien été confiées au transporteur et prises en charge par lui (²).

Quant au point de savoir quel est le délai à l'expiration duquel la marchandise non représentée par le fréteur est considérée comme perdue, c'est une question de fait à résoudre par le juge.

2° *Avaries*. — Le fréteur est également présumé en faute toutes les fois que les marchandises transportées ont subi des détériorations, que ces détériorations soient apparentes ou occultes. Sa responsabilité à cet égard procède de la double qualité qui doit lui être reconnue de dépositaire salarié (depuis le moment où il a pris la marchandise en charge jusqu'à celui où le transport commence à s'effectuer) et de transporteur. Comme dépositaire salarié, il est tenu de donner aux marchandises à lui confiées tous les soins que nécessite leur nature et comme transporteur il doit remettre au destinataire les colis dans l'état où il les a reçus. Ici une difficulté se présente : si à son arrivée à destination la marchandise est avariée ou en mauvais état, le fréteur sera-t-il présumé l'avoir reçue en bon état, de sorte que l'avarie serait regardée, sauf preuve contraire, comme s'étant produite en cours de route ; ou au contraire aucune présomption n'existant de ce chef, est-ce à l'expéditeur à établir qu'il a remis les marchandises en bon état au voiturier ?

(¹) Trib. com. Havre, 19 avril 1905, *Rev. int. de marit.*, XX, p. 18.
(²) Cass., 3 février 1905, *Gaz. Pal.*, 23 février 1905.

A défaut de texte précis, il nous paraît qu'aucune présomption ne peut être invoquée contre le transporteur en ce qui concerne le moment où l'avarie devra être considérée comme s'étant produite.

Autre chose, en effet, est présumer que si l'avarie s'est produite en cours de route, elle provient de la faute du transporteur et présumer qu'elle s'est produite en cours de route. Aucune disposition législative ne pose cette dernière présomption. Par suite, il appartient à l'expéditeur de prouver qu'il a remis la chose au voiturier en bon état, mais cette règle subit naturellement une restriction en ce qui concerne les avaries apparentes; on ne saurait admettre, en effet, que le transporteur eût accepté sans protestations ni réserves une marchandise dont le mauvais état était facile à constater et immédiatement visible; de sorte que l'on peut dire que le transporteur est présumé avoir reçu les marchandises indemnes de toute avarie apparente à moins d'une réserve dans le connaissement, mais qu'au contraire aucune présomption n'existe contre lui pour les avaries qu'il n'a pas pu constater lors du chargement. Adopter une autre règle eût été mettre le transporteur dans une situation injustement préjudiciable, car il lui est évidemment impossible de vérifier l'état de toutes les marchandises qui lui sont remises.

Le fréteur a cependant le droit de faire cette vérification et d'obliger l'expéditeur à lui délivrer un bulletin de garantie constatant l'état de la marchandise; il se réservera ainsi la preuve de cet état et rendra impossible toute contestation future à cet égard.

3° *Retard*. — Le fréteur est aussi responsable quand les marchandises ne sont pas parvenues au destinataire dans les délais convenus. « Le capitaine », dit l'art. 295 al. 1 du code de commerce reproduisant l'ordonnance de 1681, « est tenu

« des dommages-intérêts envers l'affréteur, si par son fait le
« navire a été arrêté ou retardé au départ pendant sa route
« ou au lieu de sa décharge » (1).

Quoique l'art. 205 ne parle pas de l'armateur, il est bien
évident que, conformément au principe général de l'art. 216,
la responsabilité du capitaine rejaillit sur lui.

Il est, par exemple, responsable des cas de retards éprouvés
par le navire pour se rendre au port de charge, de la baisse
du cours des marchandises à transporter, d'autre part, conformément aux principes que nous avons déjà posés, l'armateur sera également responsable personnellement si le retard
provient d'une faute qui lui est propre.

Enfin le capitaine et l'armateur sont tenus solidairement
si le préjudice provient de la faute de l'un et de l'autre.

Le fondement de cette responsabilité se trouve dans
l'inexécution partielle de l'obligation du fréteur, inexécution
qui entraîne, par application des règles de droit commun,
une présomption de faute contre le fréteur, présomption
confirmée par argument *a contrario* de l'art. 104 C. com. :
« Si par l'effet de la force majeure, le transport n'est pas
« effectué dans le délai convenu, il n'y a pas lieu à indemnité
« contre le voiturier pour cause de retard ».

Le retard peut se produire au départ, pendant la route ou
au lieu de décharge. Chacun de ces cas doit être étudié séparément.

A. *Au départ :* Le capitaine qui n'est pas parti dans le
délai convenable est responsable du préjudice qui résulte de
ce retard pour l'expéditeur ou le destinataire. Le capitaine
doit en effet partir à l'époque convenue ; à défaut d'une

(1) Ordonnance de la marine, livre III, titre III, art. 10 : « Le maître sera aussi
tenu des dommages-intérêts de l'affréteur au dire des gens à ce connaissants, si
par son fait le vaisseau était arrêté ou retardé au lieu de sa décharge ».

stipulation expresse, un délai variable suivant les circonstances lui sera tacitement accordé pour opérer le chargement et mettre à la voile (¹). A Marseille, ce délai est de deux jours à partir de la signature du connaissement et de la remise des marchandises par l'expéditeur; la responsabilité du capitaine n'est encourue qu'à l'expiration de ce délai, à moins qu'il n'ait été mis en demeure de partir auparavant (art. 1149 C. c.).

L'art. 295 recevra d'ailleurs son application quelle que soit la cause qui a retardé le départ, pourvu qu'elle ne soit pas exclusive de la faute du capitaine. Il en serait ainsi, par suite, même lorsque c'est un acte de l'autorité qui a empêché le départ du navire, si cet acte a été amené par une faute du capitaine, par exemple si le navire a été saisi à l'occasion de dettes contractées par le capitaine pour le voyage (art. 215 C. com.) ou à cause de faits de contrebande qu'il aurait commis. A l'inverse, si la saisie avait eu lieu sans droit ou au mépris des règles de l'art. 215 C. com., c'est-à-dire malgré le cautionnement des dettes, le capitaine ne saurait être responsable du retard que s'il néglige d'obtenir mainlevée de la saisie dans le plus bref délai possible (²).

B. *En cours de route :* Le capitaine doit user de diligence dans son voyage. Celui-ci doit être effectué dans le délai convenu ou, à défaut de convention expresse, dans le délai normalement nécessaire. Tout retard dans la marche du navire

---

(¹) En ce sens Trib. Havre, 11 août 1880, *Journ. Havre*, 1880, I, p. 231.

(²) Remarquons, en passant, que le capitaine qui ne doit pas partir trop tard ne doit pas non plus partir trop tôt, c'est-à-dire avant l'époque convenue avec le chargeur. Par suite, s'il avait accordé un délai à ce dernier pour le chargement, il devrait attendre pour partir que l'embarquement fût terminé, et si le délai imparti expirait avant que cet embarquement fût achevé, il ne devrait quitter le port qu'après avoir mis le chargeur en demeure d'opérer le chargement ou après avoir fait constater son refus de lui livrer la marchandise.

entraîne donc la responsabilité du capitaine puisqu'il est un manquement aux obligations de celui-ci.

D'autre part, ainsi que nous l'avons vu dans notre premier chapitre, le capitaine répond des fautes même légères qu'il commet dans son commandement; toute fausse manœuvre, erreur dans la direction du navire ou toute autre faute occasionnant un retard est donc à son égard une nouvelle source de responsabilité.

C. *Au lieu de décharge* : Le capitaine doit s'entourer d'un personnel suffisant pour opérer le déchargement dans le plus bref délai possible, c'est-à-dire dès qu'il est possible de le faire sans dommage pour les parties (1).

Le capitaine est donc responsable toutes les fois qu'il a retardé le déchargement par son fait; cependant il ne devrait pas non plus faire procéder au déchargement trop tôt car il serait alors responsable du surcroît de frais qu'il aurait occasionné par un déchargement précipité.

Nous avons ainsi déterminé les faits qui étant à la fois un manquement aux obligations du fréteur et une source de préjudice pour l'affréteur engagent la responsabilité du transporteur.

Nous devons maintenant rechercher quelles sont les principales circonstances dans lesquelles ces faits peuvent se produire, quels sont, en d'autres termes, les principaux événements qui peuvent occasionner une perte, une avarie ou un retard dans le transport de la cargaison.

Parmi ces événements, nous étudierons seulement les plus importants et les plus fréquents : l'innavigabilité du navire, le défaut d'arrimage, le défaut de soin dans le transport et la conservation des marchandises; l'abordage.

_____

(1) Trib. com. Havre, 11 mars 1819, *Journ. Havre*, 79. 1. 151.

1° *Innavigabilité du navire* : Le fréteur est responsable de tout dommage résultant pour la cargaison du mauvais état du navire au moment du départ (¹). L'art. 297 du C. com. nous dit : « Le capitaine perd son fret et répond des dommages-intérêts de l'affréteur, si celui-ci prouve que, lorsque le navire a fait voile, il était hors d'état de naviguer », et l'alinéa 2 ajoute : « La preuve est admissible nonobstant et contre les certificats de visite au départ ». Cette responsabilité est encourue par le fréteur, non point lorsqu'il s'est obligé à transporter telles marchandises déterminées, car, en ce cas, toute perte étant présumée survenue par sa faute sauf preuve du contraire, il n'y a point à prouver à son encontre, l'innavigabilité du navire.

L'art. 297 suppose que l'affrètement a été fait de tout ou partie du navire qui vient à se perdre ou à être détérioré, de telle sorte qu'un dommage soit apporté à la marchandise transportée. Le fréteur est alors obligé, non seulement de mettre le navire à la disposition de l'affréteur en bon état de navigabilité, mais encore de conduire les marchandises chargées à la destination fixée par le contrat d'affrètement (²) ; s'il manque à cette obligation, il expose les marchandises à une perte presque certaine ou à un retard considérable dont il est responsable.

Mais, à cet égard, la loi ne pouvait évidemment présumer,

(¹) Quant à l'innavigabilité qui se produit postérieurement au départ par suite d'une tempête ou d'une fortune de mer, elle ne peut entraîner la responsabilité du transporteur puisqu'il n'y a aucune faute à reprocher au capitaine ou à l'armateur. Cette hypothèse, toute différente de la nôtre, est prévue par l'art. 296 du C. com. ainsi conçu : « Si le capitaine est contraint de faire radouber le navire pendant le voyage, l'affréteur est tenu d'attendre ou de payer le fret entier. Dans le cas où le navire ne pourrait être radoubé, le capitaine est tenu d'en louer un autre. Si le capitaine n'a pu louer un autre navire, le fret n'est dû qu'à proportion de ce que le voyage est avancé ».

(²) Com. de Bordeaux, 16 mars 1887, *Rev. int. du droit mar.*, III, p. 171.

en cas de perte du navire en cours de route ou de détérioration des marchandises transportées ou encore de retard occasionné par l'obligation de faire au navire des réparations urgentes, que ces faits avaient pour cause l'inexécution de son obligation par le fréteur, l'innavigabilité au départ. C'est donc à l'affréteur à en faire la preuve, mais par contre cette preuve administrée, la présomption de faute contre le débiteur qui n'exécute pas son obligation reprendra son empire. Le fréteur (¹) sera donc responsable de toute perte, avarie ou même retard (il répond en effet de tout retard que subit le chargement par suite de réparations à faire au navire quand il a déclaré que le navire était prêt à prendre charge) résultant du mauvais état du navire (²); et il ne pourra échapper à cette responsabilité qu'en prouvant que l'innavigabilité est due à un vice propre de la marchandise ou à un cas fortuit qu'il n'a pu ni empêcher ni prévoir (³), à moins qu'il n'établisse que l'affréteur a pris à sa charge l'innavigabilité du navire, par ce fait qu'ayant eu connaissance du vice rendant le bâtiment impropre à la navigation, il a passé outre. La preuve de l'innavigabilité du navire peut toujours être faite par l'affréteur; sans doute, le capitaine est obligé de faire procéder avant le départ à une visite du navire à la suite de laquelle un certificat de visite est dressé (⁴), mais l'exécution, par le capitaine, de cette obliga-

---

(¹) Trib. com. Rouen, 13 mai 1891, *Rev. int. dr. marit.*, XVII, p. 108.

(²) En ce sens : Cour Bordeaux, 7 avril 1897, *ibid.*, XIII, p. 205; Cass., 16 novembre 1898; *ibid.*, XIV, p. 320.

(³) Cour d'Aix, 20 mai 1891, *Rev. int. dr. marit.*, XVI, p. 772.

(⁴) Cette obligation est réglementée par l'art. 225 du C. com. en ces termes : « Le capitaine est tenu, avant de prendre charge, de faire visiter son navire aux temps et dans les formes prescrites par les règlements. Le procès-verbal de visite est déposé au greffe du tribunal de commerce; il en est délivré extrait au capitaine ». En fait, la visite du navire est effectuée dans la plupart des cas par les soins du Bureau Veritas, agence de classification des navires qui attribue à

tion n'empêche point que la preuve de l'innavigabilité du navire puisse être faite contre lui.

L'art. 228 C. com. dit, il est vrai : « En cas de contravention « aux obligations imposées par les quatre articles précédents « (parmi lesquels l'art. 225), le capitaine est responsable de « tous les événements envers les intéressés au navire et au « chargement ». Et on pourrait être tenté d'en conclure par argument *a contrario* que le certificat de visite constitue en faveur du capitaine une présomption de navigabilité du navire, présomption *juris et de jure* n'admettant pas la preuve de la faute du capitaine. Mais cet argument se heurterait aux termes formels du deuxième alinéa de l'article 297 : « La preuve est « admissible nonobstant et outre les certificats de visite au « départ ». D'ailleurs la disposition de l'art. 228 n'a d'autre but que de subordonner la responsabilité du capitaine vis-à-vis des chargeurs, lorsqu'il n'a pas rempli l'obligation que lui impose l'article 225, à l'existence d'une faute à sa charge ; il serait en effet exorbitant que le défaut d'observation de l'art. 225 donnât lieu à la responsabilité du capitaine même quand il n'est pas en faute. Le certificat de visite constitue donc en faveur de la navigabilité du navire une simple présomption susceptible d'être combattue par la preuve contraire, de même que l'absence de visite obligera le capitaine à faire d'une autre manière la preuve de la navigabilité de son navire au départ.

2° *Défaut d'arrimage :* Le contrat d'affrètement fait naître pour le fréteur l'obligation de recevoir les marchandises à

chaque navire une cote consignée dans le certificat de visite qu'elle délivre à l'armateur et que le chargeur peut consulter avant d'embarquer ses marchandises. Cette visite a pour but d'examiner si le navire est en bon état ; elle a lieu avant le chargement et sans se préoccuper du poids du chargement à transporter, ce qui est évidemment critiquable, car nombre de navires périssent par excès de charge plutôt que par défaut absolu de navigabilité.

bord et de les arrimer convenablement, c'est-à-dire de les distribuer d'une manière opportune et d'en assurer la stabilité dans le navire. Un arrimage défectueux rend donc le fréteur responsable des avaries ou autres dommages qui peuvent en résulter (¹). Mais quand pourra-t-on dire que l'arrimage est défectueux? Le code de commerce ne contient malheureusement aucune règle générale à cet égard; seul l'art. 229 s'occupe d'un cas spécial de vice d'arrimage: celui du chargement sur le pont ou sur le tillac; mais ce n'est pas le seul cas où l'arrimage puisse être regardé comme défectueux et les tribunaux considèrent souvent avec raison l'armateur comme responsable pour vice d'arrimage bien que la cargaison ait été chargée sous tillac; sa responsabilité à cet égard découle des principes généraux du droit. C'est ainsi que le fréteur a été déclaré responsable des avaries survenues à des marchandises sujettes à coulage, des vins par exemple, s'il ne les a pas chargées à fond de cale; de l'échauffement ou de la fermentation de grains occasionnés par des vides laissés entre les sacs ou dans la cale, si ces marchandises sont chargées en vrac. De même sa responsabilité peut naître du défaut de *fardage*, c'est-à-dire de l'insuffisance d'isolement des marchandises craignant l'humidité, placées contre les bordages du navire, au moyen d'un lit de fagots ou autre matière étrangère (²). Il répondra encore de l'*estirage*, manœuvre très répandue dans la Mer Noire et sur les côtes d'Asie Mineure et qui consiste à comprimer des marchandises de gros volume afin de pouvoir prendre un plus grand fret. Citons aussi le cas où le capitaine n'aura pas suffisamment éloigné les unes des autres des marchandises pouvant se nuire réciproquement par leur contact, par exem-

<hr>

(¹) Cass., 31 déc. 1890, *Rev. int. du marit.*, XVI, p. 372.

(²) Nantes, 13 août 1828, *Journ. Nantes*, 1834. I. 65.

ple des sacs de café et de l'indigo (¹); celui où l'avarie des marchandises résulte de l'odeur laissée par la cargaison précédente par suite du défaut de désinfection suffisante (²); celui enfin où les marchandises sont avariées par l'eau de mer à cause du défaut de fermeture des hublots ou des écoutilles.

La lacune du Code de commerce que nous venons de signaler a été comblée par le décret du 1ᵉʳ décembre 1893 (³), qui édicte les règles générales à suivre en matière d'arrimage. Ce texte, après avoir réglementé l'arrimage et le fardage de certaines marchandises telles que les bois, les grains et les liquides, ajoute, dans son art. 24 : « Les marchandises pour « lesquelles le présent règlement ne contient pas de pres- « criptions spéciales, seront arrimées avec toutes les précau- « tions imposées par leur nature ». Pour ces dernières marchandises, la question de savoir si l'arrimage est défectueux et constitue une faute du capitaine reste donc soumise au pouvoir discrétionnaire des tribunaux; mais pour celles au contraire qui sont entrées dans les prévisions du décret d. 1893, le juge trouve dans les prescriptions de ce texte un élément prépondérant d'appréciation. Il n'est pas douteux en effet que l'inobservation des règles posées par le décret de 1893, constitue un vice d'arrimage engageant la responsabilité du capitaine (⁴); par contre si l'arrimage est fait conformément aux dispositions du décret, une présomption existera en faveur du capitaine que les avaries ne sont pas dues à un vice d'arrimage, présomption qui cepen-

---

(¹) Trib. com. Bordeaux, 25 mai 1869, *Journ. des Arrêts de Bordeaux*, 1869, 1. 173.

(²) Bordeaux, 14 août 1858, *Journ. de Marseille*, 58. 2. 126.

(³) *J. off.* du 6 décembre 1893.

(⁴) Cass., 9 juillet 1900, *Rev. int. dr. marit.*, XVI, p. 5. — Trib. com. Havre, 23 avril 1901, *ibid.*, XVI, p. 789.

dant peut être détruite par la preuve contraire, si, par exemple, à raison de circonstances spéciales des précautions particulières devaient être prises dans l'arrimage.

Toutefois, la responsabilité du capitaine pour vice d'arrimage ne doit s'entendre qu'en ce qui concerne le conditionnement extérieur de la marchandise : en effet, le capitaine est présumé avoir reçu la marchandise en bon état et doit la rendre telle, mais il n'en est ainsi, comme nous l'avons déjà dit, que de l'état apparent, une vérification intérieure de la marchandise étant impossible. Par suite, si la marchandise présente à son arrivée un vice non extérieur celui-ci ne pourra pas être regardé en principe comme dû à un vice d'arrimage : c'est ce qu'a jugé le Tribunal de commerce du Havre (¹) à propos d'une avarie d'odeur qui a été considérée comme ne pouvant entraîner la responsabilité du capitaine que s'il était prouvé que l'odeur avait été contractée à bord.

D'autre part, le décret de 1898 n'ayant en rien un caractère d'ordre public, mais ayant seulement pour but de préciser les obligations du transporteur vis-à-vis des chargeurs, en ce qui concerne l'arrimage, il faut admettre que ses dispositions pourraient être écartées par une clause contraire du connaissement.

Pour la même raison, les dispositions de ce décret ne doivent pas être considérées comme applicables en principe aux navires étrangers (²) du moins si les chargements effectués sur ces navires sont soumis à la loi nationale de ceux-ci.

Mais sous ces restrictions, le capitaine est toujours soumis aux prescriptions du décret de 1898.

Il ne trouverait pas notamment une exonération de cette obligation dans le fait de s'être conformé à la clause du con-

(¹) Trib. de com. Havre, 25 juin 1902, Rev. int. dr. marit., XVIII, p. 181.
(²) Trib. com. Marseille, 2 juillet 1895, Journal de Marseille, 95, p. 214.

naissement qui l'obligeait à se soumettre aux règles du Comité des assureurs et à l'inspection de leurs agents ; cette obligation ne saurait se retourner à son profit, et elle ne peut lui permettre de laisser à des tiers le soin de la stabilité de son navire ou le souci des intérêts des chargeurs [1].

De même la responsabilité du capitaine existerait, même si l'arrimage n'avait pas été surveillé par lui, et il en serait ainsi non seulement si l'arrimage avait été dirigé par le second, car ce dernier n'agit que par délégation du capitaine, mais encore si le chargeur, au lieu de faire opérer l'arrimage par le capitaine, avait confié cette mission à des *arrimeurs ad hoc* [2] ou si l'arrimage avait été effectué avec le concours de l'affréteur ou par lui seul ; en effet, le capitaine est souverain maître à bord ; il doit surveiller l'arrimage ; c'est à lui de ne pas accepter une disposition qui lui semble défectueuse [3], et par suite il est responsable, quels que soient les ouvriers qui aient effectué l'arrimage [4] et quelle que soit la personne qui l'ait dirigé.

Pour couvrir sa responsabilité à raison de l'arrimage, en pratique, le capitaine, avant le débarquement des marchandises, fait toujours constater l'arrimage par les officiers du port d'arrivée du navire ou par des experts, les arrimeurs jurés, qui dressent un procès-verbal de bon arrimage. Ce procès-verbal a pour effet de décharger le capitaine de la présomption de faute que fait peser sur lui l'art. 222 C. com. ; mais on ne saurait aller plus loin et décider qu'en présence de ce procès-verbal le capitaine ne peut plus être recherché pour une faute commise dans l'arrimage, car ce serait aller à l'en-

---

[1] Cass., 12 avril 1902, *Rev. int. du droit*, XVIII, p. 5. — Cass., 6 mars 19..., *Journal des Arrêts de Bordeaux*, 19.., III, p. 10..

[2] Trib. Havre, 25 mars 1879, *Journ. Havre*, 79, 1, 118.

[3] Cour de Rouen, 14 mai 1902, *Rev. int. du droit*, XVIII, p. 2...

[4] Trib. com. Marseille, 24 juillet 1902, *ibid.*, XVIII, p. 35..

contre de la règle de l'art. 230, à savoir que la responsabilité du capitaine ne cesse que par la preuve d'obstacles de force majeure. En l'absence de procès-verbal de bon arrimage, le capitaine restera soumis à la présomption de l'art. 222 ; dans le doute sur la cause des avaries survenues aux marchandises, elles seront présumées dues à sa faute (¹).

Si le code de commerce, ainsi que nous l'avons dit plus haut, est muet sur les règles de l'arrimage et laisse, par suite, en principe au capitaine le droit d'arrimer librement les marchandises à ses risques et périls, il est cependant un procédé d'arrimage qu'il prohibe d'une manière absolue dans son art. 229 ; c'est le chargement sur le pont, ou sur le tillac, ou franc-tillac, c'est-à-dire sur le premier pont du navire. Cet art. dit, en effet : « Le capitaine répond également de tout » le dommage qui peut arriver aux marchandises qu'il aurait » chargées sur le tillac de son vaisseau sans le consentement » par écrit du chargeur ».

Ce mode de chargement fait courir aux marchandises ainsi chargées des dangers particulièrement graves ; elles sont exposées aux intempéries et peuvent être emportées par les lames ; de plus, si le navire est en péril, elles seront évidemment jetées les premières à la mer. Ces dangers étant les mêmes au moins au point de vue du jet à la mer, dans le cas où les marchandises ont été chargées dans le rouf ou sur la dunette, il faut étendre à cette hypothèse la règle de l'art. 229, bien que les marchandises soient alors couvertes. Mais la responsabilité du fréteur cesse quand, ayant avisé le chargeur de ce mode d'arrimage, il a été autorisé par celui-ci à y procéder. La responsabilité édictée par l'art. 229 pèse bien entendu d'une manière définitive sur l'armateur, à moins

(¹) Trib. com. Havre, 23 avril 1861, Rev. int. du navire., XVI, p. 584.

qu'il ne soit prouvé qu'il a donné expressément au capitaine des ordres contraires que celui-ci n'a pas respectés, auquel cas le capitaine est personnellement responsable de sa faute (¹).

L'art. 229 n'étant pas d'ordre public prévoit lui-même une dérogation à la règle qu'il pose; le chargeur a la faculté d'autoriser le chargement sur le tillac; ce consentement, aux termes mêmes de l'art. 229, doit être donné par écrit; mais il n'est pas nécessaire qu'il soit exprimé en termes exprès; il pourrait résulter par exemple de l'acceptation, par le chargeur d'un connaissement autorisant ce mode de chargement.

La clause autorisant le chargement sur le tillac, que nous étudierons dans notre seconde partie, ne doit d'ailleurs pas être interprétée d'une manière trop large; elle ne dispense pas notamment le capitaine des soins à donner à la marchandise. Au surplus, d'après l'art. 229 lui-même, la prohibition qu'il édicte ne s'applique qu'au grand cabotage. Le consentement des chargeurs au chargement sur le pont des bâtiments qui se livrent au petit cabotage est présumé, car ils sont de faible tonnage et il est nécessaire de chercher à tirer parti de tout l'emplacement disponible. Cette présomption est donc très rationnelle; toutefois elle est la source de contestations incessantes, par suite de la difficulté qui existe de déterminer quand il y a grand ou petit cabotage. Une solution satisfaisante paraît avoir été adoptée par la cour de Caen, dans un arrêt récent (²) où elle a décidé que constitue un petit cabotage le voyage effectué d'un port français où les marchandises ont été chargées, à un port français, situé dans la même mer où elles doivent être transbordées.

(¹) Marseille, 31 déc. 1903, Journal de Mars., 1904, 1, 101.
(²) Cour Caen, 4 décembre 1902, Rev. int. de droit, XVIII, p. 541.

3° *Défaut de soins dans le transport et la conservation des marchandises.* — Par le contrat d'affrètement, le fréteur s'est obligé à transporter les marchandises dans les délais convenus et en suivant la route fixée par la charte-partie ou le connaissement, ou à défaut, la route la plus directe; il doit en outre prendre soin de la marchandise qu'il transporte. Le déroutement (¹) ou le fait de rétrograder en cours de route constituent une violation de la première de ces obligations et entraînent la responsabilité civile de l'armateur, lorsque quelque dommage en sera résulté pour le chargeur; par exemple au cas où les marchandises sont atteintes par une fortune de mer qu'elles n'auraient pas subie si la route directe avait été suivie. Cette responsabilité cesserait évidemment d'être encourue si le connaissement autorisait le capitaine à modifier son itinéraire (²).

Le fréteur sera encore responsable envers les affréteurs, des avaries ou du retard résultant de la relâche dans un port lorsqu'elle n'est pas autorisée par le connaissement ou si le temps pour lequel elle était autorisée a été excédé. Toutefois la relâche est toujours permise au cas de force majeure, mais en cette hypothèse le capitaine doit faire dès son arrivée la déclaration des causes de sa relâche au président du tribunal de commerce du port où elle est effectuée (art. 425 C. com.).

L'obligation, pour le fréteur, de prendre soin des marchandises qu'il transporte le rend responsable des fautes commises par le capitaine dans le débarquement des marchandises, du transbordement opéré d'un navire sur un autre, sans une autorisation expresse du connaissement; de même si cette

---

(¹) Cour d'Alger, 26 février 1904, *Rev. int. dr. marit.*, XVIII, p. 824.

(²) Bordeaux, 3 août 1891, *Rev. int. dr. marit.*, VII, p. 425. Cependant le tribunal de commerce de Marseille, 26 juin 1899, *ibid.*, XVI, p. 64, exige seulement le respect de la direction générale du voyage.

autorisation existe, de la façon défectueuse dont a été effectué le transbordement. Sa responsabilité est encore engagée s'il vend des marchandises sans qu'il y ait urgence; ou s'il les a employées sans nécessité comme combustible. Le capitaine cependant peut, en cas de péril, sacrifier une partie de la cargaison pour sauver le surplus, mais il rendra l'armateur responsable de la perte des marchandises sacrifiées si le jet à la mer a été effectué sans utilité, alors que le navire n'était pas sérieusement en péril (1).

4° *Abordage*. — L'art. 407 C. com. régit en ces termes la rencontre de deux navires : « En cas d'abordage de navires, si » l'événement a été purement fortuit, le dommage est sup-» porté sans répétition par celui des navires qui l'a éprouvé.

» Si l'abordage a été fait par la faute de l'un des capitai-» nes, le dommage est payé par celui qui l'a causé.

» S'il y a doute dans les causes de l'abordage, le dommage » est réparé à frais communs et par égale portion par les » navires qui l'ont fait et souffert ». Enfin un dernier alinéa ajouté par la loi du 14 décembre 1897 édicte certaines règles de compétence spéciales à notre cas; le demandeur peut assi-gner à son choix l'auteur de l'abordage devant le tribunal de son domicile ou devant celui du port français où le navire abordeur ou abordé s'est réfugié.

Comme nous le voyons, le législateur s'est uniquement préoccupé, dans notre article, de la répartition de la respon-sabilité du dommage entre les deux navires abordés et des rapports de droit que l'abordage fait naître entre capitaine et armateur des navires abordeur et abordé, c'est-à-dire de la contribution au dommage.

En conséquence, pour tout ce qui concerne l'obligation à

(1) Tribunal de commerce de Marseille, 17 février 1885, Rev. int. du droit mar., XX, p. 734.

la réparation du préjudice des capitaines et armateurs des deux navires envers les propriétaires des marchandises atteintes par l'abordage, il convient de revenir à l'application des principes posés par l'art. 230 C. co., qui constitue le droit commun en notre matière. C'est ainsi que l'armateur du navire abordeur ou abordé (suivant que le dommage se sera produit à l'un ou l'autre des deux bords) sera présumé responsable de l'abordage tant qu'il n'aura pas prouvé le cas fortuit qui l'a occasionné. C'est ainsi encore que la réparation du préjudice souffert par la cargaison sera prononcée totalement contre chacun de ceux qui ont coopéré à l'abordage, la division de la dette ne pouvant avoir lieu que dans les relations des débiteurs entre eux (¹). Enfin, le fait qu'il y a doute sur les causes de l'abordage ne détruira pas la présomption de faute établie par l'art. 230 à l'encontre du transporteur des marchandises.

Cette présomption de faute a cependant été modifiée par suite des réglements successifs (décret du 28 octobre 1891 modifié par un décret du 21 février 1897) (²), qui ont rendu obligatoire dans la marche et la rencontre des navires l'observation de certaines mesures de précautions (feux, signaux phoniques, modération de vitesse) destinées à éviter les abordages; la jurisprudence a, en effet, déduit de ces décrets une présomption de fait en faveur du capitaine, toutes les fois qu'il a observé les dispositions de ce réglement (³); la présomption de droit commun est, dès lors, renversée et l'abordage est considéré comme fortuit, à moins que les propriétaires des marchandises ne prouvent qu'il y a eu faute de la part du capitaine.

(¹) Cass., 11 juill. 1892, *Journ. des Arrêts de Bordeaux*, 93. 1. 404.
(²) Rivière et Pont, *Lois usuelles*, p. 1105.
(³) Cpr. Bordeaux, 18 mars 1891, *Journ. des Arrêts de Bordeaux*, 91. 1. 362.

§ II. *Quand la responsabilité cesse-t-elle d'être encourue?*

Nous avons posé le principe que le fréteur était présumé en faute au cas de perte, avaries ou retard et par suite était responsable du dommage en résultant pour le propriétaire des marchandises tant qu'il n'aurait pas fait la preuve contraire; nous avons étudié les cas principaux où ce principe trouvait son application d'une manière pour ainsi dire positive, c'est-à-dire aboutissait à rendre l'armateur responsable; nous devons maintenant étudier l'application négative de notre principe, c'est-à-dire rechercher quels sont les faits qui déchargent l'armateur de sa responsabilité.

Le code de commerce, dans son livre II, n'en prévoit qu'un seul; c'est la force majeure (art. 230), mais il est incontestable tout d'abord qu'il y a lieu ici, comme en toute matière relative à l'inexécution d'une obligation, d'assimiler à la force majeure le cas fortuit. En outre, l'art. 103 al. 2 C. com., en décidant que le voiturier est garant des avaries autres que celles résultant du vice propre de la chose ou de la force majeure, commande d'admettre comme cause d'exonération du fréteur le vice propre de la chose à côté du cas fortuit ou de la force majeure, car aucun texte n'établit à cet égard des règles incompatibles avec celles du contrat de transport terrestre.

I. *Vice propre de la chose.* — On désigne par cette expression toute cause de détérioration ou de destruction inhérente à la marchandise et qui entraîne une avarie ou une perte pendant le voyage, sans la faute du fréteur. Il y a vice propre quand les liquides coulent, quand les graines s'échauffent par suite de certains défauts de qualité dont ils sont atteints (¹).

(¹) Poitiers, 26 mai 1897, *Rev. int. dr. marit.*, XIII, p. 30, 35.

L'absence de responsabilité du fréteur par suite du vice propre de la chose se réalise assez fréquemment et doit même se présumer toutes les fois que l'avarie consiste en un vice caché de la marchandise ; nous avons vu en effet que le capitaine n'est pas tenu de vérifier l'état intérieur des marchandises dont il prend charge ; et par suite si l'avarie n'est pas apparente, le capitaine pourra soutenir qu'elle est due à l'état où se trouvait la marchandise au moment de son embarquement, par suite d'un vice propre de la chose. Une application intéressante de cette théorie a été faite dans l'hypothèse d'une avarie d'odeur (¹).

II. *Cas fortuit ou force majeure*. — Il y a cas fortuit ou force majeure toutes les fois que la perte, l'avarie ou le retard sont dus à un fait indépendant de la volonté de l'armateur et du capitaine (²).

Leur responsabilité en est dégagée à moins que ce fait n'ait été précédé d'une faute par eux commise en l'absence de laquelle le navire ou les marchandises n'eussent pas été exposés à la force majeure (³). Mais, si c'est au fréteur à établir le cas fortuit ou la force majeure dont il se prévaut, ainsi que nous l'avons vu dans notre premier chapitre, cette preuve une fois faite, c'est au chargeur qu'incombe la preuve du fait antérieur dont il prétend faire découler la responsabilité du capitaine ou de l'armateur malgré le cas fortuit dont ceux-ci ont démontré l'existence.

(¹) V. en ce sens le Havre, 25 juin 1902, *Journ. Havre*, 1902, t. 162. Il s'agissait, dans l'espèce, d'avaries causées à un chargement de fardes de café par une odeur de naphtaline.

(²) V. Trib. com. Marseille, 28 juillet 1905, *Rev. int. dr. marit.*, XXI, p. 213, qui a jugé que « le transporteur n'est pas responsable de la mouillure due à l'introduction, dans le navire, d'une petite quantité d'eau de mer par un sabord, aucun vice de construction n'étant d'ailleurs relevé ».

(³) Trib. com. Nantes, 13 avril 1901, *Rev. int. dr. marit.*, XVII, p. 117.

Le code de commerce n'a prévu, comme cas de force majeure, que le blocus du port de destination (art. 279), en tant qu'il retarde l'arrivée du navire et par conséquent la livraison de la marchandise. Il faut en conclure que le point de savoir quels autres événements constituent un cas fortuit ou de force majeure est une question de fait, soumise au pouvoir souverain d'appréciation des magistrats [1].

C'est donc dans la jurisprudence qu'il faut rechercher quels sont les faits qui doivent être regardés comme étant des cas de force majeure. Les principales hypothèses, dans lesquelles celle-ci a été appelée à statuer sont : l'incendie ayant occasionné la perte ou l'avarie de la cargaison ; les cas de grève des ouvriers du port d'embarquement ou de déchargement, et d'encombrement du port ayant occasionné un retard dans le transport des marchandises. Ce sont ces divers événements que nous allons passer en revue, sans oublier le blocus du port de destination spécialement prévu par le code de commerce.

1° *Incendie.* — Le point de savoir si l'incendie doit être considéré comme un cas fortuit ou de force majeure, a donné lieu à de graves difficultés et la question ne paraît pas encore définitivement tranchée à l'heure actuelle.

La jurisprudence a tout d'abord décidé que l'incendie constituait en lui-même un cas de force majeure n'engageant la responsabilité du transporteur que si le chargeur prouvait que la cause s'en trouvait dans une faute du capitaine ou de l'armateur [2].

On peut rattacher à cette jurisprudence une décision

[1] Certains auteurs (Desjardins, II, n. 849) ont dit que le capitaine n'était déchargé de sa responsabilité que par la force majeure irrésistible. Mais c'est là une opinion exagérée ; il y a force majeure toutes les fois que l'événement qui la constitue ne provient pas d'une faute du capitaine ou de l'armateur.

[2] V. *Journ. de Marseille*, 1869, II, p. 37 ; 1873, I, p. 60 ; 1883, I, p. 88.

récente du tribunal de commerce de Marseille aux termes de laquelle, si la cause de l'incendie ne peut être démontrée, il devra être considéré comme une fortune de mer, n'engageant pas la responsabilité du capitaine ou de l'armateur (¹).

Mais plus généralement et avec plus de raison, la doctrine et la jurisprudence paraissent fixées dans le sens contraire. Elles assimilent l'incendie à tous les autres faits qui peuvent amener la perte ou l'avarie des marchandises : le fréteur reste donc, en principe, responsable de l'incendie comme de tout autre événement, tant qu'il n'a pas établi que celui-ci est dû à telle cause déterminée exclusive de sa négligence, ou constituant la faute d'un tiers dont il n'a pas à répondre (²). Cette preuve pourra être administrée au moyen soit des constatations relevées au journal de bord, soit du rapport de mer; les certificats d'arrimage et de visite pourront également être soumis au juge du fait, qui, nous le savons, en cette matière est souverain appréciateur.

C'est par application de ces principes que la jurisprudence a jugé que le capitaine est responsable quand l'incendie a été occasionné par les flammes de la cheminée du navire à la suite d'un vice d'installation du navire ou par un vice d'arrimage (³).

Ces solutions nous paraissent très exactes. L'incendie n'est pas, en effet, par lui-même, un cas de force majeure; c'est un sinistre pouvant avoir des causes diverses, qui seules constitueront soit une faute du capitaine, soit une force majeure ou un cas fortuit, et par suite, en vertu des principes géné-

---

(¹) Trib. com. Marseille, 6 août 1891, *Rev. int. dr. marit.*, XVII, p. 151.

(²) Desjardins, II, p. 350; de Valroger, I, p. 442; Lyon-Caen et Renault, V, n. 519. — Bordeaux, 21 juillet 1890, *Journal Marseille*, 90, 2, 151. — Aix, 16 avril 1895, *Rev. int. dr. marit.*, X, p. 465. — Cass., 17 février 1897, *ibid.*, XIII, p. 9. — Douai, 11 août 1892, *ibid.*, XVIII, p. 8.

(³) Cour de Rouen, 28 mai 1902, *Rev. int. dr. marit.*, XIX, p. 365.

raux, tant que le capitaine n'aura pas prouvé que cette cause est bien un cas fortuit ou une force majeure, c'est sa faute qui devra être présumée.

2° *Grève.* — Les grèves d'arrimeurs et d'inscrits maritimes se sont multipliées dans ces dernières années, entraînant l'impossibilité, pour les armateurs, de faire procéder au chargement ou au déchargement des marchandises dans les délais convenus. Elles ont fréquemment fait soumettre aux tribunaux la question de savoir si le fréteur devait être rendu responsable vis-à-vis des chargeurs du retard qu'elles occasionnaient, ou si elles constituaient un cas de force majeure. Une jurisprudence ancienne ne considérait pas les grèves comme étant en elles-mêmes un cas de force majeure [1]. Leur rareté relative, leur peu d'importance dans les ports où elles éclataient en faisaient des événements contre les conséquences desquels une prudence normale pouvait se prémunir, mais en présence des conditions nouvelles dans lesquelles elles se sont présentées dans ces dernières années, cette jurisprudence a dû se modifier ; elle décide aujourd'hui que la grève constitue un cas de force majeure si, d'une part, par sa soudaineté et sa généralité, elle apporte un obstacle invincible à l'embarquement ou au débarquement des marchandises et si, d'autre part, on n'a pu prévoir ses conséquences ou s'y soustraire [2]. Pour que la grève constitue un cas de force majeure, plusieurs conditions doivent donc être réunies : A. Il faut, en premier lieu, que la grève soit générale et englobe tous les ouvriers d'une même corporation. Cette condition a été posée par la cour

[1] Nantes, 13 mars, 18 avril 1858, *Journ. Nantes*, 1858, 1, 18. — Marseille, 9 mai 1852, *Journ. Marseille*, 52, 1, 162. — Marseille, 23 juin 1852, *Rev. int. dr. marit.*, V, p. 245. — Le Havre, 15 décembre 1891, *ibid.*, VIII, p. 72.

[2] Cette jurisprudence a notamment trouvé son application lors de la grève des ouvriers et charbonniers du port de Marseille (Marseille, août 1891), voir Cassat, 31 octobre 1855, *Rev. int. dr. marit.*, XXI, p. 278.

d'Aix de la manière suivante (Arrêt du 21 novembre 1901) (¹) :
« en principe la grève des ouvriers n'est pas un cas de force
majeure ; mais quand elle devient générale comme la grève
des matelots, soutiers et chauffeurs du port de Marseille, à
tel point qu'aucun navire ne peut partir et que l'État lui-
même pour ses affrètements est obligé de recourir au personnel de la flotte ; quand d'autre part une solidarité telle
existe entre les grévistes qu'ils ne veulent reprendre le travail que quand tous les armateurs auront accepté leurs
revendications, ce double caractère de la généralité et de
la solidarité fait de la grève un cas de force majeure. Il
est, en effet, impossible à une Compagnie de navigation,
même en consentant les sacrifices demandés, d'exécuter
ses engagements puisqu'elle n'a aucune action sur les
autres armateurs dont la résistance empêche la reprise du
travail » (²).

B. Il faut, en outre, que la grève soit soudaine ou que le
fréteur n'ait pu, au moment du contrat d'affrètement, prévoir
la grève qui l'empêche de remplir ses obligations. « Attendu,
dit un jugement du tribunal de commerce de Rochefort du
20 janvier 1905 (³), que, s'il est vrai que la grève en elle-
même et par elle-même peut ne pas constituer un cas de
force majeure ou fortuit, il en est autrement quand elle
déjoue les prévisions humaines et qu'on ne peut la conjurer ;
attendu qu'il n'est pas nécessaire qu'il y ait des violences
pour que la grève constitue un cas de force majeure ; qu'il

(¹) Cour d'Aix, 21 novembre 1901, *Rev. int. dr. marit.*, XVII, p. 347.

(²) Voir encore en ce sens : Tribunal de Marseille, 24 août 1901, *Rev. int. dr. marit.*, XVI, p. 95 ; 11 janvier 1901, *ibid.*, XVI, p. 512. — Cour de Rouen, 8 août 1901, *ibid.*, XVI, p. 345.

(³) Trib. com. Rochefort, 20 janv. 1905, *Rev. int. dr. marit.*, XIX, p. 122. — Ce jugement a été confirmé par l'arrêt de cassation du 31 octobre 1905, précité, p. 85, note 2.

suffit qu'il y ait impossibilité absolue de la part du patron de trouver ou d'embaucher des ouvriers » (1).

C. Il faut enfin que le travail des ouvriers en grève soit nécessaire pour le chargement ou le déchargement des marchandises. Il est en effet évident que si ces deux opérations eussent pu être effectuées en dehors des grévistes, par l'équipage par exemple, la négligence du capitaine de recourir à ce moyen qui lui permettait de remplir ses obligations constitue de sa part une faute entraînant sa responsabilité.

3° *Encombrement des bassins et du port*. — Cet événement entraîne nécessairement un retard dans le débarquement en obligeant le navire à attendre son tour pour se mettre à quai. La Cour de cassation décide que, dans le silence du connaissement, il n'y a pas là un cas de force majeure, mais la jurisprudence du tribunal de commerce de Marseille décide depuis longtemps en sens contraire qu'au cas où la marchandise est livrable sous palan, c'est-à-dire à quai, l'encombrement des bassins est un risque étranger au capitaine qui ne peut être responsable du retard en résultant (2).

4° *Événements qui retardent l'arrivée du navire*. — Parmi ces événements, le code de commerce n'a prévu que le blocus du port de destination qu'il considère à juste titre comme constituant la force majeure (art. 270); mais l'art. 277 admet implicitement que cette force majeure peut se trouver réalisée dans d'autres cas puisqu'il prévoit spécialement la « force » majeure qui n'empêche que pour un temps la sortie du » navire ». On peut citer comme rentrant dans ces hypothèses : l'impossibilité momentanée d'entrer dans le port de

<hr>

(1) En ce sens, Cour de Rouen, 8 août 1889, Gaz. Pal., 1 déc. 1889. — Cour d'Aix, 19 mai 1892, Rev. int. de navit., XVIII, p. 165.

(2) Trib. Marseille, 30 juin 1889, Rev. int. de navit., XV, p. 115. — Cass., 12 juill. 1890, ibid., XV, p. 721.

destination ou de sortir du port de départ ou de relâche, par suite de la présence de torpilles en rendant l'accès dangereux (1), par suite d'une épidémie y régnant, ou encore le fait que l'un de ces ports est bloqué par les glaces; la réquisition du navire par un des belligérants, en cas de guerre par exemple, la réquisition d'un bâtiment neutre pour le transport des munitions; la déclaration de guerre, s'il y a danger immédiat; la quarantaine d'observation ou de rigueur; ce sont là autant de cas où le fréteur n'est pas responsable du retard occasionné dans le transport de la cargaison.

Ils rentrent à n'en pas douter dans les prévisions de l'art. 277, en vertu duquel : « S'il existe une force majeure » qui n'empêche que pour un temps la sortie du navire, les » conventions subsistent et il n'y a pas lieu à dommages-inté-» rêts à raison du retard » (2).

En dehors des hypothèses précédentes, l'art. 279 a spécialement prévu le blocus du port de destination. « Dans le cas » de blocus du port pour lequel le navire est destiné, le » capitaine est tenu, s'il n'a des ordres contraires, de se ren-» dre dans un des ports voisins de la même puissance où il » lui sera permis d'aborder ».

Le blocus du port de destination constitue un cas de force majeure dont le fréteur ne sera pas responsable, mais le capitaine est dans ce cas obligé de transporter les marchandises dans un port voisin, c'est-à-dire de remplir son obliga-

(1) Cour d'Aix, 17 avril 1892, Rev. int. de droit, XVII, p. 712.

(2) L'ordonnance de la marine, livre III, I, art. 8, avait déjà dit : « Si les ports sont fermés ou les navires arrêtés pour un temps par la force majeure, la charte-partie subsistera en son entier et le maître et marchand seront réciproquement tenus d'attendre l'ouverture des ports et la liberté des vaisseaux sans dommages-intérêts de part ni d'autre ». Et le Tribunal de commerce de Marseille, le 27 avril 1894, Journ. Marseille, 93. 1. 184, a appliqué l'art. 277 au cas où la relâche pour fortune de mer avait duré un an.

tion dans la mesure où cela lui est possible. Il peut se faire toutefois que tous les ports de la même puissance soient bloqués; le capitaine ne pourra en ce cas obéir aux prescriptions de l'art. 279; il devra alors agir au mieux des intérêts des chargeurs et décharger la marchandise dans un port d'un pays voisin ou la ramener au port de départ suivant les circonstances.

Bien que la déclaration de Paris du 16 avril 1856 ait établi que les seuls blocus obligatoires sont les blocus effectifs, c'est-à-dire ceux qui sont protégés par une force armée suffisante pour empêcher l'entrée du port bloqué, il est incontestable qu'au point de vue de l'application de l'art. 279, le blocus fictif doit être assimilé au blocus effectif; le capitaine peut en effet légitimement craindre pour la sûreté de ses marchandises, même au cas de blocus fictif (¹) : cette différence doit toutefois être faite, qu'au cas de blocus réel, le capitaine n'est jamais responsable conformément à l'art. 279 s'il transporte des marchandises directement au port voisin, tandis qu'au cas de blocus fictif, il agit à ses risques et périls en n'essayant pas de les débarquer au port de destination; ce sera alors au juge à apprécier si sa responsabilité doit être regardée comme dégagée.

SECTION III

DÉLIVRANCE DES MARCHANDISES A DES PERSONNES AUTRES QUE LE PORTEUR DU CONNAISSEMENT

La dernière obligation qui résulte, pour le transporteur, du contrat d'affrètement est la délivrance des marchandises à desti-

(¹) En ce sens Trib. com. Havre, 21 janv. 1890, Rev. int. dr. marit., V, p. 632. — Lyon-Caen, Rev. crit., 1891, p. 401.

nation. Suivant les clauses du connaissement, cette délivrance se fait à bord du navire, sous palan, à quai, etc., mais en aucun cas elle n'a lieu au domicile ou dans les magasins du destinataire, qui doit venir prendre livraison de ses marchandises; pour lui permettre de le faire sans retard, le capitaine doit aviser le destinataire, s'il lui est connu, de l'arrivée des marchandises et le mettre en demeure de prendre livraison. Les marchandises doivent être délivrées au destinataire désigné par le connaissement, qui sera, suivant les formes de cet acte, soit une personne individuellement désignée, si le connaissement est à personne dénommée, soit le bénéficiaire du dernier endossement, si le connaissement est à ordre, soit enfin le porteur même du connaissement, si ce dernier est au porteur.

Toutefois, si, après les diligences du capitaine, personne ne se présente au port de déchargement pour prendre livraison, le capitaine doit faire nommer par justice un tiers consignataire de ces marchandises, qui en devient responsable envers les propriétaires, et qui doit, comme le destinataire, donner reçu au capitaine des marchandises mentionnées au connaissement en vertu de l'art. 285 C. com. ainsi conçu : « Tout « commissionnaire ou consignataire qui aura reçu les mar- » chandises mentionnées dans les connaissements ou chartes- » parties, sera tenu d'en donner reçu au capitaine qui le » demandera, sous peine de tous dépens, dommages-inté- » rêts, même de ceux de retardement ». Tout manquement à l'obligation de délivrance comme tout retard dans l'envoi de l'avis d'arrivée des marchandises (1) engage la respon- sabilité du capitaine et de l'armateur; si donc, lorsque le connaissement étant au porteur, le capitaine délivre

____

(1) Trib. com. Alger, 25 fév. 1902, _Rev. int. de marit._, XIX, p. 539.

la cargaison à un prétendu propriétaire, non porteur du connaissement, le fréteur sera responsable envers le véritable propriétaire, du préjudice qui en résulte pour lui (¹); cette responsabilité pourrait notamment être encourue par le fréteur lorsque le connaissement ayant été dressé à plusieurs exemplaires, le capitaine a délivré la marchandise au premier porteur d'un exemplaire du connaissement qui demande cette délivrance, sans exiger que tous les exemplaires lui fussent représentés; le fréteur serait en ce cas responsable envers les porteurs des autres exemplaires du connaissement auxquels la livraison ainsi faite porterait préjudice (²).

On a toutefois, en pratique, à cause de la difficulté de réunir tous les exemplaires de connaissement entre les mains d'un porteur unique, tendance à libérer le fréteur de sa responsabilité, même si les divers exemplaires du connaissement ne sont pas réunis entre les mains d'un porteur unique, et il cesserait incontestablement d'être responsable si aucune mention du connaissement ne permettant au capitaine d'avoir connaissance de la pluralité d'exemplaires, celui-ci a fait de bonne foi la délivrance au porteur du premier exemplaire qui lui a été présenté (³).

Lorsque le connaissement est à personne dénommée,

(¹) Trib. com. Alger, 3 décembre 1902, *Rev. int. dr. marit.*, XIX, p. 246.

(²) Il est en effet fort rare que les porteurs des divers exemplaires d'un même connaissement demandent simultanément la délivrance de la marchandise. Dans ce cas cependant, le capitaine serait évidemment responsable s'il remettait les marchandises avant que la question de préférence fût réglée par justice.

(³) Observons que le problème ne présente aucune difficulté quand le connaissement se termine par une clause ainsi conçue : « Fait en ... exemplaires d'une même teneur, dont l'un accompli, les autres seront de nulle valeur » Messag. marit., C° Transatl., Chargeurs réunis, *in fine*). Cette clause devant, en vertu du principe de l'art. 1134 C. c., être respectée par les parties, la délivrance des marchandises au premier porteur du connaissement qui la réclame décharge le capitaine de toute responsabilité.

l'armateur et le capitaine sont encore responsables du dépôt en douane de la marchandise lorsqu'ils l'ont spontanément effectué, sans s'être pourvus d'un ordre de justice, ce dépôt ne constituant pas une livraison et étant contraire aux prescriptions légales [1]. Par contre, dès le moment où le capitaine a rempli son obligation, le fréteur est à l'abri de toute responsabilité; par suite, si, le connaissement étant à personne dénommée, il livre la marchandise au véritable destinataire, il n'est point forcé d'exiger de lui la remise du connaissement, alors même qu'il a été convenu que la livraison n'aurait lieu que contre remise de ce connaissement acquitté; cette stipulation du connaissement y est, en effet, insérée dans l'intérêt du transporteur pour lui éviter la recherche du véritable destinataire; il peut donc y renoncer [2]; il faudrait, toutefois, en décider autrement si cette clause du connaissement y avait été insérée dans un intérêt commun, par exemple pour permettre à l'affréteur d'adresser le connaissement à un correspondant chargé de ne délivrer les marchandises au destinataire qu'après paiement des sommes qui lui sont dues; le capitaine commettrait alors une faute entraînant la responsabilité du fréteur, s'il remettait les marchandises au destinataire sans se conformer à cette clause.

SECTION IV

PÉRIODE PENDANT LAQUELLE LA RESPONSABILITÉ EST ENCOURUE

L'étude de la responsabilité du fréteur vis-à-vis des chargeurs qui fait l'objet de ce chapitre ne serait pas complète si

[1] Trib. com. Havre, 8 juin 1901; *Rev. int. dr. marit.*, XVII, p. 91.

[2] Trib. com. Marseille, 17 mars 1903, *Rev. int. dr. marit.*, XVIII, p. 879; 21 mars 1905, *ibid.*, XX, p. 880.

nous n'indiquions rapidement à quel moment elle commence et à quel moment elle cesse. La solution de cette question nous permettra de fixer les limites de cette responsabilité dans le temps après en avoir déterminé l'étendue d'application (¹).

A. *A partir de quel moment le fréteur est-il responsable?* — L'art. **222** C. com. dit à cet égard : « Le capitaine est » responsable des marchandises dont il se charge ». La responsabilité du fréteur ne commence donc pas à être encourue seulement au moment où les marchandises se trouvent à bord, mais dès qu'il les a prises en charge. Ce principe, déjà admis en droit romain (²), est consacré par l'art. 1783 du code civil : « Les voituriers répondent non seulement de ce qu'ils » ont déjà reçu dans leur bâtiment ou voiture, mais encore » de ce qui leur a été remis sur le port ou dans l'entrepôt » pour être placé dans leur bâtiment ou voiture ». Cette règle est très rationnelle : car elle revient à dire que le fréteur répond de la marchandise dè. qu'elle lui a été remise, dès qu'il l'a prise pour sa garde, quand même il ne l'aurait pas encore chargée. La seule difficulté qui puisse se présenter à cet égard est celle de savoir à partir de quel moment les marchandises doivent être considérées comme remises au fréteur. C'est là une question de fait laissée à l'appréciation des tribunaux. Le plus souvent les marchandises sont remises à quai; on dit alors qu'il y a chargement sous palan; en ce cas le fréteur, dès qu'elles ont été déposées sur le port, est responsable de tout dommage résultant du fait qu'elles ont été laissées sur le quai, par exemple des avaries résultant de

---

¹) Cette étude nous permettra de comprendre l'étendue des restrictions apportées à la durée de la responsabilité du transporteur par les clauses des connaissements.

²) L. 3 pr., Dig., IV, 9.

la pluie (¹) ou même de la perte occasionnée par une grande marée ayant submergé la cale de chargement. Mais parfois les marchandises sont livrées le long du bord (²); c'est là notamment l'usage le plus répandu au Havre. En ce cas les marchandises à charger ne passent aux risques du navire et par conséquent du fréteur que du moment où elles sont élinguées, c'est-à-dire hissées à bord au moyen des engins du navire; le fréteur ne sera donc pas responsable des dommages arrivés aux marchandises pendant qu'elles sont à quai ou même pendant leur transport sur les allèges qui les amènent du quai au navire; mais il est au contraire responsable des conséquences de la rupture de la chaîne d'embarquement du navire (³), puisque la prise en charge commence à l'élingage. Enfin il arrive parfois que le fréteur passe le contrat d'affrètement par l'intermédiaire d'un de ses agents chargé d'enregistrer les marchandises et de délivrer le connaissement à l'expéditeur; en ce cas, c'est la délivrance du connaissement au chargeur, qui vaut acceptation de la prise en charge de la marchandise et qui marque le point de départ de la responsabilité du fréteur.

B. *A quel moment la responsabilité cesse-t-elle d'être encourue?* — Dans l'état actuel de notre jurisprudence, le transporteur ne cesse d'être responsable de la marchandise que lorsqu'il en a fait la livraison au destinataire et la délivrance ou mise à terre de la cargaison à la disposition des réceptionnaires n'est pas regardée comme suffisante pour que la livraison soit réputée effectuée; il faut encore que la cargaison ait été reçue par les destinataires, c'est-à-dire qu'ils

(¹) Cass., 10 août 1875, S., 75. 1. 125.
(²) Cass., 18 juillet 1900, *Rev. int. dr. marit.*, XVI, p. 115. Trib. com. Nantes, 18 avril 1901, *ibid.*, XVII, p. 117.
(³) Trib. com. Havre, 20 novembre 1878, *Journ. Havre*, 78. 1. 275.

l'aient reconnue et enlevée. Mais l'enlèvement est regardé comme opéré dès lors que la marchandise est pesée ([1]).

Le fréteur sera donc responsable envers les destinataires des avaries causées par la pluie aux marchandises, avant leur pesage ou leur délivrance. A plus forte raison sera-t-il responsable des avaries éprouvées par la marchandise pendant le temps qu'elle aura passé sur les allèges, si la livraison doit être faite à quai. La cour de Bordeaux ([2]) a notamment consacré le principe de la responsabilité du transporteur en cas de transbordement sur allèges ; elle s'est fondée, pour en décider ainsi, sur l'obligation du capitaine de livrer la marchandise au lieu désigné dans le contrat et sur cette considération que le déchargement sur allèges est fait dans l'intérêt du fréteur pour abréger ses escales ou à cause du tirant d'eau du navire et par conséquent doit être à sa charge.

Il peut se faire que le capitaine ne puisse opérer la livraison parce qu'il ne trouve pas le destinataire ; en ce cas, il peut mettre fin à sa responsabilité en faisant désigner par le tribunal un tiers consignataire qui prendra charge de la marchandise, dans le cas contraire le fréteur restera obligé jusqu'à la prise de livraison par le destinataire ; mais alors le contrat de transport ayant pris fin, c'est à titre de gérant d'affaires et non de fréteur qu'il devra être déclaré responsable.

SECTION V

LÉGISLATION COMPARÉE

Bien que les législations étrangères ne diffèrent guère de la nôtre, au point de vue des règles suivant lesquelles le

[1] Le Havre, 24 décembre 1878, *Journal du Havre*, 79. 1. 63.
[2] Cour de Bordeaux, 7 avril 1897, *Gaz. Pal.*, 22 oct. 1897.

fréteur est présumé responsable des marchandises qu'il transporte, et des cas dans lesquels il peut encourir cette responsabilité, il est cependant intéressant d'en connaître l'état actuel sur les différents points passés en revue dans les trois premières sections de ce chapitre, afin de faire apparaître les différences qui les caractérisent dans l'application des règles qui leur sont communes avec la législation française.

§ 1. *Déclaration erronée de tonnage et défaut de capacité du navire.*

La loi maritime belge du **21 avril 1879** (art. **73** et **74**) et le code de commerce hollandais (art. **459**) reproduisent à cet égard les dispositions des art. **289** et **290** de notre code de commerce; cependant le code de commerce hollandais, contrairement à ce que nous avons vu, maintient la responsabilité du fréteur même au cas où la déclaration du tonnage de son navire est conforme à la jauge légale.

Les codes de commerce italien (art. **562**), portugais (art. **542**) et roumain (art. **572**), consacrent aussi cette responsabilité mais en limitent la portée d'application en décidant qu'il n'y a erreur fautive dans la déclaration du tonnage que si cette erreur excède un vingtième. Une limitation analogue se retrouve dans le code maritime finlandais (art. **84**), qui ne permet de rechercher le fréteur que s'il y a une différence de plus d'un dixième entre la contenance déclarée et la contenance réelle.

Le code de commerce espagnol (art. **669**) est plus sévère et édicte la responsabilité du fréteur dès que cette différence dépasse **2 p. 100**. Dans toutes les législations, en dehors même de toute déclaration erronée de tonnage, le capitaine ou l'armateur seront responsables envers les chargeurs s'ils s'engagent à transporter une cargaison supérieure à celle que peut transporter le navire en égard à son tonnage.

§ II. *Perte, avaries et retard.*

1° Dans quels cas la responsabilité est-elle encourue ?

Toutes les législations étrangères présument, comme la nôtre, la responsabilité du fréteur au cas de perte, avaries ou retard.

A. *Pertes et avaries.* — En Angleterre, le merchant shipping act de 1894 (art. 502), en admettant que certains événements exonèrent le propriétaire de navire de sa responsabilité en cas de perte ou avarie atteignant les marchandises, reconnaît par cela même qu'il doit être, en règle générale, présumé responsable de ces pertes ou de ces avaries. Plus explicitement l'art. 560 C. com. allemand de 1897 déclare que le fréteur répond envers l'affréteur de tout dommage survenu aux marchandises et la jurisprudence du Tribunal supérieur hanséatique (¹) rend l'armateur responsable des avaries constatées à la livraison, quand même elles auraient existé lors de l'embarquement.

Le code roumain (art. 508) déclare le capitaine responsable des dommages arrivés pour quelque cause que ce soit, aux marchandises dont il donne reçu par le connaissement. Les législations maritimes scandinaves (art. 147 du code maritime suédois de 1891, 142 du code maritime norvégien de 1893 et 142 de la loi maritime danoise du 1er avril 1892) déclarent le capitaine responsable du dommage souffert par la cargaison pendant le voyage, à moins qu'il ne prouve que ce dommage est dû à un accident de mer ou à un événement qu'il n'a pu empêcher.

(¹) Trib. sup. hanséatique, 21 janv. 1901, *Rev. int. de marit.*, XVII, p. 478.

Enfin, d'après la jurisprudence américaine, s'il est établi que le capitaine a reçu à bord des marchandises en bon état, il doit prouver, sous peine d'être reconnu responsable, que l'avarie existant lors de la livraison est due à un risque qui ne lui est pas imputable; il est de même responsable en cas de perte (1).

B. *Retard.* — Ici encore toutes les législations étrangères reconnaissent la responsabilité du capitaine pour retard apporté dans le transport des marchandises. En droit espagnol, si le temps est favorable et qu'il n'y ait pas eu d'obstacle de force majeure, le capitaine doit, aussitôt le chargement reçu, mettre à la voile. Il doit également faire toute diligence au port de destination pour le déchargement.

En droit néerlandais, comme en droit français, le capitaine est responsable s'il décharge les marchandises trop tôt ou trop tard. Les codes italien (art. 569), brésilien (art. 608) et chilien (art. 991) sont dans le même sens.

Le fréteur norvégien (art. 42 du code maritime) et le fréteur russe (art. 740 et 745 du code maritime) sont aussi tenus d'effectuer le voyage avec toute la célérité possible.

Il en est de même dans législation allemande (arg. *à contrario* de l'art. 639 du C. com.) et dans les législations anglaise et américaine, qui déclarent le fréteur responsable toutes les fois qu'il est en faute. C'est par application de ces principes que la haute cour de justice anglaise a reconnu l'armateur responsable des conséquences du retard dans la livraison des marchandises au port de destination quand le navire ayant chargé, sans le consentement des autres expéditeurs, des marchandises destinées à l'ennemi, il a été retenu comme renfermant de la contrebande de guerre (2).

(1) Cour du district sud New-York, 15 oct. 1903, *Rev. int. dr. marit.*, XIX, p. 784.
(2) Haute cour de justice anglaise, 7 avril 1902, *Rev. int. dr. marit.*, XVIII, p. 557.

Quant à la détermination des événements qui peuvent donner naissance à la responsabilité du fréteur pour perte, avaries ou retard dans le transport des marchandises, les législations et les tribunaux étrangers appliquent à peu près les mêmes règles que notre code de commerce.

1° *Innavigabilité du navire.* — La loi belge de 1879 (art. 95), les codes de commerce hollandais (art. 479), italien (art. 571), roumain (art. 581), espagnol (art. 671) et portugais (art. 557), reproduisent la disposition de notre article 297 ; le capitaine perd son fret et répond des dommages-intérêts de l'affréteur, quand le navire n'était pas en état de naviguer au moment du départ.

Selon le code de commerce allemand (art. 549), dans tout contrat d'affrètement, le fréteur doit livrer le navire en bon état de navigabilité. Il est responsable envers l'affréteur de tout dommage provenant du mauvais état du navire, sauf le cas de vices cachés. La jurisprudence allemande, par interprétation de cet article, a jugé que l'armateur est présumé responsable des vices de construction du navire (1) et que c'est à lui qu'il appartient d'en prouver la bonne navigabilité ; elle admet toutefois qu'il ne répond de la navigabilité du bâtiment qu'au moment du départ et non pendant toute la durée du contrat d'affrètement (2). En Angleterre, l'act du 15 août 1876 édicte la responsabilité délictuelle du propriétaire-armateur ou capitaine qui envoie en mer un navire innavigable, à moins qu'il ne prouve qu'il a tout à fait pour s'assurer de sa navigabilité ou que son départ était justifiable par suite des circonstances (3).

(1) Trib. sup. hanséatique, 21 avril 1902, *Rev. int. dr. marit.*, XVIII, p. 112.

(2) Trib. d'empire, 2 avril 1902, *ibid.*, XIX, p. 253.

(3) Haute-Cour de Justice, 14 mai 1889, *Rev. int. dr. marit.*, XVI, p. 830 ; 16 mars 1905, *ibid.*, XX, p. 702.

Pour assurer la navigabilité du navire, la plupart des législations étrangères prescrivent la visite du navire avant le départ et édictent la responsabilité du capitaine comme sanction de l'inobservation de cette formalité. C'est ainsi que la loi belge du 21 août 1879 (art. 19), et les codes de commerce hollandais (art. 347), italien (art. 505) et portugais (art. 505) édictent comme notre art. **228** une présomption de responsabilité contre le capitaine pour tous les accidents survenus aux marchandises pendant la traversée sur un navire parti sans avoir subi la visite réglementaire.

En sens contraire, l'art. 505 du Code de commerce portugais et la jurisprudence américaine (¹) décident, comme le font nos tribunaux, que le certificat de visite du navire constitue en faveur de l'armateur une présomption du bon état de navigabilité du navire qui ne peut être détruite que par la preuve de l'innavigabilité antérieure au départ (²).

2° *Défaut d'arrimage.* — La loi belge du 21 août 1879 (art. **20**), comme notre C. com., rend le capitaine responsable du dommage qui peut survenir aux marchandises chargées sur le tillac sans le consentement des chargeurs, mais contrairement à notre art. **279**, elle étend cette responsabilité au petit cabotage et l'applique même au cas d'arrimage sur la dunette ou dans le rouf. L'art. 566 du code de commerce allemand défend aussi de charger les marchandises sur le pont sans le consentement de l'affréteur, et cette prohibition s'applique au petit cabotage à moins qu'il n'en soit décidé autrement par la législation de chaque État de la confédération allemande. En Grande-Bretagne, l'act du 15 août 1876

---

¹ Cour du district sud de New-York, 28 avril 1905, *Rev. int. dr. marit.*, XXI, p. 190. — Cour d'appel (2ᵉ circuit), 21 mai 1904, *ibid.*, XX, p. 454.

(²) Cour du district de New-York, 20 décembre 1900, *Rev. int. dr. marit.*, XVI, p. 874.

(art. 39 et 40, chap. 80), défend les chargements de bois sur le pont et édicte la responsabilité pénale de l'armateur pour défaut d'arrimage. Le code italien (art. 498), exige le consentement par écrit du chargeur, pour que le chargement sur le pont soit possible. Le code portugais de 1888 se contente au contraire du consentement tacite du chargeur, et l'art. 497 déclare qu'une simple déclaration dans le connaissement implique ce consentement. Les codes néerlandais (art. 346) et roumain (art. 508) édictent la responsabilité du capitaine pour tous dommages causés aux marchandises par l'arrimage ou le placement irrégulier de la marchandise. Enfin les codes maritimes suédois, danois et norvégien (art. 117) rendent le capitaine responsable d'un chargement excessif et du mauvais arrimage ainsi que du chargement sur le tillac sans le consentement des chargeurs.

2° Dans quels cas la responsabilité cesse-t-elle d'être encourue?

Les différentes législations étrangères admettent que l'armateur ou le capitaine peut se dégager de sa responsabilité par la preuve d'une fortune de mer. Mais il lui faut établir ou bien que la perte, les avaries ou le retard résultent d'événements que le soin et la prudence ordinaires ne pouvaient prévoir et dont il ne pouvait davantage préserver la cargaison ou bien qu'ils proviennent de la faute du chargeur; en d'autres termes, il doit prouver que le dommage n'est dû ni à sa faute ni à sa négligence (¹).

L'art. 147 du code maritime suédois de 1891 donne une formule générale de ce principe lorsqu'il dit que « le fréteur » est responsable... à moins qu'il ne prouve que le dommage

(¹) Cour de Gand, 27 avril 1901, Rev. int. dr. marit., XVI, p. 843. — Cour d'appel des Etats-Unis, 3e circuit, 11 fév. 1904, ibid., XX, p. 116.

» ou la diminution subie par les marchandises proviennent
» de fortune de mer, capture ou accident qu'il n'a pas été au
» pouvoir du capitaine ou de l'équipage de prévenir ou qu'ils
» sont la conséquence de vices d'emballage des marchandises
» ou de la facilité avec laquelle elles se détériorent (échauffe-
» ment, évaporation, coulage) ». Parmi les événements qui
sont de nature à exonérer le fréteur de sa responsabilité, les
codes étrangers n'ont prévu, comme le nôtre, que le blocus
du port de destination et l'interdiction momentanée du commerce avec le pays auquel la cargaison est destinée. Au cas
de blocus, les différentes lois décident, comme la nôtre, que le
capitaine doit se diriger sur le port neutre le plus proche et
attendre les ordres du chargeur (art. 92 de la loi belge de
1879, art. 553 du C. com. italien, 549 du C. com. portugais
et 677 du code espagnol). Les autres hypothèses que nous
avons été amené à prévoir n'ont été, dans la plupart des
États, résolues que par la jurisprudence, à l'exception cependant de l'incendie à bord réglementé par l'art. 502 du
merchant shipping act anglais de 1894, aux termes duquel :
« aucun propriétaire de navire ne sera responsable d'une perte
ou avarie qui pourrait atteindre sans sa faute : 1° les marchandises par suite d'un incendie à bord » ; quant à la grève
des ouvriers du port, la jurisprudence italienne et la jurisprudence danoise (¹) ont jugé, comme la nôtre, qu'elle ne
constituait pas par elle-même un cas de force majeure exonérant le fréteur de sa responsabilité à raison de l'obstacle
et du retard qu'elle occasionne dans le déchargement; elle
ne peut affecter ce caractère que si elle est générale et ino-
pinée. Enfin la jurisprudence américaine a jugé d'une part
que la déclaration de guerre est un fait du prince qui auto-

(¹) Cass. Turin, 4 mars 1904. *Rev. int. de marit.*, XIX, p. 780. — Trib. com. et
marit. de Copenhague, 22 août 1903, *ibid.*, XVII, p. 358.

rise le capitaine à ne pas partir pour un port d'une puissance belligérante, surtout s'il transporte à son bord des marchandises considérées comme contrebande de guerre (¹) et d'autre part que l'état de guerre empêchant le débarquement des cargaisons dégage le fréteur de toute responsabilité pour le retard (²).

§ III. *Délivrance des marchandises à des personnes autres que le porteur du connaissement.*

La responsabilité du capitaine dans cette hypothèse est universellement admise. Ainsi, en Allemagne, la jurisprudence du tribunal d'Empire a décidé que l'armateur qui a pris charge du transport des marchandises est responsable s'il fait une livraison indue de la cargaison et s'est mis par suite dans l'impossibilité de se libérer envers le porteur du connaissement (³).

La même solution est admise par la jurisprudence suédoise (⁴) et par la jurisprudence belge (⁵).

Dans certains États, la législation a spécialement prévu le cas où plusieurs porteurs du connaissement se présentent pour obtenir la délivrance des marchandises. Le code de commerce allemand (art. 647) prescrit, en cas de concours de plusieurs porteurs, le dépôt judiciaire des marchandises. Les codes maritimes suédois et danois (art. 140 et 165) déclarent que, dans le même cas, le capitaine ne doit délivrer les marchandises à aucun des porteurs d'un exemplaire du con-

---

(¹) Cour d'appel, 2ᵉ circuit, *Rev. int. dr. marit.*, XVI, p. 426.

(²) Cour suprême des États-Unis, 5 nov. 1905, *Rev. i. dr. marit.*, XVIII, p. 736.

(³) Trib. d'Empire, 16 nov. 1903, *Rev. int. dr. marit.*, XIX, p. 905.

(⁴) Cour suprême de Suède, 23 mai 1900, *ibid.*, XVII, p. 376.

(⁵) Trib. com. Anvers, 12 juin 1901, *ibid.*, XVII, p. 202.

naissement et n'est déchargé de sa responsabilité que lorsqu'il les a mises en lieu sûr et a averti les parties.

La loi belge du **21** août **1879** (art. **44**) prescrit au capitaine de s'adresser au tribunal de commerce pour faire nommer un consignataire auquel le chargement est délivré contre paiement du fret. Les codes de commerce hollandais (art. **518**) et roumain (art. **567**) interdisent au capitaine de décharger les marchandises sans l'autorisation du tribunal d'arrondissement, s'il sait qu'il y a plusieurs porteurs d'exemplaires d'un même connaissement ; il peut cependant se décharger auparavant de sa responsabilité en opérant avec l'autorisation de justice une délivrance provisoire des marchandises dans le lieu déterminé par le juge.

Enfin le code de commerce portugais (art. **530**) prescrit le dépôt des marchandises en douane jusqu'à ce que les tribunaux aient décidé à qui elles doivent être délivrées.

Dans une hypothèse voisine, le code espagnol décide (art. **674**) qu'en l'absence du consignataire ou du porteur légitime du connaissement, le capitaine devra mettre les marchandises à la disposition du tribunal de commerce.

CHAPITRE III

Action en responsabilité.

L'étude de la responsabilité de droit commun en matière de transport des marchandises par mer, telle que nous venons de la faire, ne nous permettrait pas de comprendre toute l'étendue des dérogations qu'apportent à ses règles les armateurs et les Compagnies de navigation, si nous ne consacrions un chapitre spécial à la mise en œuvre, par les parties, des dispositions légales qui la régissent, c'est-à-dire à l'action en responsabilité.

Plusieurs questions se posent au sujet de cette action : par qui et contre qui peut-elle être intentée ? Devant quelle juridiction doit-elle être portée ? Quel est l'objet de la condamnation à laquelle elle peut donner lieu contre le transporteur ? Quelle est sa durée et à quelles fins de non-recevoir et prescriptions spéciales est-elle soumise ? Enfin comment sont résolues ces différentes questions par la législation et la jurisprudence des divers pays ?

SECTION PREMIÈRE

DES PARTIES A L'ACTION EN RESPONSABILITÉ

Cette question paraît, au premier abord, déjà résolue par l'étude que nous avons faite des personnes à la charge ou au profit desquelles le contrat d'affrètement fait naître l'obligation de transporter les marchandises et la responsabilité de la perte, des avaries ou du retard subis par celles-ci en cas d'inexécution de cette obligation ; les parties à l'action en responsabilité paraissent être les mêmes que les parties au contrat d'affrètement : le fréteur et l'affréteur ; l'affréteur qui y joue le rôle de demandeur lorsqu'il prétend être lésé par l'inexécution des obligations du fréteur qui est le défendeur nécessaire à l'action.

Ce principe est évidemment exact, mais son application demande quelques développements, car, dans la pratique, le rôle d'affréteur peut être joué par plusieurs personnes différentes; l'étude des parties à l'action en responsabilité peut donc à bon droit être faite indépendamment de celle à laquelle nous nous sommes livré des personnes responsables de l'inexécution du contrat de transport.

La détermination du demandeur à l'action en responsabilité ne nous retiendra pas longtemps; on ne voit en effet que deux personnes qui puissent jouer ce rôle : l'*expéditeur ou chargeur* et le *destinataire*.

L'expéditeur peut sans conteste exercer l'action en responsabilité, puisqu'il a traité avec le fréteur, et que c'est vis-à-vis de lui que ce dernier s'est immédiatement obligé; il a donc qualité pour poursuivre en justice l'exécution des obligations prises envers lui, ou le paiement de dommages-intérêts au cas d'inexécution, et il en est ainsi même au cas où la livraison

des marchandises étant faite par lui au destinataire au port
d'embarquement, il a cessé d'être propriétaire de la marchandise pendant le transport; il n'en a pas moins, en effet, dans
cette hypothèse, traité avec le fréteur pour le transport des
marchandises et par suite n'en a pas moins conservé son
caractère d'affréteur.

Le destinataire pourrait paraître moins qualifié que l'expéditeur pour intenter notre action. Il semble en effet étranger
au contrat de transport et ne pouvoir ni en demander l'exécution, ni par suite intenter l'action en responsabilité en cas
d'inexécution.

Cette solution serait fâcheuse en pratique; le destinataire
se trouve, par sa présence au port de destination, dans des
conditions de fait qui lui rendent bien plus facile qu'à l'expéditeur l'exercice de cette action; car il se rendra un compte
bien plus aisé du retard éprouvé par la marchandise, de sa
perte et surtout des avaries qu'elle a pu subir; en tous cas,
il en sera plus rapidement avisé, et pourra plus aisément
atteindre le capitaine et le navire tant qu'ils séjournent dans
le port de débarquement.

Ces arguments ne suffiraient évidemment pas à donner
au destinataire la qualité de partie à l'action en responsabilité dirigée contre le fréteur, s'il n'était possible d'établir
que celui-ci est directement ou indirectement obligé envers
lui. Que le destinataire puisse exercer indirectement cette
action en responsabilité par voie d'action oblique en vertu
des principes de l'art. 1166 C. civ., cela résulte suffisamment
de ce que l'expéditeur, en adressant les marchandises au
destinataire, exécute une obligation qui lui incombe envers
ce dernier et ce ne serait que dans les cas assez exceptionnels
où cette obligation n'existerait pas, que l'action oblique ne
pourrait être intentée.

Mais, bien mieux, c'est le plus souvent à titre d'action directe que notre action appartiendra au destinataire; le contrat de transport contient en effet, à son profit, une stipulation pour autrui, valable aux termes de l'art. 1121 du C. civ., comme étant la condition d'une stipulation que l'expéditeur fait pour lui-même; le fréteur s'oblige donc à la fois envers l'expéditeur avec lequel il traite et envers le destinataire dans l'intérêt duquel l'expéditeur a contracté. Quant à la question de savoir qui devra être considéré comme destinataire, c'est au connaissement qu'il faudra se reporter pour la trancher : le destinataire sera toute personne qui, en vertu du connaissement, a droit à la délivrance de la marchandise; ce sera donc, suivant la nature de ce titre, la personne qui y est dénommée, celui auquel l'endossement en a été fait (¹) ou enfin le porteur qui en a reçu la remise. Au cas de conflit entre plusieurs porteurs d'exemplaires du même connaissement, l'action appartiendra à celui qui devra être reconnu propriétaire légitime de la marchandise, c'est-à-dire celui auquel le connaissement aura été endossé ou remis le premier : *prior tempore potior jure*.

Il va sans dire que l'action n'appartient pas cumulativement à l'expéditeur et au destinataire et que le droit exercé par l'un épuise celui de l'autre.

Remarquons enfin que dans le cas où l'affréteur principal a passé un contrat de sous-affrètement, le sous-affréteur peut intenter contre lui l'action en responsabilité pour inexécution de ses engagements.

La question de savoir qui joue le rôle de défendeur à

____

(¹) Par application de cette règle, le tribunal de commerce du Havre a jugé que l'action en responsabilité pour manquant à la livraison ne peut être intentée par un représentant des chargeurs auquel le connaissement n'a pas été endossé (Trib. com. du Havre, 4 fév. 1901, *Rev. int. de marit.*, XVI, p. 651).

l'action en responsabilité nous retiendra plus longtemps. Elle présente, en effet, d'importantes difficultés, soit qu'il n'y ait qu'un seul fréteur, soit qu'il y ait plusieurs fréteurs successifs.

Supposons d'abord qu'il n'y a qu'un seul fréteur. Nous savons déjà que l'affréteur lésé par l'inexécution du contrat de transport peut s'adresser à celui avec lequel il a traité, à l'armateur ou au propriétaire de navire qui a joué le rôle de fréteur. Nous savons aussi que le capitaine ne peut être recherché personnellement par l'affréteur que pour ses fautes, et qu'il ne peut être déclaré personnellement responsable par cela seul qu'il y a eu inexécution des obligations du contrat de transport.

L'affréteur peut donc actionner, dans le cas le plus favorable pour lui, trois défendeurs : 1° l'armateur ou le propriétaire pour leurs fautes personnelles; 2° l'armateur ou le propriétaire pour les fautes commises par le capitaine ou l'équipage du navire; 3° le capitaine.

Contrairement à l'opinion de certains de nos anciens auteurs qui, suivant la doctrine du droit romain, admettaient que quand la partie lésée avait attaqué le capitaine, auteur du dommage, elle ne pouvait s'adresser au maître ou au propriétaire du navire et réciproquement, il est aujourd'hui unanimement admis que ces actions peuvent être cumulativement dirigées contre les différentes personnes responsables.

L'exercice de l'action contre l'armateur ou le propriétaire auteurs du dommage ne présente aucune particularité de nature à être développée ici; au contraire, les hypothèses où l'action est dirigée contre eux pour fautes de leurs préposés ou contre le capitaine lui-même doivent nous arrêter un instant.

Lorsque le propriétaire ou l'armateur sont poursuivis à

raison des faits du capitaine ou de l'équipage, ce sont les principes applicables aux actions intentées contre les préposants à raison des faits de leurs préposés qui doivent être appliqués. Par suite, il n'est point nécessaire que l'affréteur ait d'abord poursuivi l'auteur du dommage pour être recevable à poursuivre le propriétaire ou l'armateur; en effet, d'après la jurisprudence, l'action en responsabilité civile intentée contre les maîtres à raison des faits de leurs préposés est une action directe dont la recevabilité n'est pas subordonnée à la mise en cause du préposé (¹). Il en résulte notamment qu'en cas de faillite du capitaine, l'armateur ou le propriétaire seraient non-recevables à exiger des parties lésées qu'elles produisent à la faillite de celui-ci avant de recourir contre eux; mais, d'autre part, leur responsabilité étant subordonnée à celle du capitaine, il faut en conclure que toute décision rendue à ce point de vue à l'égard de celui-ci aura l'autorité de la chose jugée vis-à-vis d'eux, soit qu'elle décharge le capitaine de sa responsabilité, soit au contraire qu'elle prononce une condamnation contre lui.

Enfin, le propriétaire et l'armateur n'ont évidemment pas à supporter définitivement la condamnation prononcée contre eux, à raison des faits du capitaine; ils pourront donc toujours appeler en cause l'auteur du dommage pour le faire condamner à les garantir ou exercer contre lui une action récursoire.

L'action en responsabilité peut également être dirigée contre le capitaine, mais une confusion doit être évitée : le capitaine peut en effet être poursuivi soit en son nom personnel, soit comme représentant de l'armement. Il sera poursuivi en son nom personnel, lorsqu'ainsi que nous l'avons indiqué

(¹) Cass., 19 fév. 1866, D., 66. 1. 420.

tout à l'heure, il a commis une faute personnelle ; il est alors condamné personnellement et la condamnation prononcée sera exécutée contre lui. La situation sera tout autre s'il n'est poursuivi que comme représentant de l'armement, c'est-à-dire pour inexécution des obligations du contrat de transport, aucune faute ou manquement personnel à ces obligations ne pouvant lui être reproché. Sans doute il figurera encore en nom dans la procédure, mais il ne sera qu'un mandataire *ad litem*, et plaidera pour autrui. C'est là une exception remarquable à la règle, « Nul ne plaide en France par procureur », exception qui a dû être admise par suite de l'intérêt qu'il y a en pratique à permettre la représentation par le capitaine, qui est présent, de l'armateur ou du propriétaire quel qu'il soit, qui peut se trouver éloigné du lieu du procès, et dont la détermination peut présenter des difficultés.

En ce cas, le capitaine plaidant pour l'armement ne saurait être condamné qu'ès-qualité et par suite la condamnation intervenue contre lui ne sera exécutoire que contre ceux qu'il aura représentés.

Il peut arriver que le préjudice causé à l'affréteur provienne tant de la faute du capitaine que de celle de l'armateur ; en ce cas, la responsabilité devra se partager entre eux, proportionnellement à la gravité de la faute commise par chacun et aux conséquences de cette faute par rapport au dommage, sans qu'il y ait solidarité entre eux de ce chef ; toutefois s'il était impossible de déterminer la part de chacun dans les fautes commises, les tribunaux pourraient les condamner *in solidum* à la réparation du dommage entier (¹).

Nous avons supposé jusqu'ici, et c'est le cas le plus fréquent, que l'affréteur ne se trouve en présence que d'un seul

______

(¹) Trib. com. Havre, 14 août 1900, *Rev. intern. dr. marit.*, XVI, p. 180.

transporteur; mais il peut se faire que l'exécution du contrat d'affrétement ait été successivement confiée à plusieurs fréteurs, par exemple au cas où les marchandises ont dû être transbordées. Contre lequel d'entre eux pourra être exercée l'action en responsabilité? Les principes généraux veulent que le chargeur ou le destinataire puissent actionner en tous cas le premier fréteur, sauf l'action récursoire de ce dernier contre celui à qui la faute est imputable; dans ce cas, le demandeur, fondant son action sur l'inexécution de l'obligation prise envers lui, n'a pas à prouver la faute du fréteur qui est présumée; il lui suffit d'établir l'existence du préjudice qu'il a subi en vertu de cette inexécution. Le premier fréteur ne pourrait même pas s'exonérer de cette responsabilité en cherchant à établir la faute d'un fréteur postérieur, car, en sa qualité de commissionnaire de transport, il répond du fait de tous ceux qu'il a commis à l'exécution du mandat qu'il avait reçu. Le chargeur peut en outre poursuivre les fréteurs intermédiaires et le dernier fréteur en vertu de l'art. 1994 C. c., les règles du mandat permettant au mandant d'agir par action personnelle contre ceux que le mandataire s'est substitués, mais il devra, en ce cas, établir que c'est pendant que ces divers fréteurs avaient les marchandises entre leurs mains que le dommage a été causé, tout au moins s'il ne s'agit pas d'avaries apparentes, car les différents fréteurs doivent être réputés avoir reçu les marchandises sans qu'elles fussent atteintes de telles avaries.

La jurisprudence a toutefois introduit une distinction dans la question qui nous occupe; y a-t-il connaissement direct créé par le transporteur originaire pour toute la durée du voyage des marchandises? Elle a décidé, tantôt que le dernier transporteur serait seul responsable envers le destinataire, sauf la faculté pour lui de faire la preuve de fautes personnelles à la charge des voituriers intermédiaires (¹); tantôt que le destinataire pourrait actionner solidairement tous les transporteurs sauf le recours du second transporteur contre le premier si celui-ci seul est en faute (²).

Au contraire elle décide que si le dernier transporteur s'est chargé de la marchandise par un connaissement spécial, il n'est jamais responsable des faits commis par les fréteurs précédents (³).

SECTION II

COMPÉTENCE

Le code de commerce ne contenant pas de règles spéciales au point de vue de la détermination de la juridiction compétente pour connaître de l'action en responsabilité dans le contrat d'affrètement, il convient, à défaut de conventions des parties, d'appliquer les principes généraux posés par l'art. 631 du Code de commerce et l'art. 420 du Code de procédure civile; nous verrons toutefois, en étudiant la responsabilité conventionnelle du transporteur, que les parties prennent presque toujours soin, en pratique, de convenir à l'avance de la juridiction devant laquelle seront portées les contestations relatives à l'exécution du contrat d'affrètement, par l'insertion dans les connaissements d'une clause attributive de compétence.

Au point de vue de la compétence *ratione materiæ*, le fréteur et l'affréteur étant généralement tous deux commerçants ce sera le plus souvent au Tribunal de commerce que devront être soumises les questions de responsabilité décou-

---

(¹) Cass., 20 janv. 1885, D., 86, 1, 406.

(²) Trib. com. Havre, 1ᵉʳ juill. 1902, *Rev. int. dr. marit.*, XVIII, p. 333.

(³) Cass., 17 oct. 1888, *ibid.*, IV, p. 385. — Rouen, 7 août 1896, *ibid.*, XII, p. 478.

lant du contrat d'affrètement. Si pourtant le chargeur n'était pas commerçant ou avait donné à transporter des marchandises étrangères à son négoce, il pourrait à son choix actionner le transporteur devant le tribunal civil ou le tribunal de commerce.

Quant à la compétence *ratione personæ*, elle est régie par la règle *actor sequitur forum rei* dans les cas exceptionnels où la juridiction civile est compétente; c'est le tribunal du domicile de l'armateur qui sera juge de la responsabilité de ce dernier.

Mais dans la plupart des cas, l'action en responsabilité étant portée devant la juridiction consulaire, il faudra appliquer l'art. 420 C. pr. civ., ainsi conçu : « Le demandeur » pourra assigner à son choix : devant le Tribunal du domi- » cile du défendeur, devant celui dans l'arrondissement » duquel la promesse a été faite et la marchandise livrée; » devant celui dans l'arrondissement duquel le paiement » devait être effectué ».

La détermination exacte des deux derniers tribunaux devant lesquels le chargeur a le choix d'exercer son action en responsabilité présente quelques particularités. Le tribunal dans l'arrondissement duquel la promesse a été faite et la marchandise livrée, doit s'entendre ici, tant du tribunal du lieu d'expédition où le contrat d'affrètement se forme, que de celui du lieu de destination où la marchandise est livrée au destinataire. La jurisprudence n'exige pas en effet, pour attribuer compétence au second des tribunaux énumérés par l'art. 420, la réunion cumulative des deux conditions qui paraissent exigées par ce texte; elle se contente d'une seule. Toutefois on a proposé de considérer comme le lieu où la marchandise a été livrée non pas celui où elle est remise au destinataire, par conséquent, le port de destination, mais bien celui où elle a été remise par l'expéditeur au transporteur, c'est-à-dire le port de charge dont le tribunal serait par suite seul compétent en vertu de la seconde disposition de l'art. 420. Quant au « tribunal dans l'arrondissement duquel le paiement devait être effectué », un arrêt de la cour d'Aix [1] a admis que c'était celui du lieu où le fret devait être payé, mais le mot paiement ayant le sens général d'accomplissement de l'obligation, il vaut mieux décider, ce nous semble, qu'il désigne en réalité celui du lieu où l'objet à transporter doit être livré, c'est-à-dire le tribunal du port de décharge.

Il peut arriver parfois qu'il y ait impossibilité d'agir devant l'une des trois juridictions déterminées par l'art. 420 C. pr. civ., par exemple parce que la promesse et la livraison des marchandises ne sont pas faites au même lieu, si l'on veut que ces deux conditions soient réunies pour donner compétence à un tribunal; parce que le lieu du paiement du fret n'est pas désigné dans le connaissement et qu'enfin le défendeur est étranger sans domicile en France; en ce cas, l'action devra être portée devant les juges du domicile du demandeur [2].

Notons en terminant sur ce point que, conformément à la règle de l'art. 14 C. civ. qui est applicable en matière commerciale, une compagnie de transport étrangère pourrait être poursuivie devant la juridiction française pour les obligations qu'elle aurait contractées en France ou envers un Français, quand même aucun des tribunaux de l'art. 420 ne serait compétent et c'est encore ici le tribunal du demandeur qui devrait être saisi.

[1] Cour d'Aix, 17 janv. 1888, Journal *Le Droit*, 24 mars 1888.
[2] Trib. com. Seine, 10 août 1903, *Gaz. Pal.*, 1er déc. 1903.

SECTION III

OBJET DE LA CONDAMNATION : L'INDEMNITÉ

L'action en responsabilité tendant principalement à obtenir
la réparation du préjudice causé par le transporteur au chargeur dans le transport des marchandises a pour objet une
condamnation à des dommages-intérêts (¹). La question qui
nous intéresse ici est de savoir comment sera fixé le *quantum*
de ces dommages-intérêts dans les divers cas où la responsabilité du fréteur est encourue. En dehors du cas où le
chiffre en est convenu à l'avance par une clause pénale du
connaissement qui, ainsi que nous le verrons dans notre
deuxième partie, lie le juge, celui-ci devra nécessairement
appliquer les règles du droit commun contenues dans les
art. 1149, 1150 et 1151 C. civ. C'est ainsi qu'il devra tenir
compte, dans son évaluation, non seulement du *damnum
emergens*, c'est-à-dire de la perte éprouvée par l'expéditeur
ou le destinataire, mais encore du *lucrum cessans*, du gain
dont il a été privé (art. 1149); qu'il ne pourra condamner le
fréteur en cas d'inexécution de bonne foi des obligations du
contrat d'affrétement qu'aux dommages et intérêts qui ont
été prévus ou ont pu l'être lors du contrat (art. 1150), et que,
dans tous les cas, ces dommages et intérêts ne pourront comprendre que ce qui est une suite immédiate et directe de
l'inexécution du contrat (art. 1151).

Dans certains cas, l'indemnité ne consistera que dans
l'exonération du paiement du fret en tout ou en partie; dans

____

(¹) L'action en responsabilité peut aussi, quand un délit a été commis par le
transporteur, revêtir le caractère d'une action pénale et aboutir à une condamnation consistant en une amende ou un emprisonnement ; mais dans la plupart des
cas elle est une action en responsabilité civile qui se résout en dommages-intérêts.

d'autres, elle entraînera l'allocation d'un intérêt moratoire; enfin, dans la plupart des cas, elle sera égale à la valeur de la marchandise au cours du port de destination.

C'est l'application de ces principes aux divers cas de responsabilité examinés dans notre chapitre II (déclaration erronée de tonnage, perte, avaries ou retard, obligation de délivrer les marchandises au porteur du connaissement), qu'il nous faut maintenant examiner.

Au cas de déclaration erronée de tonnage et de défaut de capacité du navire, notre ancien droit fixait, à titre pour ainsi dire forfaitaire, les dommages-intérêts à la moitié du fret promis par le marchand au maître, c'est-à-dire par le chargeur au transporteur. En l'absence d'une disposition analogue dans notre droit actuel, les dommages-intérêts devront être fixés d'après les règles que nous venons de déterminer; ils seront donc égaux à la totalité du préjudice éprouvé par l'affréteur par suite du défaut de chargement de la totalité des marchandises que le fréteur devait recevoir aux termes de son engagement. Ce préjudice, suivant les hypothèses, comprendra la différence entre le fret convenu et le fret supérieur que le chargeur a dû payer à un autre navire pour faire parvenir les marchandises à destination; les frais de magasinage nécessités par le non-chargement; la diminution de valeur de la marchandise; enfin la perte du gain qu'aurait fait le chargeur dans une spéculation escomptée (¹).

Au cas de perte de la marchandise, le fréteur devra subir une diminution du fret proportionnelle à la quantité perdue et payer une indemnité représentant la valeur de l'objet perdu.

S'il y a eu perte totale, le transporteur n'aura droit à

____

(¹) Trib. civ. Houlleur, 11 juill. 1901, Rev. int. du mar.., XVI, p. 54.

aucun fret [¹]; il devra, en outre, remettre au chargeur des objets semblables à ceux qui ont été perdus ou lui rembourser la valeur de la marchandise. Cette valeur consiste dans son prix d'achat, augmenté du coût de transport et de l'assurance; elle sera fixée d'après les cours du port de destination au jour du débarquement; c'est, en effet, ce cours que le chargeur devra supporter pour remplacer les objets perdus [²], et c'est à ce cours que le contrat d'affrètement pouvait prévoir que la marchandise serait vendue. S'il n'y a que perte partielle sur la quantité de la marchandise chargée, le chargeur a droit à une diminution proportionnelle du fret et à une indemnité à raison de la moins-value de la marchandise; cette moins-value sera déterminée en recherchant quel est le manquant et en en fixant la valeur d'après les prix pratiqués au port d'arrivée.

Au cas d'avarie, si les marchandises avariées sont encore susceptibles d'être mises dans le commerce, l'affréteur aura droit à une indemnité en argent, correspondant à la moins-value subie par les marchandises; mais le fret ne subira aucune réduction (art. 309 C. com.) [³]. Si au contraire les marchandises ne peuvent plus être d'aucune utilité au chargeur, preuve qui devra être faite par lui, le transporteur devra les garder et en payer la valeur à dire d'experts; c'est le laissé pour compte.

L'indemnité due par l'armateur n'est donc pas calculée de la même façon dans les deux hypothèses d'avaries :

[¹] Il résulte, par analogie, de l'art. 302 C. com. ainsi conçu : « Il n'est dû aucun fret pour les marchandises perdues par naufrage ou échouement, pillées par des pirates ou prises par les ennemis », que le droit au fret est perdu pour le fréteur, même au cas de perte fortuite.

[²] Trib. com. Havre, 26 fév. 1902, *Rev. int. de droit marit.*, XVII, p. 583.

[³] L'art. 309 est ainsi conçu : « En aucun cas le chargeur ne peut demander de diminution sur le prix du fret ».

Dans le premier cas, l'évaluation se fera en comparant la valeur des marchandises à l'état sain et leur valeur d'après l'état où elles se trouvent à leur arrivée au lieu de destination.

Dans le second, l'armateur peut demander que l'état des marchandises soit apprécié par experts. Mais l'expertise devant avoir lieu dans le plus bref délai possible, cette demande sera irrecevable lorsque, depuis la réception des marchandises, un temps assez long s'est écoulé pour rendre impossible toute constatation des avaries [1].

Si le transport des marchandises a subi un retard provenant du fait du transporteur ou des personnes dont il est responsable, des dommages-intérêts sont dus par le seul fait du retard en vertu de l'art. 295 al. 1 du C. com., ainsi conçu :

« Le capitaine est tenu des dommages-intérêts envers » l'affréteur, si par son fait le navire a été arrêté ou retardé » au départ, pendant sa route ou au lieu de décharge » [2]. Ici le fret reste dû par le chargeur, puisque la marchandise est arrivée au port de destination. Il a seulement droit à des dommages-intérêts. D'après l'al. 2 de l'art. 295 ; « Ces dommages-intérêts sont réglés par des experts ».

Cette disposition a donné lieu à une difficulté. Il est admis que les éléments des dommages-intérêts au cas de retard dans le transport de la marchandise consistent dans la perte résultant, pour le chargeur, de la baisse survenue dans le cours de la marchandise transportée et les intérêts du prix de la marchandise pendant la durée du retard [3]; mais on

[1] Trib. com. Havre, 3 décembre 1901, *Rev. int. de marit.*, XVII, p. 485.

[2] Cet article n'est que la reproduction de l'art. 10 div. III, tit. III) de l'ordon. de 1681, ainsi conçu : « Le maître sera aussi tenu des dommages-intérêts de l'affréteur ou dits des gens à ce connaissants, si par son fait le vaisseau a été arrêté ou retardé au lieu de sa décharge ou pendant sa route ».

[3] Toutefois le destinataire peut laisser à l'affréteur les marchandises pour compte, lorsqu'il justifie qu'elles ne lui sont plus d'aucune utilité.

s'est demandé si les termes mêmes de l'art. 205 n'imposaient pas au juge l'obligation de faire dans tous les cas procéder à une expertise et de s'en référer à l'évaluation des experts.

Certains auteurs [1] ont affirmé que l'expertise était obligatoire quand le retard provenait du fait du capitaine ; mais une telle dérogation aux principes du droit commun ne nous paraît pas acceptable. L'expertise est une mesure d'instruction à laquelle le juge recourt, quand il le trouve nécessaire, et par laquelle il n'est pas lié ; il faudrait un texte conçu en termes incontestablement impératifs pour qu'il en fût autrement ; or il est loin d'en être ainsi de l'art. 205, art. 2. Les juges pourront donc, si bon leur semble, ne pas recourir à l'expertise et s'ils y recourent ils ne seront pas liés par l'avis des experts et conserveront, au cas de retard, leur pouvoir d'appréciation [2].

Enfin au cas où le fréteur délivre les marchandises à d'autres qu'aux porteurs du connaissement, les dommages-intérêts dont il sera tenu comprendront comme au cas de perte totale le remboursement du fret et la restitution des marchandises puisque, dans l'un comme dans l'autre cas, le destinataire est privé de ces dernières d'une manière totale.

SECTION IV

FIN DE NON-RECEVOIR ET PRESCRIPTION

Le code de commerce a édicté, en ce qui concerne les contestations relatives au contrat d'affrètement et spécialement l'action en responsabilité contre le capitaine ou l'arma-

[1] Cresp et Laurin, *Cours de dr. marit.*, II, p. 108.
[2] Lyon-Caen et Renault, V, n. 736; Desjardins, III, n. 861. — Cass., 23 oct. 1893, D., 94. 1. 13.

teur au cas d'avaries, perte ou retard, une fin de non-recevoir (art. 435 modifié par la loi du 24 mars 1891) et une prescription (art. 433 modifié par la loi du 14 décembre 1897) qui leur sont propres.

La prescription de l'art. 433 se distingue de la prescription du droit commun par son délai : elle n'est plus de trente ans, mais d'un an à dater de l'arrivée du navire ; quant à la fin de non-recevoir de l'art. 435, elle est analogue à celle qui est établie par l'art. 105 C. com. en matière de transport terrestre, mais en diffère par la brièveté du délai dans lequel doivent être remplies les formalités destinées à conserver l'action en responsabilité.

Cette abréviation, en notre matière, des délais ordinaires s'explique par la nécessité pratique de faire juger promptement les actions qui nous occupent ; au bout d'un temps assez court, il est en effet difficile de connaître la cause de la perte, des avaries ou du retard de la cargaison ; il importe en outre que les intéressés ne soient pas obligés de conserver au delà d'un certain délai, pour s'en servir en cas de procès, les documents relatifs au contrat d'affrètement et à son exécution et ne soient pas exposés à se voir poursuivre à raison d'une opération déjà ancienne. Valin disait avec raison : « L'intérêt du commerce maritime et de la navigation l'exigent de la sorte pour la tranquillité de ceux qui s'y livrent. Plus leurs opérations sont rapides et multipliées, plus leur libération doit être prompte et entière » (1).

§ 1. *Fin de non-recevoir.*

L'art. 435, modifié par la loi du 24 mars 1891, édicte cette fin de non-recevoir dans les termes suivants : « Sont non-

(1) Valin, *Commentaire sur l'ordonnance*, préambule du titre XII, livre I.

« recevables, toutes actions contre le capitaine et les assu-
« reurs, pour dommage arrivé à la marchandise, si elle a été
« reçue sans protestation.

« Ces protestations sont nulles si elles ne sont faites et
« signifiées dans les 24 heures et si, dans le mois de leur date,
« elles ne sont suivies d'une demande en justice ».

L'étude de ce texte soulève de nombreuses questions ; mais
conformément au but que nous nous efforçons d'atteindre
dans notre travail, nous serons obligé de ne pas entrer dans
l'étude de la plupart de ces questions et de nous borner à
considérer l'étendue d'application de l'art. 435, ce point étant
le seul sur lequel la convention des parties ait introduit d'importantes modifications. Disons cependant que la fin de non-
recevoir de l'art. 435 C. com. ne peut couvrir l'action en
responsabilité que si dans les 24 heures de la réception des
marchandises, le destinataire ne signifie pas au transporteur
une protestation suivie dans le mois d'une demande en
justice contre lui ; qu'elle a pour effet de rendre irrecevable
non seulement l'action en responsabilité du chargeur contre
le transporteur, mais encore le recours en garantie du capitaine contre l'armateur ; et qu'enfin le chargeur peut renoncer
à s'en prévaloir.

L'étendue d'application de la fin de non-recevoir qui couvre l'action en responsabilité est déterminée en ces termes
par l'art. 435 : « Sont non-recevables toutes actions contre le
« capitaine et les assureurs pour dommage arrivé à la mar-
« chandise si elle a été reçue sans protestation ».

La fin de non-recevoir s'appliquera donc à toute action en
responsabilité fondée sur un dommage causé à la marchandise. Remarquons tout d'abord que, bien que l'art. 435 C.
com. ne parle que du capitaine (et des assureurs dont nous
n'avons pas à nous occuper ici), il importe peu, pour qu'il

reçoive son application, que l'action soit dirigée contre le capitaine lui-même ou contre l'armateur pour ses fautes personnelles ou celles de son capitaine et de ses préposés. La jurisprudence ([1]) et la doctrine sont définitivement fixées dans ce sens. Desjardins ([2]), nous dit, dans son Traité de droit commercial maritime : « Les fins de non-recevoir furent introduites dans l'intérêt du commerce et de la navigation ; on ne doit pas distinguer entre le préposant et le préposé ».

L'action à laquelle notre fin de non-recevoir s'applique tout naturellement, sera l'action pour avaries, apparentes ou non apparentes, quel que soit le moment où elles se sont produites, c'est-à-dire pendant tout le temps que dure la responsabilité du transporteur, y compris l'embarquement et le débarquement ; et quelle que soit la cause qui les ait occasionnées (vice d'arrimage, défaut de soins à la marchandise, etc.). Mais par cela même que l'art. 435 suppose la mise des marchandises à la disposition du destinataire, la fin de non-recevoir qu'il édicte ne pourra s'appliquer au cas de perte totale, puisque le fait même que notre article rend nécessaire pour lui donner naissance, à savoir la réception des marchandises par le destinataire, ne peut plus être réalisé.

La même raison de décider n'existe plus si la perte n'est que partielle, s'il y a déficit ou manquant dans les marchandises transportées ; ici la fin de non-recevoir pourrait être opposée au chargeur puisque l'art. 435 parle de dommages à la marchandise sans autre précision et que les manquants constituent bien un dommage. C'est en ce sens qu'est aujourd'hui fixée avec raison la jurisprudence ([3]), après avoir

([1]) Cass., 26 février 1904, D., 1902, 1, 81, et la note de M. Lesvillain.

([2]) Desjardins, VIII, n. 1333.

([3]) Cass., 13 fév. 1889, Rev. int. de marit., IV, p. 685. — Lyon-Caen, Rev. crit., 90, p. 534.

cependant quelque temps adopté la solution inverse (¹).

En outre, on admet généralement que la fin de non-recevoir de l'art. 435 étant exceptionnelle ne peut s'appliquer en cas de retard, ce cas n'étant pas visé par l'art. 435. Mais il nous semble que le retard constitue comme la perte partielle un dommage et que la condition de la réception étant ici remplie, il y a mêmes raisons de décider en faveur de l'application de l'art. 435.

§ II. *Prescription.*

Outre la fin de non-recevoir de l'art. 435, le Code de commerce édicte une prescription extinctive d'un an à dater de l'arrivée du navire, et c'est à cette courte prescription (²) qu'il soumet les actions qui naissent du contrat d'affrètement et en particulier l'action en responsabilité.

L'art. 433 modifié par la loi du 14 décembre 1897 établit cette prescription en ces termes : « Toute demande en déli- » vrance de marchandises ou en dommages-intérêts pour » avarie ou retard dans leur transport (se prescrit) un an » après l'arrivée du navire ».

La lecture de cet article permet de remarquer immédiatement que le champ d'application de la prescription est plus étendu que celui de la fin de non recevoir.

Tandis que cette dernière ne s'applique pas, nous l'avons vu, à l'action fondée sur la perte totale des marchandises, et même, dans l'opinion commune, à celle qui est fondée sur

---

(¹) Trib. com. Marseille, 25 nov. 1886, *Rev. int. dr. marit.*, II, p. 447. — Cour d'Aix, 25 avril 1887, *ibid.*, III, p. 32.

(²) De ce que la prescription d'un an est une courte prescription, nous devons conclure que les règles des art. 2274 et 2278 du Code civil concernant les causes de suspension et d'interruption des courtes prescriptions doivent être appliquées en notre matière.

le retard, la prescription s'étend à toutes les actions en responsabilité exercées à l'occasion du transport de la marchandise, soit l'action en dommages-intérêts pour perte totale qui rentre dans l'action en délivrance, soit toute action pour avaries ou retard.

Avant la modification apportée à l'art. 433 par la loi du 14 décembre 1897, la prescription annale ne s'appliquait qu'à l'action en délivrance, c'est-à-dire, comme il vient d'être expliqué, tant à l'action du destinataire pour se faire remettre les marchandises qu'à l'action intentée par lui pour se faire payer l'indemnité due à raison de la perte des marchandises; mais elle laissait au contraire de côté l'action en responsabilité pour retard et avarie, qui restait par suite soumise à la prescription de droit commun, et ne s'éteignait que par trente ans. Aujourd'hui l'action en responsabilité, pour quelque cause que ce soit, est soumise à la prescription de l'art. 433. Il faut remarquer toutefois qu'en fait l'application de cette prescription aux actions déjà soumises à la fin de non-recevoir de l'art. 435, se rencontrera très rarement, les conditions exigées par cet article laissant peu de place à l'accomplissement d'une prescription d'un an à dater de l'arrivée du navire. Pratiquement, par suite, la prescription de l'art. 433 ne s'appliquera guère qu'à l'action en responsabilité pour perte totale, et en outre à celle qui se fonde sur le retard, dans l'opinion qui admet que cette dernière n'est pas soumise à la fin de non-recevoir de l'art. 435 [1].

[1] La prescription d'un an court contre le destinataire même quand la marchandise est partie sans connaissement, mais ne peut être opposée à l'action du chargeur contre le capitaine ou l'armateur pour livraison irrégulière de la marchandise en dehors du connaissement. — Trib. com. Marseille, 22 novembre 1901, Rev. int. dr. marit., XVII, p. 344.

SECTION V

LÉGISLATION COMPARÉE

De toutes les questions que nous venons d'envisager au sujet de l'action qui sanctionne la responsabilité du transporteur, la seule qui ait été réglée avec précision par la plupart des législations étrangères est celle qui a trait à la fin de non-recevoir et à la prescription qui la couvre.

Le code de commerce allemand du 10 mai 1897 s'occupe de la fin non-recevoir dans son art. 610, qui en limite l'application aux actions ayant pour objet la perte partielle ou les avaries des marchandises; comme dans notre art. 435, la réception des marchandises sans protestation ne suffit pas à la créer; un délai de protestation de quarante-huit heures est donné au destinataire pour lui permettre de vérifier les marchandises. Quant à la prescription (art. 609 et 612) elle est d'un an et s'applique comme en France tant aux actions provenant d'avaries ou de retard dans l'arrivée des marchandises qu'à celles qui ont pour cause la non livraison des marchandises.

D'après la loi anglaise, le capitaine qui livre des marchandises sans qu'il y ait eu protestation de la part du chargeur est présumé les avoir délivrées en bon état et sa responsabilité est dégagée. La protestation doit être faite dans les vingt-quatre heures; mais il est inutile qu'elle ait été signifiée. La prescription extinctive est de six ans.

Les codes de commerce italien de 1882 (art. 924) et roumain de 1887 (art. 946) soumettent comme le nôtre à la prescription d'un an toutes les actions dérivant du contrat d'affrétement.

Il en est de même du code de commerce hollandais

(art. 741). Ce code déclare, dans son art. 746, que toute action contre l'armateur et le capitaine pour dommages arrivés à la la marchandise chargée est non-recevable si la marchandise a été reçue sans vérification ou s'il n'y a pas eu protestation dans les quarante-huit heures après le débarquement.

La loi maritime belge du 21 août 1879 s'occupe de la fin de non-recevoir dans ses art. 232 et 233, qui édictent les mêmes règles que notre art. 435. L'art. 232 dit en effet : « Sont non-« recevables toutes actions contre le capitaine pour domma-« ges (la jurisprudence est unanime pour y assimiler les « manquants) arrivés à la marchandise si elle a été reçue « sans protestation »; et l'art. 233, s'occupant des délais, ajoute que ces protestations sont nulles si elles ne sont faites et signifiées dans les vingt-quatre heures (les jours fériés non compris) et si dans le mois de leur date elles ne sont suivies d'une demande en justice.

La jurisprudence belge interprétant ces articles a déclaré que les déchéances des art. 232 et 233 ne s'appliquent que quant les deux parties ne sont pas d'accord au moment de la réception des marchandises.

Quant à la prescription, elle est de trois ans (art. 235) pour toutes actions résultant du contrat d'affrètement (¹).

Enfin la législation et la jurisprudence *grecques* sont fixées dans le même sens que les nôtres (art. 433 et 435 du C. com. grec).

---

¹ Tribunal de Gand, 24 nov. 1883, *Rev. int. dr. marit.*, XX, p. 106.

APPENDICE A LA PREMIÈRE PARTIE

Conflits de lois.

Nous avons vu, au cours de notre étude de la responsabilité légale du transporteur, que les diverses législations différaient tant au point de vue des hypothèses dans lesquelles l'armateur n'est responsable qu'au point de vue des règles qui régissent la mise en action de sa responsabilité ; or, il se peut que le propriétaire ou le capitaine d'un navire étranger soient actionnés devant un tribunal français, soit en vertu de l'art. 14 du Code civil qui permet d'actionner les étrangers devant nos tribunaux à raison d'obligations contractées en France, même avec un étranger, ou à l'étranger avec un Français, soit en vertu des règles de droit commun en matière de compétence ; ou bien que l'action soit exercée contre le propriétaire ou capitaine d'un navire français devant un tribunal étranger.

Quelle loi le tribunal saisi du litige devra-t-il appliquer ? Il est d'abord certain qu'au point de vue des règles de forme de l'action en responsabilité la loi du tribunal saisi, la *lex fori*, devra recevoir son application.

Quant aux règles de fond applicables à la responsabilité du capitaine et de l'armateur, qu'elles régissent les cas dans lesquels elle se produit ou les fins de non-recevoir et prescriptions spéciales qui viennent la couvrir (¹), les règles du droit international privé veulent qu'elles dépendent de la loi présomptivement adoptée par les parties, comme étant l'un des effets du contrat passé par ces dernières.

Deux hypothèses peuvent être distinguées à cet égard. Si les parties ont indiqué expressément dans leur connaissement, ainsi que nous le verrons dans notre seconde partie, la loi de laquelle dépendrait la responsabilité du transporteur (²); cette loi, quelle qu'elle soit, devra être appliquée à moins que ses dispositions ne soient contraires à l'ordre public du pays du tribunal saisi; si, au contraire, les parties ont gardé le silence à cet égard, il faudra rechercher à quelle loi elles se sont tacitement reportées, question que le juge aura à trancher d'après toutes les circonstances qui lui permettront de découvrir l'intention des parties; et, si le fait que le contrat a été rédigé dans telle langue ou que l'on y a employé certaines expressions en usage dans tel pays (³), n'implique pas d'une manière certaine la volonté des parties, joint à d'autres circonstances, il peut être un indice important de leur intention. Si tous les indices manquent, la doctrine (⁴) et la jurisprudence françaises (⁵) penchent, avec raison, vers l'application de la *Lex loci contractus* ou loi du pays où le contrat s'est formé en se basant sur ce que les effets de la plupart des contrats sont régis par la loi du pays

---

(¹) Fin de non-recevoir et prescription ne sont en effet pas des moyens de procédure, mais des modes de libération de la responsabilité du transporteur se rattachant au contrat d'affrètement lui-même.

² Lyon-Caen, V, n. 833. — Art. 26 du connaiss. de la Cⁱᵉ Transatlantique.

(³) Fromageot, De la loi applicable à la responsabilité du capitaine et de l'armateur résultant du contrat d'affrètement, *Rev. int. dr. marit.*, XVIII, p. 742 à 770.

(⁴) De Valroger, II. n. 880; Desjardins, III, n. 789 et 866; Lyon-Caen, V, n. 838.

⁵; Le Havre, 18 avril 1893. *Rev. int. dr. marit.*, XV, p. 101.

où cet acte a été accompli, et aussi sur la volonté présumée des parties.

Le même système a été adopté en Italie, en Belgique et en Grèce. En Allemagne et en Hollande (art. 498 C. com.), on préfère appliquer *lex loci solutionis*, c'est-à-dire la loi du lieu d'exécution du contrat qui, en matière d'affrètement, serait, pour certains auteurs et la jurisprudence [1], le lieu de destination (Bestimmungsort); pour d'autres, le port de départ, la responsabilité du transporteur prenant naissance au lieu du chargement et se perpétuant pendant le voyage.

Il nous paraît que la question ne doit pas être résolue, comme l'ont pensé plusieurs auteurs, d'une manière différente suivant qu'il s'agit de la responsabilité du transporteur à raison d'un fait qui lui est personnel ou de celle de l'armateur ou propriétaire du navire à raison des faits de capitaine.

Dans les deux cas, en effet, la responsabilité découle de l'inexécution des obligations du contrat de transport; il est donc naturel de lui appliquer la loi du pays où l'accord des volontés s'est produit, la *lex loci contractus* dont les règles sont toujours préférées par les tribunaux quand il s'agit de déterminer les effets d'un contrat.

On objecte, il est vrai, que quand il s'agit de déterminer par quelle loi sera régie la responsabilité de l'armateur à raison des faits du capitaine, ce n'est plus d'un effet du contrat d'affrètement qu'il s'agit, mais bien d'un effet du contrat qui lie le capitaine à l'armateur, puisqu'il s'agit de rechercher dans quelle mesure le premier a pu représenter le le second, et qu'en conséquence la loi du pavillon doit être appliquée comme étant celle qui fixe les pouvoirs du capi-

[1] Wagner, *Handbuch des Seerechts*, § 13, p. 141. — Trib. sup. Hambourg, 23 déc. 1898, *Rev. int. dr. marit.*, XV, p. 176.

taine et par conséquent l'étendue de la responsabilité du propriétaire à raison des actes par lui accomplis en vertu de ses pouvoirs. Le choix de cette loi a en outre l'avantage de permettre au propriétaire de connaître par avance quand et dans quelle mesure il sera tenu pour les faits du capitaine ; mais nous répondrons à cette objection que le transport des marchandises ne crée pas un lien de droit entre l'armateur et le capitaine mais bien entre ces derniers et les chargeurs ; que, par conséquent, les chargeurs n'ont en vue que l'exécution des obligations du contrat d'affrétement, quelle que soit la personne qui reste définitivement responsable ; il ne s'agit pas ici d'une question de contribution mais d'une question d'obligation. C'est donc la loi du pays où le contrat a été passé qui devra être appliquée comme ayant été tacitement adoptée par les parties, et ce, quels que soient les chefs de la responsabilité et l'auteur du dommage qui lui a donné naissance.

Mentionnons, en terminant, les efforts faits dans ces dernières années en vue de l'unification des règles de la responsabilité des transporteurs maritimes. Malheureusement les différents congrès qui se sont occupés de cette question depuis 1888 (Congrès de Bruxelles) jusqu'à 1905 (Congrès de Liverpool), n'ont guère rédigé que des avant-projets et le vœu qu'ils ont à maintes reprises formulé de voir ces avant-projets se transformer en conventions internationales ne paraît pas devoir se réaliser dans un avenir prochain.

DEUXIÈME PARTIE

La responsabilité conventionnelle.

Les règles du code de commerce en ce qui concerne la responsabilité du capitaine et celle du propriétaire et de l'armateur, tant pour leurs fautes personnelles que pour celles du capitaine, furent acceptées sans difficulté par l'armement jusque vers 1860. Mais à cette époque le développement de la navigation à vapeur et la création, dans les pays maritimes, de puissantes compagnies de transport, firent naître, entre les diverses nations, une concurrence très vive rendant nécessaire la réduction du fret qui avait pu rester très élevé tant que la navigation à voile, avec ses difficultés et ses lenteurs, avait permis aux armateurs de débattre librement avec les chargeurs les conditions du transport.

Pour réduire ainsi le montant du fret à son minimum, les compagnies de navigation furent amenées à chercher les moyens de diminuer leurs risques dans la plus large mesure, et c'est de cette préoccupation que sont nées les clauses restrictives ou même exclusives de leur responsabilité qu'elles insèrent aujourd'hui dans leurs connaissements.

Ces clauses, dites clauses de non-responsabilité, furent usitées tout d'abord en Angleterre, où les Compagnies de transport les imposèrent aux chargeurs. L'une des plus anciennes est la suivante : « Le capitaine s'engage à remettre les objets chargés en bon état et conditionnement ; la volonté de Dieu, les ennemis de la Reine, les pirates, les voleurs, le fait du prince, le feu à bord, les périls de mer et de rivière, et les actes de négligence ou les fautes quelconques du pilote, du capitaine ou des marins étant exceptés, et les armateurs n'étant en aucune façon responsables pour aucune des causes ci-dessus exceptées ».

Cette clause entraînerait et entraîne encore (car elle est toujours usitée en Angleterre, exonération de la responsabilité personnelle du capitaine et aussi de la responsabilité de l'armateur pour fautes du capitaine et de ses préposés.

L'exemple des compagnies anglaises fut bientôt imité en France. La Compagnie des Messageries Maritimes, la Compagnie Transatlantique et à leur suite tous les armateurs imposèrent aux chargeurs de nombreuses restrictions manuscrites que ceux-ci acceptèrent sans en apercevoir d'une manière précise les conséquences. Puis ces clauses devenant de style, les connaissements portèrent des formules imprimées, analogues à la convention d'irresponsabilité des *Bills of lading* anglais.

Les chargeurs ou expéditeurs de marchandises, ne trouvant plus dès lors dans le contrat d'affrètement une sécurité suffisante, arguèrent de nullité les clauses par eux ainsi acceptées, en se fondant, tant sur le caractère d'ordre public qu'avaient d'après eux les dispositions du code de commerce auxquelles il était dérogé, que sur le monopole de fait, exercé par les compagnies de navigation, exclusif d'un libre consentement de la part des chargeurs obligés de souscrire à toutes les clauses qui leur sont imposées, sous peine de ne pouvoir faire transporter leurs marchandises.

A ces arguments, les compagnies répondirent par le principe de la liberté des conventions et firent valoir en outre cette considération pratique que les clauses d'irresponsabilité permettent d'accorder aux chargeurs le bénéfice d'une diminution notable du fret. Ce n'est qu'en 1869 que la question fut portée devant les tribunaux ; et depuis cette époque, la jurisprudence a toujours proclamé la validité des clauses exonérant l'armateur des fautes de ses proposés. Quant aux clauses excluant la responsabilité du capitaine pour ses fautes personnelles, elles furent d'abord annulées par la Cour de cassation, mais depuis 1880 la Cour suprême leur fait produire un effet restreint en décidant que si elles ne sauraient avoir pour effet d'exonérer complètement l'auteur de la faute de tout recours pour le dommage qu'il a causé, elles libèrent cependant le transporteur de la présomption de faute qui pèse sur lui, et obligent le chargeur à en faire la preuve.

N'obtenant pas gain de cause devant les tribunaux, les chargeurs ont voulu demander protection au législateur : plusieurs projets de loi ont été présentés à cet égard, mais aucun d'eux n'est encore venu en discussion, chargeurs et armateurs ne pouvant arriver à se mettre d'accord sur la rédaction d'un texte de loi qui, tout en sauvegardant les intérêts des chargeurs, ne constituerait pas pour l'armement français une cause d'infériorité vis-à-vis des puissantes compagnies anglaises, allemandes, autrichiennes ou italiennes qui lui font une concurrence si dangereuse.

Une telle entente serait cependant à désirer ; et il est peut-être permis d'espérer que le législateur parviendra à la réaliser peu après le vote de la loi Rabier du **27 mars 1905** (1), par laquelle il a annulé les clauses de non-responsabilité insérées par les compagnies de chemins de fer dans leurs lettres de voiture ; nous penserions pourtant qu'une réforme aussi absolue ne pourrait pas être appliquée au contrat de transport maritime, qui s'exécute dans des conditions particulièrement périlleuses pour le transporteur.

Le rapide exposé auquel nous venons de nous livrer a fait apparaître quel intérêt s'attache à l'étude des clauses de non responsabilité. Après avoir passé en revue les différentes clauses insérées par les armateurs dans leurs connaissements, nous essaierons de résoudre sur le terrain des principes la question de leur validité et examinerons les différentes tentatives faites par le législateur pour conserver intacts les principes de la responsabilité posés par le code de commerce. Enfin, nous rechercherons comment ces diverses questions ont été résolues par la législation ou la jurisprudence des différents États.

(1) La loi Rabier a ajouté à l'art. 103 C. com., ainsi conçu : « Le voiturier est garant de la perte des objets à transporter, hors le cas de force majeure. Il est garant des avaries autres que celles qui proviennent du vice propre de la chose ou de la force majeure », le paragraphe suivant : « Toute clause contraire insérée dans toute lettre de voiture ou autre pièce quelconque est nulle ».

CHAPITRE PREMIER

Etude des diverses clauses restrictives ou exclusives de la responsabilité usitées dans les connaissements.

Les clauses dont nous avons à faire l'étude sont presque toujours, en fait, imprimées dans les connaissements des divers armateurs et des compagnies de navigation. Cette forme, qu'elles affectent dans leur matérialité même, aurait pu faire naître un doute sur leur validité, comme n'impliquant pas de la part de celui qui les a acceptées un consentement suffisant, par suite du manque d'attention qu'il aurait pu y apporter. Mais la jurisprudence n'a pas admis cette manière de voir; elle valide sans distinction les clauses imprimées et les déclare obligatoires par le seul fait qu'elles ont été insérées dans le connaissement qui sert de titre aux parties et règle l'exécution du contrat de transport (¹).

Toutefois l'habitude de faire ainsi usage de titres imprimés fait naître des difficultés qui leur sont particulières. Il se peut, tout d'abord, que les clauses imprimées soient complétées ou même modifiées par des clauses manuscrites introduites dans le connaissement; en cas de divergence ou d'opposition entre les unes et les autres, la question se pose de savoir quelles sont celles que les tribunaux doivent considérer comme l'expression de la volonté véritable des parties. La jurisprudence décide, avec raison croyons-nous, que les

(¹) Cass., 12 juill. 1893, S., 95. 1. 126; 16 mars 1896, S., 96. 1. 264.

clauses manuscrites doivent être préférées aux clauses imprimées; elles ont, en effet, été introduites dans le connaissement à la suite d'une discussion intervenue entre le chargeur et le transporteur, et, par suite, sont l'expression plus certaine de la volonté définitivement concordante des parties que les clauses imprimées, rédigées à l'avance et sans débat spécial entre les parties; toutefois, la jurisprudence n'applique cette interprétation que si les deux catégories de clauses sont absolument incompatibles l'une avec l'autre; dans le cas contraire, les diverses clauses doivent être combinées entre elles [1].

Une autre difficulté s'élève, relativement à la clause suivante insérée dans les connaissements des compagnies de navigation : « Le défaut de signature du présent connaissement ne préjudiciera pas à la valeur des clauses qui y sont stipulées » [2]. Cette clause est-elle valable et comment doit-elle être interprétée? La jurisprudence tranche cette question par une distinction fort juste, suivant que le chargeur a connu ou non les clauses du connaissement et doit être considéré par suite comme l'ayant ou non accepté; dans le premier cas, l'acceptation équivaut à la signature du connaissement [3]; dans le second, les clauses du connaissement seront inopposables au chargeur, par exemple si ce titre ne lui a été présenté qu'après l'événement qui a causé la perte ou les avaries [4].

[1] Trib. com. Rouen, 2 avril 1890, Rev. int. dr. marit., XVI, p. 198.

[2] Art. 17 connaiss. des Messageries maritimes ; art. 22, Compagnie Transatlantique ; art. 14, Chargeurs-Réunis. — Disons, une fois pour toutes, que si notre étude des clauses de non responsabilité ne contient des références qu'aux connaissements de nos grandes compagnies de navigation, c'est que les conditions qu'ils contiennent sont reproduites dans ceux des différents armateurs français.

[3] Cass., 24 juill. 1883, D., 84, 1, 117.

[4] Cour Paris, 18 mai 1885, Rev. int. dr. marit., XI, p. 155.

Sous le bénéfice de ces observations, nous allons examiner les diverses clauses que les armateurs français ont coutume d'introduire dans leurs connaissements, et pour suivre une gradation qui consiste à prendre comme point de départ les dérogations les moins importantes aux règles établies par le législateur pour terminer par les plus exorbitantes, nous étudierons successivement les clauses restrictives de la responsabilité, la clause exclusive de la responsabilité de l'armateur pour faute de ses préposés et enfin les diverses clauses exclusives de la responsabilité du capitaine. Enfin, dans une dernière section, nous étudierons certaines clauses qui, pour n'être ni restrictives ni exclusives de la responsabilité du transporteur, n'en apportent pas moins de sérieuses modifications aux règles qui la régissent. Nous voulons parler des clauses qui dérogent aux principes de l'action en responsabilité ([1]).

SECTION PREMIÈRE

CLAUSES RESTRICTIVES DE LA RESPONSABILITÉ

Les Compagnies de transport restreignent leur responsabilité vis-à-vis des chargeurs à l'aide de clauses diverses, mais qui peuvent se ranger en deux catégories : les unes restreignent véritablement la responsabilité, soit en limitant par avance le montant des dommages-intérêts auxquels elle pourra donner lieu, soit en réduisant sa durée; les autres écartent la présomption de faute qui pèse sur le transporteur

[1] Il est bien entendu que nous n'avons pas la prétention d'examiner ici les multiples variations qui peuvent être introduites dans la rédaction des clauses des connaissements, ces clauses pouvant recevoir une extension plus ou moins grande suivant les cas; nous voulons seulement passer en revue les différents cadres dans lesquels on peut les faire rentrer.

au cas d'avaries ou de manquants et obligent le chargeur ou le destinataire à prouver la faute du capitaine ou de l'armateur.

Les clauses de la première catégorie revêtent le plus souvent, en ce qui concerne la limitation forfaitaire des dommages-intérêts, une forme analogue à celle-ci : « Le capitaine « ou la Compagnie, en cas de perte ou avaries dont ils aient à « répondre, ne seront tenus de payer que la valeur intrinsè- « que ou la dépréciation des objets perdus ou avariés, sans « dommages-intérêts, leur responsabilité étant limitée à « ... fr. au maximum, pour tout colis dont la valeur n'aurait « pas été déclarée sur le connaissement, et à la valeur portée « au connaissement pour tout colis qui serait d'une valeur « réelle supérieure à celle déclarée.

« En cas de retard dans la livraison imputable à une faute, « il ne sera dû de dommages-intérêts que s'il est justifié « d'un préjudice et seulement dans la limite du montant du « fret » (¹).

Ces clauses ont pour but d'empêcher le transporteur de réclamer, en dehors de la valeur de la chose, de plus amples dommages-intérêts, représentant notamment le *lucrum cessans*. Comme le dit très bien un jugement du tribunal de commerce du Havre (²), elles évitent que l'inexécution du contrat de transport ne soit pour le chargeur la source d'un profit ; elles le mettent dans l'état où il serait si la marchandise lui avait été livrée par le transporteur.

Ces clauses sont, en réalité, de véritables clauses pénales auxquelles s'appliquent les règles posées par les art. 1152 et suiv. du C. c. ; elles lieront donc le juge, qui ne pourra

---

(¹) Art. 10, Messag. marit.; art. 19, Cⁱᵉ Transatl.; art. 8, Cⁱᵉ Havraise de navigation à vapeur; art. 3, Chargeurs Réunis.

² Trib. com. Havre, 26 fév. 1902, *Rev. int. du marit.*, XVII, p. 583.

prononcer de condamnation plus faible ou plus élevée que celle qui a été fixée par les parties et n'aura pas à se préoccuper du point de savoir si le demandeur justifie ou non d'un préjudice; toutefois, pour qu'une condamnation puisse être prononcée de ce chef, il sera nécessaire que les autres conditions exigées pour l'obtention de dommages-intérêts soient réunies; il ne faudra donc pas que l'inexécution du contrat de transport soit le résultat d'un cas fortuit ou de force majeure.

La clause pénale ne devrait toutefois plus s'appliquer si le préjudice souffert par le chargeur était le résultat du dol du transporteur ou de sa faute lourde, car elle n'est qu'une évaluation conventionnelle des dommages-intérêts. Or, ici ce n'est pas à proprement parler à raison de l'inexécution du contrat que le transporteur est poursuivi, mais à cause du délit ou du quasi-délit qu'il a commis.

Les clauses dont nous nous occupons, comme d'ailleurs toutes les clauses dérogatoires au droit commun qui font l'objet de ce chapitre, doivent recevoir une interprétation restrictive.

Il doit en être ainsi notamment en ce qui concerne leur portée d'application; par suite, si le forfait ne vise que le cas de retard, la clause pénale ne saurait être invoquée au cas de perte ou d'avarie; s'il ne vise que la perte, il est sans effet au cas de dommage des marchandises après leur débarquement (¹).

Mais en fait, les armateurs ne se bornent pas à fixer une limitation forfaitaire aux dommages-intérêts qu'ils peuvent devoir aux chargeurs; ils réduisent aussi d'une manière arbitraire la durée de leur responsabilité soit en retardant le

(¹) Trib. com. Marseille, 3 mai 1901, Rev. int. dr. marit., XVII, p. 185.

moment où elle prend naissance, soit en avançant celui où
elle cesse, soit enfin, au cas où la marchandise doit être transportée par plusieurs armateurs ou voituriers successifs, en
fixant le moment à partir duquel ils seront à l'abri de tout
recours de la part des chargeurs.

Tandis qu'en droit commun la responsabilité de l'armateur
commence dès le moment où les marchandises sont mises à
sa disposition pour être chargées, et ne prend fin que par la
livraison des marchandises au destinataire, en pratique les
compagnies de navigation insèrent fréquemment, dans leurs
connaissements, la clause suivante : « L'embarquement des
» marchandises, qu'il s'effectue par les soins du chargeur,
» ou soit opéré par le capitaine ou la compagnie, par un
» batelier ou un entrepreneur de leur choix, a toujours lieu
» aux frais, risques et périls de la marchandise ; dans tous
» les cas le débarquement a toujours lieu aux frais, risques
» et périls de la marchandise » (¹), cette clause ayant pour
but de limiter la responsabilité de l'armateur au temps pendant lequel la marchandise est sur le navire.

D'autres fois ces compagnies stipulent que : « Le capitaine
» et la compagnie n'assument aucune responsabilité pour les
» risques des marchandises et valeurs en allèges, dans les
» magasins avant et à l'embarquement ou au débarque-
» ment » (²), clause qui les exonère spécialement de leur responsabilité pendant le transbordement de la marchandise
sur allèges.

Cette clause a été diversement interprétée par la jurisprudence. Elle a été considérée tantôt comme ayant pour effet

(¹) Messag. marit., art. 5 et 6. La Compagnie Transatlantique, dans son art. 10,
ajoute : « Étant expressément convenu que toute responsabilité du capitaine et de
la compagnie cesse dès l'instant où la marchandise a quitté le pont du navire ».
(²) Compagnie Transatlantique, art. 4; Chargeurs Réunis, art. 6 et 7.

de rendre l'armateur irresponsable de sa faute personnelle (¹), tantôt seulement comme une négligence-clause exonérant le transporteur de la faute de son préposé le gabarier. C'est dans le premier sens que cette clause nous paraît devoir être interprétée ; c'est une clause d'exonération des fautes personnelles de l'armateur, parce qu'elle a pour conséquence de faire considérer le gabarier comme n'étant pas aux yeux des chargeurs un préposé de l'armateur.

A la clause d'exonération du déchargement sur allèges, il y a lieu d'assimiler la clause « autant que le navire pourra en approcher », par laquelle l'armateur met le déchargement à la charge du destinataire, toutes les fois que le navire est empêché de s'approcher davantage du lieu désigné pour la livraison des marchandises, par exemple par suite de l'impossibilité de remonter un fleuve pour cause de baisse des eaux (²).

Enfin le transporteur qui accepte des marchandises pour un lieu plus éloigné que celui où il peut les faire parvenir par ses propres moyens, et qui joue successivement le rôle de transporteur et de commissionnaire de transport, stipule parfois qu'il ne répondra pas des transporteurs auxquels il remettra les marchandises pour les faire parvenir à destination ; tel est, par exemple, l'objet de l'art. 13 du connaissement des Messageries Maritimes, ainsi conçu : « La réexpé- » dition des colis pour les points que la compagnie ne des- » sert pas, sera opérée par les soins de ses agents, aux frais, » risques et périls de la marchandise, alors même que le » connaissement porterait seulement l'indication de la desti- » nation définitive. La responsabilité de la compagnie » cessera au moment où les entrepreneurs de transport qui

¹ Cour de Bordeaux, 7 avril 1897, *Gaz. Pal.*, 22 oct. 1897.
² Cour de Bordeaux, 22 déc. 1903, *Rev. int. dr. marit.*, XIX. p 842.

« lui succéderont auront pris charge des colis » (¹). — Tel
est encore le but de la clause par laquelle le transporteur
n'accepte de responsabilité « pour les colis destinés à des
« points non desservis par ses navires, que jusqu'à l'ar-
« rivée de la marchandise au port de transmission », le
transporteur primitif devant être libéré quand il justifie de
la transmission régulière de la marchandise au transporteur
subséquent (²).

Citons enfin, dans le même ordre d'idées, la clause stipulant qu'en cas de transbordement la responsabilité du transporteur primitif cessera à la prise en charge de la marchandise par le transporteur subséquent (³).

La seconde catégorie de clauses restrictives de la responsabilité de l'armateur, comprend celles qui ont pour but
d'écarter la présomption de faute pesant sur le transporteur; elles remplacent les bulletins de garantie du contrat de
transport terrestre; elles détruisent la présomption que le
transporteur a bien reçu les marchandises en bon état et telles qu'elles sont désignées au connaissement; le capitaine ne
peut en effet ni constater l'état de l'emballage des marchandises ni vérifier l'exactitude des déclarations faites par les
chargeurs touchant leur valeur ou leur consistance; ces opérations entraîneraient un retard nuisible à la fois aux armateurs et aux affréteurs; de là l'introduction des clauses dont
nous avons maintenant à nous occuper et dont les principales
sont : les clauses *sans approuver ou que dit être, marque
inconnue, poids contenu et valeur inconnus*. — L'effet de ces
clauses, ainsi que nous allons le voir, est assez étendu. Non

(¹) V. aussi connaiss. de la Compagnie Transatlantique, art. 15; Chargeurs
Réunis, art. 5 *in fine*.
(²) Cour d'Aix, 4 nov. 1902, *Rev. int. dr. marit.*, XVIII, p. 814.
(³) Trib. com. Marseille, 8 et 10 juill. 1901, *ibid.*, XVII, p. 580 et 583.

seulement elles enlèvent toute valeur aux énonciations du connaissement, et par suite obligent le destinataire qui réclame pour manquants dans les marchandises mentionnées au connaissement, à prouver l'exactitude de ces mentions, mais encore elles renversent d'une manière absolue le fardeau de la preuve et par suite obligent le chargeur à prouver la faute du transporteur et la relation de cause à effet entre cette faute et le manquant (¹).

Par contre, leur effet s'arrête à ce renversement du fardeau de la preuve ; elles ne touchent pas aux règles de fond de la responsabilité du transporteur ; par suite, elles ne peuvent couvrir le capitaine de sa négligence et deviennent inapplicables dans ses rapports avec les chargeurs quand il a commis une négligence dans les vérifications qu'il aurait dû faire ; et envers les tiers porteurs du connaissement quand il savait que les énonciations qu'il contient étaient inexactes (²).

Parmi ces clauses, il en est trois qui doivent retenir notre attention ; ce sont : les clauses « que dit être » ; « poids valeur et contenu inconnus » ; et « marque inconnue ».

1° *Clause que dit être :* Cette clause, qui s'exprime aussi clause « sans approuver » ou clause « mesure à moi inconnue », est très ancienne. On la trouve déjà visée dans des sentences du 24 mai 1748 et du 10 juillet 1750, qui, à propos d'une barrique de noix de muscade trouvée remplie de ferrailles au débarquement, décidaient que la clause « que dit être » dispensait le capitaine de répondre de la qualité intérieure des marchandises.

(¹) Le Havre, 7 nov. 1899, *Rev. int. dr. marit.*, XV, p. 326. — Trib. com. Seine, 21 fév. 1900, *ibid.*, XVI, p. 349.

(²) Cass., 8 août 1882, S., 84. 1. 51. — Trib. com. Marseille, 14 mars 1887, *Rev. int. dr. marit.*, II, p. 306.

Aujourd'hui cette clause, surtout usitée à Marseille et sur les côtes de la Méditerranée, signifie que le capitaine n'accepte pas, comme faisant preuve à son égard, les déclarations du chargeur sur la qualité ou la quantité des marchandises, déclarations qu'il n'a pas vérifiées. Elle crée donc en faveur du transporteur une présomption de non-responsabilité en ce qui concerne les déficits constatés dans le poids et aussi la qualité des marchandises, sauf le droit pour les destinataires de prouver la fraude ou le fait du capitaine ou de son équipage [1].

Mais la clause « que dit être » ne s'applique pas quand les manquants ont pu être manifestement appréciés à l'embarquement; car en ce cas le capitaine ou l'armateur sont en faute d'avoir accepté l'insertion, dans le connaissement, de mentions par lesquelles ils reconnaissent avoir reçu des marchandises qu'ils savent pertinemment ne leur avoir pas été confiées [2].

C'est ainsi que le capitaine ou l'armateur sont, malgré cette clause, responsables du nombre des colis mentionnés au connaissement, car la vérification à cet égard ne pouvait être négligée; à plus forte raison, notre clause doit-elle être écartée si, en fait, le capitaine a constaté l'exactitude des déclarations du connaissement, par exemple si le mesurage de la marchandise a été fait en sa présence [3].

Enfin cette clause est évidemment étrangère à la preuve de l'état dans lequel se trouvait extérieurement la marchandise au moment de son embarquement, et par suite le capitaine, malgré la clause « que dit être », continue à être présumé

[1] Trib. com. Seine, 13 fév. 1902, Rev. int. du droit., XVII, p. 325.

[2] Trib. com. Nantes, 13 juin 1898, Gaz. Pal., 1er juillet 1898.

[3] A rapprocher Trib. com. Marseille, 21 juillet 1898, Journ. Marseille, 68. 1. 284

avoir reçu la marchandise bien conditionnée extérieurement.

2° *Clause : « Poids contenu et valeur inconnus »* ou « poids, qualité et contenu inconnus »[1]. Cette clause qui, nous allons le voir, ressemble beaucoup à la clause, que dit être, a pour but d'assurer la rapidité et l'économie du chargement. Elle fait présumer que le capitaine ignore le poids, le contenu, la qualité ou la valeur de la marchandise embarquée et interdit même aux chargeurs d'exiger l'emploi de moyens de vérification longs et onéreux; en vertu de cette clause, le capitaine n'a donc d'autre obligation que d'exercer sur le chargement la surveillance qui lui incombe au point de vue de l'arrimage. Son utilité ne saurait être mise en doute, car souvent le capitaine ne peut pas vérifier le déficit existant sur le poids total de la cargaison embarquée à son bord; à plus forte raison est-il dans l'impossibilité de le faire pour chaque marchandise qu'il reçoit.

La clause « poids, qualité ou contenu inconnus », en enlevant aux mentions du connaissement la valeur d'une reconnaissance de la part du capitaine, a pour effet de mettre à la charge du destinataire la preuve de l'exactitude de ces mentions et même celle d'une faute du transporteur; notamment, en cas de clause : « poids inconnu », ce dernier n'est pas responsable du déficit constaté à l'arrivée, lorsqu'aucun fait de négligence ou de fraude n'est relevé contre le capitaine; mais, pas plus que la clause « que dit être », elle ne touche aux règles de fond relatives à la responsabilité du transporteur : « Attendu, porte à cet égard un jugement récent du tribunal de commerce de Marseille[2], que la clause « poids inconnu »,

[1] Connaissement de la Compagnie Transatlantique et des Chargeurs Réunis in fine.

[2] Trib. com. Marseille, 12 juillet 1896, Rev. int. de. marit., XXI, p. 204.

comme la clause « que dit être », a pour effet, non d'exonérer le capitaine de toute responsabilité, mais de déplacer le fardeau de la preuve en laissant aux intéressés la possibilité d'établir que le capitaine a commis une faute ».

Ainsi que la clause « que dit être », la clause « poids inconnu » laisse entière l'application des règles de droit commun en ce qui concerne le nombre des colis (¹).

Les effets de la cause « poids, qualité, contenu inconnus » peuvent, ainsi que nous venons de l'indiquer, être combattus par la preuve contraire.

Tout d'abord l'obligation incombant au chargeur d'établir l'exactitude des mentions du connaissement cessera de peser sur lui, s'il est prouvé que, malgré la clause « poids inconnu », insérée au connaissement, la quantité des marchandises embarquées a été connue du capitaine. Cette preuve résulterait sans difficulté du fait qu'il a été procédé au pesage, contradictoirement entre l'expéditeur et le capitaine (²). En dehors de cette hypothèse, le chargeur devrait prouver que la marchandise portée au connaissement a bien été embarquée. On s'est demandé cependant si cette preuve ne résulterait pas suffisamment d'une différence considérable constatée entre le poids mentionné au connaissement et le poids réellement livré au destinataire. Le tribunal de com. de Dunkerque a résolu cette question par l'affirmative dans une espèce où la différence dont nous venons de parler était de plus d'un seizième (³); mais il nous paraît plus juste de décider que, quelle que soit la différence entre le poids au débarquement et celui qui est mentionné au connaissement, la clause « poids inconnu » doit continuer à recevoir son effet et à obliger le

(¹) Trib. com. Marseille, 13 mai 1891, *Journ. Marseille*, 91. 1. 190.

(²) Cass., 9 nov. 1875, D., 75. 1. 152.

(³) Trib. com. Dunkerque, 30 juill. 1891, *Rev. int. de marit.*, XVII, p. 59.

chargeur à établir que le poids porté au connaissement a été réellement embarqué (¹).

Le second effet de la clause « poids, qualité, contenu inconnus », qui est d'exonérer le transporteur de sa responsabilité jusqu'à preuve de sa faute, disparaît nécessairement quand cette dernière preuve est administrée.

Cette faute peut résulter de circonstances très diverses, par exemple le capitaine s'est rendu complice d'une fraude ou a signé le connaissement avant d'avoir la marchandise à sa disposition, ou encore il s'est livré à bord à une manipulation des marchandises, a mis de la négligence dans le débarquement ou a laissé plusieurs jours la marchandise à quai.

La preuve de la faute ne présente pas de difficulté particulière pour les chargeurs quand il est établi, d'une part, que les quantités déclarées au connaissement ont été réellement embarquées et que, d'autre part, le déficit est postérieur au chargement ; il s'agit alors seulement de vérifier en fait à qui est imputable le manquant ; et la faute du capitaine pourra être établie par tous les modes de preuve, même par les présomptions de fait ; elle résultera par exemple de l'existence d'un déficit anormal constaté à l'arrivée alors qu'aucune fortune de mer ne s'est produite (²).

Une difficulté se présente au contraire quand il est certain que la marchandise, dont le poids est indiqué au connaissement, n'a pas été complétement chargée.

En droit commun, le capitaine devrait, en ce cas, faire entre les destinataires une répartition proportionnelle du manquant. On s'est donc demandé si cette obligation lui

¹ En ce sens Trib. com. Havre, 6 juill., 25 août et 29 déc. 1880, Journ. Havre, 80, 1, 223 et 226 ; 81, 1, 81.

(²) Cass., 23 juill. 1862, Rev. de dr. int. marit., XIX, p. 173.

incombait même en présence de la clause « poids inconnu », ou si, au contraire, cette clause, en l'exonérant de toute vérification au point de vue du chargement, n'avait pas pour effet nécessaire de ne pas lui imposer de répartition, puisqu'il était en droit d'ignorer que des manquants s'étaient produits dans la marchandise; c'est dans ce dernier sens qu'a décidé la Cour de cassation (¹); le défaut de répartition du manquant ne constitue donc pas une faute en présence de la clause « poids inconnu ».

Enfin la Cour de cassation a décidé que la faute de l'armateur est suffisamment démontrée, s'il est établi que l'avarie survenue aux marchandises a pour cause un vice d'arrimage. L'arrimage est, en effet, une obligation personnelle de l'armateur et un arrimage défectueux constitue une faute de l'armateur engageant sa responsabilité pour les avaries qu'elle a occasionnées à la cargaison (²).

3° *Clause « marque inconnue »* : Cette clause a pour effet d'exonérer le capitaine ou l'armateur des conséquences d'une erreur commise dans la livraison et du défaut d'identité de la marchandise livrée à destination avec celle qui avait été embarquée; elle impose, comme la clause « poids inconnu », au chargeur l'obligation de prouver la faute du capitaine ou de l'armateur ayant entraîné une erreur de marque (³).

Mais quels sont les faits qui constitueront la preuve suffisante d'une faute du capitaine ou de l'armateur?

Certaines décisions de justice paraissent avoir admis que cette faute serait suffisamment établie par le fait qu'à la

---

(¹) Cass., 18 juill. 1900, D., 01. 1. 159. — *Contra* cour de Douai, 9 juill. 19 ..., *Rev. int. dr. marit.*, XIX, p. 354.

(²) Cass., 31 déc. 1901, *ibid.*, XVI, p. 472.

(³) Trib. com. Marseille, 25 avril 1900, *ibid.*, XVI, p. 211.

livraison le capitaine offre des marchandises sans marques ou de marques différentes de celles portées au connaissement, ce fait constituant par lui seul une négligence de la part du capitaine dans la vérification des marques. Il a même été jugé que l'impossibilité de vérifier les marques n'est pas une cause d'atténuation de la responsabilité du capitaine (1).

Cette jurisprudence ne nous paraît pas satisfaisante, car elle méconnaît l'utilité même de la clause « marque inconnue », qui a pour but d'éviter au capitaine l'obligation de contrôler les marques. Aussi y a-t-il lieu d'approuver d'autres décisions qui exigent au contraire, pour que la responsabilité de l'armateur soit engagée, une preuve établissant d'une manière plus précise la faute du capitaine, par exemple celle du chargement d'une marchandise portant les marques indiquées au connaissement ou celle de la livraison de cette marchandise à d'autres que le véritable destinataire (2), car à cette condition seulement, la présomption résultant de la clause « marque inconnue » est suffisamment détruite par une preuve contraire.

Bien entendu, pour notre clause comme pour la clause « que dit être », la preuve de la reconnaissance des marques par le capitaine à l'embarquement rendrait sans effet la clause « marque inconnue » ; mais il a été décidé avec raison que l'inscription des marques des colis en marge du connaissement ne suffirait pas pour que cette reconnaissance fût établie (3).

<hr>

(1) Trib. com. de Marseille, 26 juillet 1901, *Rev. int. dr. marit.*, XVII, p. 146.
(2) Trib. com. de Marseille, 18 octobre 1902, *ibid.*, XVIII, p. 350.
(3) Trib. com. Havre, 25 février 1902, *ibid.*, XVII, p. 584.

SECTION II

CLAUSE D'EXONÉRATION DES FAUTES OU NÉGLIGENCES DES PRÉPOSÉS

La plupart des armateurs français insèrent dans leurs connaissements une clause ainsi conçue : « La Compagnie ne « répond pas des barateries, vices d'arrimage, négligences « ou fautes quelconques des capitaines, hommes d'équipages, « mécaniciens, chauffeurs, pilotes ou de toutes autres personnes embarquées ou employées à bord du navire ou des « chalands et gabares, à quelque titre que ce soit, tant dans « l'exploitation commerciale que pendant la navigation ou « dans le port, dans la direction, la manœuvre ou la conduite du navire, quelles qu'en soient les conséquences » (1).

Cette clause, appelée « négligence-clause » ou « clause de non garantie », est exclusive de la responsabilité de l'armateur pour les fautes de ses préposés ; c'est une dérogation à la règle de l'art. 216 C. com., car elle a pour effet de rendre l'armateur irresponsable des manquants, des avaries ou du retard lors de la livraison, à moins qu'une faute personnelle ne soit établie à sa charge. Pour faire une étude complète de cette clause, nous devrons examiner successivement quelles sont les fautes qu'elle couvre ; à quelles conditions elle reçoit son application, et enfin quelle preuve doit être fournie pour s'en prévaloir.

§ 1. *Quelles sont les fautes couvertes par la négligence-clause ?*

En vertu du principe de l'interprétation restrictive que nous avons reconnu s'imposer en notre matière, la jurispru-

---

(1) Messageries maritimes, art. 2 ; Compagnie transatlantique, art. 8 ; Compagnie mixte, art. 1, § 2 ; Compagnie Fraissinet, art. 21 ; Chargeurs Réunis, art. 12.

dence exige que l'armateur qui veut s'exonérer de la responsabilité des fautes de ses préposés stipule d'une façon explicite les termes de la négligence clause; les seules fautes dont il n'aura pas à répondre seront donc celles qui auront été prévues d'une manière expresse, qu'il s'agisse de la détermination des personnes au sujet desquelles il entend écarter sa responsabilité ou des périodes pendant lesquelles il veut s'en exonérer.

Ce principe est appliqué d'une manière constante par la jurisprudence; c'est ainsi que la clause d'exonération des fautes commises « en naviguant le navire » a été regardée comme ne s'appliquant qu'aux fautes commises au cours de la navigation et non à celles qui ont eu lieu dans un port pendant le chargement ou le déchargement du navire [1]. La même interprétation a été donnée à la clause exonérant l'armateur « de tout acte, négligence ou défaut quelconque du pilote, capitaine ou équipage dans la direction ou la navigation du navire » [2].

Enfin la clause exonérant des « fautes ou négligences du capitaine ou des personnes embarquées à bord du navire pendant la navigation ou dans le port » a été jugée ne s'appliquer qu'aux fautes commises pendant que la marchandise était sous la surveillance du capitaine, et a été estimée insuffisante pour exonérer l'armateur des fautes de ses préposés directs dans le port, auxquels la marchandise serait livrée par le capitaine [3]. C'est pour parer à cette application rigoureuse du principe de l'interprétation restrictive que la plupart des armateurs insèrent dans leurs connaissements une

---

[1] Cour Rouen, 31 janv. 1881. *Rev. int. de droit.*, III, 18. — Cass., 2 juil. 1889, *ibid.*, V, p. 179.

[2] Trib. com. Rouen, 19 août 1898, *ibid.*, XIV, p. 198.

[3] Trib. com. Marseille, 3 mai 1891, *ibid.*, XVII, p. 135.

clause aussi large que celle que nous avons citée tout à l'heure.

Cette clause-type d'exonération paraît en effet avoir une portée d'application absolue. La jurisprudence française la lui reconnaît en ce qui concerne la période pendant laquelle elle couvre la responsabilité de l'armateur; elle l'applique donc à toutes les fautes commises par le capitaine et les hommes de l'équipage (¹) dans l'exécution du contrat d'affrètement depuis le moment où les marchandises ont commencé à être chargées à bord jusqu'au jour où elles ont été livrées au destinataire; cette clause a en effet été stipulée pour toute la durée du contrat d'affrètement (²).

D'autre part, les tribunaux en admettent aussi l'application quelle que soit la gravité de la faute commise; ils jugent donc que cette négligence-clause comprend non seulement les fautes légères, mais aussi les fautes dolosives, les délits et quasi-délits du capitaine et des hommes de l'équipage (³). La Cour de cassation l'a même appliquée aux soustractions ou vols commis à bord, dans une espèce relative au navire *la Normandie* (arrêt du 25 octobre 1899 cassant un jugement du tribunal de commerce de la Seine du 28 avril 1897) : « Attendu, dit la Cour suprême, que l'art. 8 des connaissements de *la Normandie* portait que la Compagnie ne répondait pas des barateries, vices d'arrimage, fautes et négligences des capitaine, pilote ou hommes de l'équipage embarqués sur le navire à quelque titre que ce soit;

(¹) Remarquons en passant que la négligence-clause, même conçue en termes généraux, ne saurait s'appliquer en dehors des fautes commises par les gens de l'équipage. C'est ainsi que la Cour de cassation a jugé que notre clause ne peut exonérer l'armateur des fautes commises par des ouvriers employés à la réparation du navire. Cass., 3 mars 1897, *Journal de Marseille*, 1897, I, p. 189.

¹ Cour de Bordeaux, 4 juin 1895, *Rev. int. dr. marit.*, X, p. 192.

(³) V. Cass., 3 mars 1897, cité note 1.

« Attendu, dès lors, qu'en refusant d'appliquer cette clause de non responsabilité, sous prétexte qu'elle ne saurait être étendue à des soustractions commises à bord, le jugement attaqué a violé l'article ci-dessus » (¹).

Enfin, si, comme nous le verrons en étudiant la validité des clauses de non responsabilité, la jurisprudence a été longtemps divisée sur le point de savoir s'il y avait lieu de distinguer, pour l'application de la négligence-clause, entre les attributions du capitaine dans lesquelles la faute était commise, elle l'a tranché aujourd'hui dans le sens le plus large et admet que notre clause s'applique à toutes les fautes pouvant être commises dans l'exécution du contrat d'affrètement sans distinction entre les fautes nautiques et les fautes commerciales. Les tribunaux en reconnaissent donc l'application aux vices d'arrimage ayant entraîné des avaries (²) ou le jet à la mer; aux manquants constatés à la livraison (³); aux fautes commises dans le déchargement des marchandises, etc. (⁴).

§ II. *Conditions d'application de la négligence-clause.*

Pour que l'armateur puisse invoquer la clause d'exonération des fautes du capitaine et de ses préposés, il faut nécessairement que l'action dirigée contre lui ne soit pas fondée sur sa responsabilité personnelle, mais seulement sur les fautes de ceux dont il a à répondre, puisque telle est la portée très précise de cette clause. Il faut donc, d'une part, que l'armateur n'ait pas ratifié les actes de ses préposés, et, d'autre part, qu'il n'ait pas commis de faute personnelle.

¹ Cass., 25 oct. 1894, *Rev. int. dr. marit.*, XX, p. 234.
² Trib. com. Havre, 4 juin 1895, *ibid.*, XII, p. 260.
³ Cass., 6 janv. 1892, *ibid.*, XVII, p. 103.
⁴ Rennes, 24 mai 1898, *ibid.*, XIV, p. 43.

La ratification, par l'armateur, des actes du capitaine ou de ses autres préposés, peut être expresse ou tacite; et cette dernière est assez facilement présumée par la jurisprudence. Elle admet qu'il en est notamment ainsi, toutes les fois que l'armateur a tiré un profit de la faute du capitaine; c'est ce qu'a jugé la Cour de cassation par un arrêt du 2 juin 1886, rejetant un pourvoi formé contre un arrêt de la cour d'Aix du 3 mai 1884, dans une espèce où, pour se soustraire à des quarantaines, le capitaine avait omis de toucher à des ports où il avait à déposer des marchandises :

« Attendu, dit la Cour de cassation, que l'arrêt attaqué fait » résulter la ratification tacite, non seulement du défaut » absolu de protestation de la part de la Compagnie contre » les actes du capitaine, mais aussi du profit que la Compa- » gnie retirait de la violation du contrat par le capitaine, qui » brûlant les escales de Port-Saïd et d'Alger, s'était soustrait » aux mesures quarantenaires, ce qui était un avantage pour » la compagnie mais une cause de préjudice pour les desti- » nataires des marchandises » (¹). De même le tribunal de commerce de Rochefort a regardé comme une ratification tacite le fait, par l'armateur, d'avoir touché le prix du remorquage d'un navire désemparé effectué par le capitaine et ayant causé par la prolongation du voyage un échauffement des marchandises (²).

A plus forte raison la négligence-clause ne s'applique-t-elle pas quand l'armateur a commis une faute personnelle. Cette faute pourra résulter tout d'abord de ce que c'est l'armateur lui-même qui a commis les faits reprochés ; par exemple si, sans prévenir le capitaine, il a fait charger des marchandises dangereuses qui ont provoqué un incen-

(¹) Cass., 2 juin 1886, Rev. int. dr. marit., II, p. 132.
(²) Trib. com. Rochefort, 26 août 1898, ibid., XIV, p. 331.

die (¹); si les pertes ou avaries sont dues à un mauvais aménagement du navire (²).

La même faute personnelle de l'armateur a été retenue quand il a fait procéder au déchargement des marchandises sans faire constater leur bon arrimage (³), ou lorsque des négligences ont été commises dans le déchargement par des hommes au service de l'armateur (⁴), ou quand les avaries sont dues à des fautes d'ouvriers étrangers à l'équipage et placés sous la direction de l'armateur (⁵).

La faute de l'armateur résultera encore de ce que c'est sur son ordre que le capitaine ou ses préposés ont accompli les faits constitutifs de la faute. Toutefois la cour de Bordeaux a jugé que l'armateur ne substitue pas sa propre responsabilité à celle du capitaine par le fait d'avoir surveillé l'arrimage au départ et organisé à l'arrivée un système de transbordement par l'intermédiaire d'un de ses employés (⁶), parce qu'elle a estimé que dans l'espèce ces actes de l'armateur n'avaient pas enlevé au capitaine le rôle prépondérant qui lui appartient dans ces opérations.

§ III. *Preuve à fournir pour se prévaloir de la négligence-clause.*

La négligence-clause, nous le savons, ne peut produire effet qu'autant qu'il est établi que la perte ou les avaries sont dues à la faute du capitaine ou des gens de l'équipage, et non à une faute personnelle de l'armateur. La charge de cette preuve incombera, d'après les principes de droit com-

---

(¹) Cass., 12 juill. 1893, *Rev. int. de marit.*, IX, p. 132.
(²) Cass., 16 janv. 1895, *ibid.*, X, p. 561.
(³) Trib. com. Rouen, 17 déc. 1888, *ibid.*, IV, p. 539.
(⁴) Trib. com. Nantes, 11 juill. 1896, *ibid.*, XII, p. 349.
(⁵) Cass., 3 mars 1897, *ibid.*, XII, pp. 655 et 656.
(⁶) Cour de Bordeaux, arrêt précité, 1 juin 1894, *ibid.*, X, p. 192.

mun, à l'armateur. Il est en effet, en vertu du contrat d'affrètement, responsable en principe des marchandises chargées sur son navire et doit les représenter à destination. Il ne peut se dégager de sa responsabilité qu'en établissant qu'il est dans un des cas exceptionnels où elle n'est pas encourue. S'il invoque à cet effet la négligence-clause, c'est à lui de prouver qu'elle est applicable, de même qu'il devrait établir le cas fortuit ou de force majeure s'il se fondait sur ces faits pour se prétendre libéré. L'armateur devra donc faire la preuve des fautes ou négligences de son capitaine ou de ses préposés en précisant en quoi elles ont consisté, afin qu'on puisse juger si elles rentrent ou non dans les prévisions de la clause d'exonération.

La jurisprudence paraissait fixée d'une manière définitive en ce sens depuis de longues années (¹), lorsque par un étrange revirement, la Cour de cassation, dans deux arrêts récents (²), a décidé qu'en vertu de la clause qui nous occupe, l'armateur est exonéré de toute responsabilité, au cas de non représentation des marchandises, sans avoir à prouver que la perte est due à une faute du capitaine ou de l'équipage, cette preuve résultant de la loi elle-même. « Attendu, dit la Cour » de cassation (³), qu'aux termes de l'art. **222** C. com., le » capitaine est responsable des marchandises dont il prend » charge et que d'après l'art. **230** C. com. sa responsabilité » ne cesse que par la preuve de la force majeure ; qu'à défaut » de cette preuve, la perte ou les avaries lui sont imputables » et qu'ainsi il est présumé en faute, quand il ne représente

---

(¹) Cass., 12 juillet 1893, *Rev. int. dr. marit.*, IX, p. 135. — Cass., 9 novembre 1898, *ibid.*, XIV, p. 321.

(²) Cass., 18 juillet 1900, *ibid.*, XVI, p. 145 ; 2 janvier 1901, *ibid.*, XVI, p. 465.

(³) Arrêt précité du 18 juillet 1900 cassant un jugement du tribunal de commerce de la Seine du 2 juin 1898 (affaire Compagnie transatlantique contre Roulestin, de Cognac).

« pas les marchandises à l'arrivée du navire; que l'armateur
» n'a pas à faire une preuve qui résulte de la loi elle-même... ».

Cette nouvelle jurisprudence nous paraît critiquable ; l'art.
222, en effet, n'a pas d'autre but que de rendre le capitaine
responsable de ses fautes dans le transport des marchandises,
il est absolument étranger à la responsabilité de l'armateur,
qui, dans le contrat de transport, est responsable des marchandises, à la fois personnellement par suite de ses fautes et
de son fait, et indirectement, en vertu de l'art. 216 C. com.,
en raison des fautes du capitaine. L'art. 222 n'a en rien pour
but, comme paraît le penser la Cour de cassation, d'établir
une présomption en vertu de laquelle le dommage causé à
la marchandise sera présumé provenir plutôt de la faute du
capitaine que de celle de l'armateur, tenu à deux chefs différents : personnellement et pour le fait d'autrui. Et d'ailleurs,
comme l'a fait observer très justement M. Lyon-Caen (¹),
même si l'art. 222 édictait une présomption de faute contre
le capitaine, cette présomption resterait tout à fait étrangère
au cas où il y a clause d'irresponsabilité du capitaine, l'art. 222
réglant les rapports du capitaine et de l'expéditeur et non la
question de savoir qui, du capitaine ou du transporteur, est
en faute.

A défaut de présomption légale, l'armateur qui s'est exonéré de l'un des deux chefs de sa responsabilité doit donc
prouver que c'est bien en vertu de ce chef qu'il est recherché ;
il doit établir la faute du capitaine ou de ses préposés pour
pouvoir invoquer la négligence-clause (²).

Pour administrer la preuve que la perte ou l'avarie sont
dues à une faute du capitaine, l'armateur aura recours aux

(¹) Lyon-Caen, *livr. crit.*, 1901, p. 516.
(²) En ce sens Govare et Heulisse, *Les clauses de non responsabilité et la jurisprudence, Rev. int. de droit marit.*, XVII, p. 265.

différents documents, tels que le rapport de mer, le livre de bord, qui permettent d'établir à quels événements sont dues la perte ou l'avarie des marchandises et d'y trouver le fondement de la faute du capitaine.

En tous cas, même dans l'opinion qui veut que cette dernière faute se présume, l'armateur devra néanmoins prouver le fait même de l'avarie ou de la perte. Pas de difficulté pour l'avarie, qui sera évidemment établie par la seule représentation des marchandises dans un état plus défectueux que celui qu'elles avaient au départ.

Quant à la perte, elle sera également facile à démontrer, si toute la cargaison a péri dans un naufrage ou dans un échouement; mais si une partie en a été sauvée, l'armateur aura à justifier que les marchandises dont il s'agit ne se trouvaient pas parmi les objets soustraits au sinistre.

Si enfin l'armateur ne pouvait établir aucun événement de nature à expliquer la perte d'une partie des marchandises, il devrait prouver cette perte en démontrant que les marchandises chargées au départ et ne se trouvant pas sur le navire à l'arrivée, n'ont pas été débarquées aux ports d'escale. Ne pas soumettre l'armateur à l'obligation de faire cette preuve serait en effet le soustraire à toute responsabilité relativement à l'exécution du contrat d'affrètement en dehors même des clauses du connaissement qui ne l'exonèrent qu'en cas de perte ou avarie de la marchandise. Ce serait en outre aboutir à la négation même des obligations nées du contrat de transport, puisque l'on arriverait ainsi à soustraire l'armateur à toute responsabilité en cas de défaut de représentation de la marchandise qu'il s'est cependant obligé à transporter. « Attendu, a dit la Cour de cassation [1], que pour pouvoir

<hr>

[1] Cass., 6 fév. 1889, Rev. int. du droit marit., IV, p. 628.

invoquer la clause de non-responsabilité, la compagnie devait d'abord, à défaut de représentation des marchandises avariées, établir que les marchandises avaient péri ».

SECTION III

CLAUSES D'EXONÉRATION DES FAUTES PERSONNELLES

Dans la pratique, les compagnies de navigation ne se contentent pas de s'exonérer, vis-à-vis des chargeurs, des fautes du capitaine et de leurs préposés, elles s'exonèrent aussi de leur responsabilité personnelle et stipulent même l'exonération de la responsabilité du capitaine pour ses propres fautes. Le plus souvent, la portée de ces clauses d'irresponsabilité est limitée à une série de cas déterminés qui y sont énumérés; mais ces cas sont tellement nombreux que, malgré l'interprétation restrictive qu'ils comportent, ils comprennent la presque totalité des fautes susceptibles d'être commises en fait, et que l'introduction de ces clauses dans les connaissements aboutit à rendre inapplicables d'une manière à peu près complète les règles du code de commerce en matière de responsabilité du transporteur. L'étude que nous allons faire de ces différentes clauses va nous permettre de constater qu'à chacun des cas de responsabilité étudiés dans notre première partie (chap. II) correspond une clause d'irresponsabilité.

C'est tout d'abord la responsabilité établie par l'art. 280 C. com. au cas de déclaration erronée de tonnage, à laquelle déroge la clause « environ » qui, sans exonérer le transporteur de toute responsabilité à cet égard, laisse cependant au capitaine une certaine latitude dans sa déclaration, qui est considérée comme suffisamment exacte pourvu que la quantité de marchandises qu'il s'est engagé à recevoir à bord et qu'il ne peut embarquer ne dépasse pas 10 p. 100 du chargement.

Nombreuses sont les clauses par lesquelles l'armateur ou le capitaine s'exonèrent de leur responsabilité au cas de perte, avaries ou retard. Ces clauses peuvent être conçues dans des termes généraux; par exemple ceux-ci : « Le capitaine ne répond pas des événements quelconques qui peuvent se produire au cours du voyage, ou des événements constituant la fortune de mer »; ou encore les suivants : « Le capitaine ne sera pas responsable de ses fautes »; mais elles sont plus généralement relatives à des cas déterminés ; c'est ainsi que l'art. 1er du connaissement des Messageries maritimes dispose : « Le capitaine et la compagnie ne sont » pas responsables des cas de force majeure, de l'abordage, » quelle qu'en soit la cause, du feu à terre ou en magasin, à » bord ou dans les allèges, des pertes ou avaries occasion-» nées par les accidents de machine ou de chaudière, de la » rouille, des dommages causés aux marchandises par les » rats ou la vermine, des avaries résultant du contact ou de » l'évaporation des autres marchandises ou de la pression du » chargement, de la rupture des objets fragiles, du coulage » des liquides, du poids, du contenu, de la mesure et de la » valeur, n'acceptant quant à ce aucune responsabilité tirée » des énonciations du connaissement » (¹).

Parmi les nombreux cas d'irresponsabilité visés par ces clauses, nous ne dirons un mot que de ceux qui font l'objet des clauses relatives aux avaries, désignées par les expressions : franc de bris, franc de casse et franc de coulage.

Les clauses « franc de bris », « franc de casse » et « franc

(¹) Voir aussi art. 8, 9e Transit. et art. 10, Chargeurs Réunis.

de coulage », qui se retrouvent dans presque tous les connaissements (¹), ont pour effet d'exonérer en fait le transporteur de presque toutes les avaries causées à certaines catégories de marchandises, telles que les objets fragiles, les liquides, les grains; toutefois l'interprétation restrictive est encore ici applicable, et par suite la clause « franc de bris » ou « de casse » ne couvrira pas, en principe, et sauf stipulation expresse contraire, la responsabilité du transporteur pour toute détérioration étrangère à la casse ou au bris; pour le même motif, la clause franc de coulage ne s'applique qu'au coulage ordinaire, et ne saurait être invoquée, par exemple, au cas où une barrique ayant été remise en bon état au capitaine, est rendue par lui complétement défoncée.

Les connaissements contiennent aussi fréquemment des clauses exonérant la compagnie de transport ou le capitaine de toute responsabilité au cas de retard, par exemple la suivante : « Quand, par suite d'une cause quelconque, le » débarquement de la marchandise n'aura pas été effectué » au port de destination, le capitaine et la compagnie sont » autorisés à la déposer au port le plus voisin de son itiné- » raire, d'où elle sera rapportée par un des paquebots de la » Compagnie ou par tous autres moyens, sans qu'on puisse » prétendre à aucune indemnité pour le retard »; bien plus, certains connaissements ajoutent : « Cette prolongation de voyage s'effectuera aux risques et périls de la marchandise » (²).

De même que les connaissements stipulent d'une manière spéciale l'irresponsabilité du transporteur à raison des faits qui constituent l'inexécution du contrat de transport, de

---

(¹) Cie Transatl., art. 3; Messag. marit., art. 1er; Chargeurs Réunis, in fine.
(²) Art. 8, Messag. marit.; art. 12, Cie Fraissinet; art. 9, Cie Mixte; art. 13, Cie Transatl.

même, ils prévoient avec beaucoup de soin les différentes fautes qui peuvent donner lieu à perte, avarie ou retard et engendrent par suite en principe la responsabilité de l'armateur ou du capitaine, pour décider que cette responsabilité ne sera pas encourue à leur sujet. C'est ainsi que l'innavigabilité du navire, le vice d'arrimage, le déroutement, le transbordement, l'incendie ou la grève font l'objet de clauses d'irresponsabilité plus ou moins étendues.

L'innavigabilité du navire, survenue postérieurement à l'embarquement des marchandises, fait presque toujours l'objet d'une clause d'exonération conçue en termes généraux; quant à l'innavigabilité antérieure au départ, elle n'est le plus souvent exclue des causes de responsabilité que si elle provient des vices cachés du navire; par exemple de la manière suivante : « Il est expressément convenu que le fait » d'avoir apporté tous ses soins à la mise en bon état de » navigabilité de son navire à tous égards, affranchira la » Compagnie de toute responsabilité à raison des avaries ou » pertes quelconques résultant de l'existence, même au » moment du départ ou avant, tant d'un défaut latent ou » autre, que de l'état d'innavigabilité du navire, qu'un exa- » men sérieux n'aurait pas permis de découvrir » (¹).

Plus nombreuses encore sont les clauses par lesquelles l'armateur ou le capitaine s'exonèrent des vices d'arrimage. Elles sont relatives soit à l'existence même de ces vices, soit au défaut d'accomplissement des formalités prescrites pour la constatation du bon arrimage, soit enfin au chargement des marchandises sur le pont du navire.

Les vices d'arrimage sont exclus d'une manière expresse par les connaissements de la Compagnie Mixte et de la Com-

---

(¹) Art. 23, Cⁱᵉ Transatlantique.

pagnie Fraissinet (¹). Il n'en est pas de même dans ceux de la Compagnie des Messageries Maritimes et de la Compagnie Transatlantique ; mais ces transporteurs s'exonèrent néanmoins d'un chef de responsabilité à cet égard en dispensant le capitaine de toute constatation d'arrimage et en décidant que, dans le cas où cette constatation aura lieu, elle se fera sans formalités judiciaires et même en l'absence du destinataire (²). Enfin pour se couvrir de la responsabilité résultant de l'art. 229 C. com., aux termes duquel le capitaine répond de tout dommage pouvant atteindre les marchandises par lui chargées sur le pont sans le consentement écrit des chargeurs, certaines compagnies de navigation insèrent dans leurs connaissements la clause suivante : « Par dérogation à » l'art. 229 C. com. le capitaine et la compagnie sont auto- » risés par le chargeur à placer les marchandises sur le pont » aux frais et risques des dites marchandises aussi bien pour » les voyages au grand qu'au petit cabotage et au long cours, » et ce, sans être tenus d'aucun avis préalable » (³).

Cette clause a été reconnue comme ayant, à l'égard du chargeur, signataire du connaissement, la valeur du consentement par écrit exigé par l'art. 229 (⁴), et la jurisprudence a décidé que la signature du chargeur au bas d'un connaissement la renfermant, emportait acceptation de toutes les conséquences qui pouvaient en résulter, et notamment enlevait tout recours contre le capitaine et l'armateur pour jet à la mer des marchandises chargées sur le pont.

Toutefois, en vertu du principe d'interprétation restrictive

¹ C° Mixte, art. 1°, § 2 ; C° Fraissinet, art. 5 et 21.

² C° Transatlantique et Messageries Maritimes, art. 11 ; Chargeurs Réunis, art. 13 ; C° havraise de navigation, art. 9.

³ C° Transatlantique, art. 10 ; C° Mixte, art. 6 ; C° Fraissinet, art. 11.

⁴ Com. Rouen, 29 janv. 1896, *Rev. int. du dr. mar.*, XI, p. 591. — Trib. com. Marseille, 21 mars 1902, *ibid.*, XVII, p. 692.

que nous avons déjà eu l'occasion d'appliquer à plusieurs reprises, la clause du connaissement qui se borne à réserver au transporteur la faculté de charger sur le pont, ne le dispense pas, par elle seule, d'arrimer convenablement les marchandises sur le pont et d'en aviser le chargeur, afin de permettre à ce dernier de faire couvrir par ses assureurs l'aggravation du risque qui en résulte.

Le défaut d'avis constituerait pour le transporteur une faute personnelle, des conséquences de laquelle il resterait responsable (¹).

En dehors de ces limitations, la jurisprudence donne d'ailleurs une portée générale à notre clause et décide qu'elle emporte notamment renonciation des parties à se prévaloir du décret de 1893 sur l'arrimage (²).

Remarquons, en terminant au sujet de cette clause, que la jurisprudence française la considère comme s'appliquant aux seules marchandises désignées au connaissement dans lequel elle est contenue et non, ainsi que le décide la jurisprudence allemande, comme permettant à l'armateur de charger d'autres marchandises en pontée et de s'exonérer des avaries pouvant résulter de ce mode de chargement pour les marchandises embarquées dans la cale, faisant l'objet du connaissement où cette clause se trouve (³).

Les armateurs se soustraient également en pratique, par une clause spéciale, à la responsabilité qui pèse sur eux en droit commun pour les dommages causés aux marchandises par le déroutement ou le transbordement opérés pendant leur transport. C'est ainsi que l'armateur stipule qu'il sera

---

(¹) Trib. com. Marseille, 31 déc. 1903. Rev. int. dr. marit., XIX, p. 576.

(²) Trib. com. Rouen, 12 fév. 1902, ibid., XVIII, p. 68.

(³) Bordeaux, 7 mars 1894. Rev. int. dr. marit., X, p. 188. — Rouen, 12 fév. 1902, ibid., XVIII, p. 68. — Cpr. § 565, C. com. allemand de 1897 et Trib. supér. hanséat., 12 janv. 1901, ibid., XIX, p. 584.

permis au capitaine de dévier de sa route pour assister un navire en détresse ; mais, dans ce cas, la jurisprudence appliquant encore l'interprétation restrictive, décide que la responsabilité de l'armateur ne cesse que si le navire était en cours de route, c'est-à-dire avait commencé son voyage au moment du fait d'assistance (¹). La Compagnie des Messageries Maritimes et la Compagnie des Chargeurs Réunis vont même jusqu'à donner à cette clause de déroutement une portée générale : « Il est permis d'entrer dans les ports, rades « et rivières et d'en sortir sans prendre pilote, de dévier de « la route, de rétrograder pour quelque cause que ce soit, de « toucher à tout port et lieu, d'y séjourner, en dehors ou non « de la route ordinairement suivie, de remorquer ou assister « des navires dans toute situation et dans toute circons- « tance » (²).

Quant à la clause autorisant le transbordement des marchandises, elle est généralement conçue dans les termes suivants : « La Compagnie se réserve la faculté de charger et « transborder en tout temps, avant ou après le départ, sur « tout autre paquebot que celui désigné ci-dessus et même « sur les paquebots d'une compagnie étrangère, sans être « tenue d'en prévenir les chargeurs » (³). Cette clause doit s'entendre en ce sens que les transbordements sont aux risques de la marchandise, c'est-à-dire que les propriétaires de la cargaison auront à supporter tout le dommage pouvant en résulter (⁴).

Ainsi lorsqu'une clause de connaissement donne au transporteur toute faculté pour « transborder, embarquer par les

---

(¹) Trib. com. Marseille, 19 déc. 1903, *Journ. Marseille*, 1905, I, p. 58.

(²) Messageries Marit., art. 9 ; Chargeurs Réunis, art. 13.

(³) Cⁱᵉ Mixte, art. 6. — Voit dans le même sens : Cⁱᵉ Fraissinet, art. 14 ; Messageries Maritimes, art. 7 ; Cⁱᵉ Transatlantique, art. 14 ; Chargeurs Réunis, art. 4.

(⁴) Trib. com. Marseille, 14 janvier 1902, *Rev. int. dr. marit.*, XVII, p. 459.

« vapeurs suivants et laisser la marchandise à quai, selon les « nécessités du transport, aux risques des propriétaires », les destinataires ne pourront rendre les compagnies de transport responsables du coulage des liquides, attribué aux manipulations du transbordement [1]. De même, suivant une clause fréquemment stipulée, les chargeurs seront « sans recours « contre le capitaine et la compagnie pour les retards provenant du séjour des marchandises au port de transbordement ».

Toutefois, en ce cas, des dommages-intérêts seraient dus par le transporteur, s'il était démontré que ce retard provient d'une faute lourde de sa part [2].

Observons, en terminant sur ce point, que la jurisprudence, appliquant à la clause de transbordement l'interprétation restrictive, décide qu'en l'absence d'une stipulation expresse cette clause n'autorise que le transbordement de vapeur à vapeur, mais laisse subsister la responsabilité de l'armateur au cas de transbordement de vapeur à voilier [3].

Parmi les événements qui engendrent la responsabilité de l'armateur, nous savons qu'il faut comprendre l'incendie et la grève des ouvriers du port de débarquement ; nous avons en effet admis, avec la jurisprudence, que l'incendie n'est pas un véritable cas de force majeure et que la grève n'exonère le transporteur de sa responsabilité que quand elle réunit le double caractère de généralité et de durée. C'est pour échapper à la responsabilité qui pèse sur eux de ce chef que les armateurs et les compagnies de navigation insèrent dans les connaissements des clauses spéciales d'exonération pour ces événements.

[1] Aix, 15 janvier 1901. *Rev. int. de. marit.*, XVI, p. 480.
[2] Trib. com. Nantes, 9 mars 1901, *ibid.*, XVI, p. 505.
[3] Trib. com. Marseille, 15 octobre 1903, *ibid.*, XIX, p. 405; 21 avril 1904, *ibid.*, XX, p. 59.

La clause d'exonération pour cause d'incendie est souvent ainsi conçue : « Le capitaine et la compagnie ne sont pas « responsables... du feu à terre ou en magasin, à bord ou « dans les allèges » (1). Quant à la clause d'irresponsabilité au cas de grève des ouvriers du port de débarquement, on la trouve rédigée de la manière suivante : « La Compagnie ne « répond pas non plus des retards et interruptions de service « occasionnés par les grèves, chômages, etc., tant du person- « nel naviguant que des ouvriers et employés, quels qu'ils « soient, utilisés par l'entreprise » (2). La dernière grève des dockers de Marseille a porté devant le tribunal de commerce de cette ville la question de savoir quelle était la portée exacte de cette clause d'irresponsabilité de l'armateur. Il a décidé qu'elle a pour effet d'autoriser le navire à rentrer à son port d'attache, quand le débarquement a été impossible, et de mettre à la charge des destinataires les frais de retour de la marchandise au port de destination (3) ; mais, pour qu'il en soit ainsi, encore faut-il que le navire ait touché à ce port et que l'impossibilité de débarquer ait été par suite matériellement constatée (4).

Après s'être exonérés de leurs différentes obligations en cours de route, les armateurs ont encore essayé d'écarter la dernière qui leur incombe, la délivrance des marchandises entre les mains du porteur du connaissement, spécialement au cas où le destinataire ne se présente pas au moment du déchargement. La jurisprudence a eu à se prononcer à cet égard sur deux clauses différentes. Par la première : « Le capitaine « sera autorisé à délaisser les marchandises débarquées sur

<hr>

(1) Cie Transatlantique, art. 3 ; Messageries Maritimes et Chargeurs Réunis art. 1er ; Cie havraise, art. 15.

(2) Cie Transatlantique, art. 14.

(3) Trib. com. Marseille, 6 août 1891, Rev. int. de. marit., XVII, p. 148.

(4) Trib. com. Marseille, 26 mars 1891, Ibid., XVI, p. 66.

« le quai, aux risques et périls du destinataire, si celui-ci ne
« se présente pas immédiatement pour les recevoir ». Par la
seconde clause l'armateur stipule que « si le destinataire ne
« se présente pas pour recevoir les marchandises le long du
« bord, lors de leur déchargement, elles seront remises à
« une tierce personne (entrepositaire ou consignataire), qui
« en deviendra responsable ».

La première de ces clauses a été annulée (¹) comme contraire à l'essence même du contrat de transport maritime, puisqu'elle rend illusoire l'obligation principale du transporteur, qui est de remettre les marchandises au destinataire; quant à la seconde, après avoir été annulée par certains tribunaux de commerce (²) pour des motifs analogues à ceux que nous venons d'indiquer, elle a été reconnue valable par la Cour de cassation (³). On peut en effet faire remarquer, en faveur de la validité de cette clause, qu'elle ne supprime pas, à vrai dire, l'obligation de délivrer la marchandise, qui incombe au transporteur et ne fait que changer son mode d'accomplissement; que, d'autre part, elle permet seulement au capitaine de se substituer une autre personne dans l'accomplissement du mandat qui lui est confié, substitution autorisée par l'art. 1994 C. c.; qu'enfin, cette clause n'est pas contraire à l'intérêt du commerce, puisque, si le transporteur cesse d'être responsable, le tiers consignataire le devient à sa place (⁴). Remarquons toutefois que notre clause ne dispense pas le capitaine de l'obligation de prévenir les destinataires et de leur remettre les marchandises s'ils se présentent pour les recevoir.

(¹) Trib. com. Dunkerque, 10 sept. 1881 et 8 mai 1882, *Journ. Havre*, 1882, II, p. 66 et 116.

(²) Trib. com. Havre, 14 janv. 1886, *Journ. Havre*, 1886, I. p. 7.

(³) Cass., 17 nov. 1896, D., 88, 1, 118.

(⁴) Note de M. Levillain sous l'arrêt cité note 3, *loc. cit.*

SECTION IV

CLAUSES DÉROGATOIRES AUX RÈGLES DE L'ACTION EN RESPONSABILITÉ

Les principes généraux en matière d'action en responsabilité, tels que nous les avons exposés dans le dernier chapitre de notre première partie, ne sont guère respectés en pratique. Les armateurs et les compagnies de navigation ont, en effet, introduit dans leurs connaissements des clauses dérogatoires aux règles du droit commun en ce qui concerne : la juridiction compétente en matière d'action en responsabilité, le montant de la condamnation à laquelle elle donne lieu et le champ d'application de la fin de non recevoir qui la couvre.

La première de ces clauses, dite clause attributive de juridiction, a pour but de déférer l'action en responsabilité à un tribunal unique : elle est généralement conçue dans les termes suivants : « Toutes les contestations auxquelles pourra don- « ner lieu l'exécution du présent connaissement devront être « portées devant le tribunal de commerce du siège social de la « compagnie (ou du port d'attache du navire), ou du lieu de « création du connaissement, auquel, de stipulation expresse, « il est fait attribution de juridiction ». Les tribunaux de commerce le plus généralement déterminés par ces clauses sont ceux du Havre, de Marseille et de Bordeaux.

Cette clause ayant pour but de faciliter la solution des contestations qui peuvent s'élever au sujet du transport des marchandises entre armateurs et chargeurs, la jurisprudence l'interprète d'une façon très large ; elle admet que cette clause s'applique à « toutes les difficultés relatives à l'exé-

<hr>

(1) Art. 26 du connaissement de la Cⁱᵉ Transatlantique ; art. 16 du connaissement de la Cⁱᵉ des Chargeurs Réunis ; art. 22 du connaissement de la Cⁱᵉ Fraissinet.

cution du présent contrat », qu'elle embrasse tous les litiges qui peuvent naître depuis le moment où les marchandises sont remises à l'armateur ou à un de ses agents par l'expéditeur jusqu'à la délivrance des marchandises au destinataire. Elle sera donc susceptible de s'appliquer spécialement à l'action en responsabilité du chargeur contre l'armateur (1).

Par suite notre clause est opposable au demandeur à l'action en responsabilité (2) (expéditeur ou destinataire des marchandises), par le défendeur à cette action, c'est-à-dire l'armateur. Aucune difficulté ne se présente si ce dernier est seul défendeur, mais il en est autrement lorsque le chargeur dirige son action contre plusieurs défendeurs, par exemple quand le destinataire de marchandises avariées assigne par le même exploit le transporteur et les assureurs de cette marchandise (3); ici le demandeur ayant le choix de porter son action contre tous les défendeurs devant l'un quelconque des tribunaux compétents par rapport à l'un d'eux, le transporteur peut voir régulièrement méconnaître par l'affréteur la clause attributive de compétence, et c'est pour remédier à cette éventualité qui leur est défavorable que certaines compagnies ont complété la clause dont nous nous occupons en spécifiant que le tribunal élu serait compétent même au cas de pluralité des défendeurs (4).

C'est par l'exception d'incompétence que le défendeur fera valoir la clause attributive de juridiction, et comme l'incompétence que cette clause fait naître ne peut être qu'une incompétence *ratione personæ*, l'exception doit être opposée *in*

---

(1) Trib. com. Marseille, 21 octobre 1900, *Rev. int. dr. marit.*, XVI, p. 289. — Cass., 28 juillet 1898, *ibid.*, XIV, p. 326.

(2) Cass., 19 oct. 1891, *ibid.*, VII, p. 385.

(3) Trib. com. Marseille, 17 juill. 1901, *Rev. int. dr. marit.*, XVII, p. 144. — Cass., 25 nov. 1902, *ibid.*, XVIII, p. 481.

(4) Art. 15 du connaissement de la Cie de Navigation Mixte.

limine litis ; le fait de ne pas l'invoquer au début même de l'instance doit être considéré comme étant une renonciation tacite à s'en prévaloir et par suite cette exception serait inopposable pour la première fois en appel (1).

A côté de la clause attributive de juridiction, il convient de mentionner la clause compromissoire qui a pour but d'enlever la connaissance du litige aux tribunaux réguliers pour la donner à des arbitres. Cette clause n'étant, comme nous le verrons dans notre chapitre suivant, déclarée valable par la jurisprudence française que si le contrat d'affrètement qui la contient a été conclu dans un pays où cette clause est licite (elle est nulle d'après la loi française), elle n'offre que de très rares exemples dans les connaissements de notre pays.

Une seconde clause vient apporter une dérogation notable aux principes qui régissent la fixation des dommages-intérêts sanctionnant la responsabilité de l'armateur. Nous avons vu, en effet, en étudiant l'action en responsabilité, que les dommages-intérêts pouvaient consister, dans la plupart des cas, en une diminution du fret dû par le chargeur ; c'est pour éviter l'application de cette règle par la juridiction compétente que nos grandes compagnies ont introduit dans leurs connaissements une clause ainsi conçue : « Le fret, payable » d'avance ou à destination, est acquis à la compagnie, quel » que soit le sort du navire ou de la marchandise » (2). Cette clause, connue sous le nom de clause « de fret acquis » n'est pas, à proprement parler, exclusive de la responsabilité du transporteur, mais elle restreint les risques que le contrat d'affrètement fait naître à la charge de ce dernier, en lui attribuant le droit de toucher le prix du transport de la

(1) Cour d'Alger, 25 janv. 1895, *Rev. int. du droit.*, XI, p. 319.

(2) Messageries Maritimes, art. 15; Cie Transatlantique, art. 21; Chargeurs Réunis, art. 10 et clause marginale.

marchandise, bien qu'il n'ait pas satisfait à l'obligation de la délivrer en bon état au destinataire; aussi la Cour de cassation, lui appliquant le principe de l'interprétation restrictive, a-t-elle admis que « la clause de « fret acquis » ne saurait être respectée par les tribunaux quand la perte ou l'avarie des marchandises est due à une faute du transporteur » (1).

Enfin c'est encore dans le but de s'exonérer dans la plus large mesure du recours des chargeurs que les armateurs ont étendu le champ d'application de la fin de non-recevoir qui, en vertu de l'art. 435 C. com., vient couvrir l'action en responsabilité. Ils l'imposent aux chargeurs ou destinataires de marchandises non seulement quand il y a retard, avarie ou manquant à la livraison, mais encore au cas de perte totale, ainsi qu'il ressort de l'art. 19 *in fine* du connaissement de la Compagnie Transatlantique : « Les diverses stipulations « de la présente clause (il s'agit dans cet article de la fin de « non-recevoir de l'art. 435) s'appliquent à tous retards, « pertes ou avaries, quelle qu'en soit la nature ou la cause, « qui surviendraient depuis la prise en charge de la marchan- « dise jusqu'à sa livraison et qui proviendraient, soit d'une « faute personnelle de la compagnie, soit de toute autre « cause susceptible d'engager sa responsabilité ou celle du « capitaine ».

Comme l'étude que nous venons de faire le prouve, la liste est longue des dérogations apportées par l'armement aux règles de la responsabilité du transporteur dans le contrat d'affrètement. Nos grandes compagnies de navigation l'ont elles-mêmes reconnu en donnant aux chargeurs la faculté de faire assurer leurs marchandises, en même temps que la signature du connaissement, par les assureurs maritimes de

<hr>

(1) Cass., 31 décembre 1900, *Ann. de com.*, 1901, p. 55.

la compagnie. C'est ainsi que l'art. 25 du connaissement de la Compagnie Transatlantique et l'art. 17 de celui des Messageries Maritimes contiennent la clause suivante (¹) : « Sur l'ordre du chargeur, les marchandises faisant l'objet du présent connaissement seront soumises aux conditions de la police flottante de la compagnie, pour une somme de... donnée de gré à gré moyennant une prime de... payable avec le fret ».

Mais outre que cette clause a l'inconvénient de laisser peser tous les risques sur le chargeur en l'obligeant à payer une prime d'assurance que le contrat d'affrètement entend mettre à la charge du transporteur, elle ajoute que si le règlement de l'indemnité due au cas de perte ou d'avarie donne lieu à contestation, la compagnie entend rester étrangère à ce règlement qui doit avoir lieu directement entre le chargeur et l'assureur.

Ne s'explique-t-on pas, dès lors, les protestations véhémentes exprimées depuis de longues années par les chargeurs auxquels le contrat de transport n'offre plus les garanties qui doivent nécessairement découler de toute convention librement consentie par les parties ?

(¹) Messageries Maritimes, art. 17; Cⁱᵉ Transatlantique, art. 25.

CHAPITRE II

Validité des clauses de non-responsabilité.

Les clauses restrictives ou exclusives de la responsabilité du transporteur, en se généralisant et devenant de style dans les connaissements, ont provoqué dans ces dernières années de vives protestations de la part des chargeurs; ces protestations se sont traduites par de nombreux procès en nullité de ces clauses, procès qui ont amené la jurisprudence et par conséquence la doctrine à prendre parti sur la question de principe de leur validité et de la légitimité de leur insertion dans les connaissements.

La validité des clauses restrictives de la responsabilité est admise sans grande difficulté tant en doctrine qu'en jurisprudence. Mais si une tendance analogue se manifeste après bien des hésitations en faveur des clauses exclusives de cette responsabilité, la question reste encore controversée; de nombreux auteurs ont fait valoir contre ces clauses des arguments très puissants, tirés soit des principes généraux du droit, soit des conditions spéciales dans lesquelles s'exécute le contrat de transport maritime.

C'est à l'examen des arguments présentés en faveur de la validité ou contre la validité des clauses de non-responsabilité que sera consacré notre présent chapitre, non sans rechercher dans quel sens le débat doit, selon nous, être tranché sur le terrain des principes; cette étude nous amènera à nous demander si notre code civil ne contient pas des textes permettant de trouver une solution de nature à sauvegarder les intérêts des chargeurs sans léser l'armement dont les risques, nous ne le contestons pas, sont beaucoup plus grands que ceux des compagnies de transport terrestre.

Avant d'aborder cette étude, nous voulons cependant écarter du débat les clauses dérogatoires aux règles de l'action en responsabilité dont la validité est aujourd'hui admise sans discussion.

Seule la clause attributive de compétence à une juridiction unique a donné lieu à quelques hésitations, mais sa validité est aujourd'hui admise avec raison d'une manière constante par la jurisprudence française, en vertu du principe que la liberté des conventions n'est pas incompatible avec les règles de la compétence commerciale (¹). En effet, les règles qui régissent la compétence *ratione personæ* ne sont pas d'ordre public ; il est par suite loisible aux parties d'y faire échec. Au surplus, cette clause ne doit pas être considérée comme autre chose qu'une élection de domicile faite dans l'intérêt de l'armateur et valable d'après l'art. 111 du C. civ. (²).

Les inconvénients pratiques qui ont été signalés ces dernières années comme en résultant, ne sauraient être évidemment suffisants pour en faire rejeter la légitimité. Il ne faut pas hésiter à reconnaître que cette clause attributive de compétence pourrait même faire échec à la compétence exceptionnelle des tribunaux français à l'égard des étrangers, édictée par l'art. 14 du C. civ., car ce texte, écrit dans l'inté-

<hr>

(¹) Cass., 22 fév. 1898, *Rev. int. dr. marit.*, XIII, p. 603. — Alger, 23 juin 1902, *ibid.*, XVIII, p. 211. — Trib. com. Havre, 12 avril 1905, *ibid.*, XX, p. 312.

² Cour de Montpellier, 8 mai 1886, *ibid.*, II, p. 408.

CHAPITRE II

Validité des clauses de non-responsabilité.

Les clauses restrictives ou exclusives de la responsabilité du transporteur, en se généralisant et devenant de style dans les connaissements, ont provoqué dans ces dernières années de vives protestations de la part des chargeurs; ces protestations se sont traduites par de nombreux procès en nullité de ces clauses, procès qui ont amené la jurisprudence et par conséquence la doctrine à prendre parti sur la question de principe de leur validité et de la légitimité de leur insertion dans les connaissements.

La validité des clauses restrictives de la responsabilité est admise sans grande difficulté tant en doctrine qu'en jurisprudence. Mais si une tendance analogue se manifeste après bien des hésitations en faveur des clauses exclusives de cette responsabilité, la question reste encore controversée; de nombreux auteurs ont fait valoir contre ces clauses des arguments très puissants, tirés soit des principes généraux du droit, soit des conditions spéciales dans lesquelles s'exécute le contrat de transport maritime.

C'est à l'examen des arguments présentés en faveur de la validité ou contre la validité des clauses de non-responsabilité que sera consacré notre présent chapitre, non sans rechercher dans quel sens le débat doit, selon nous, être tranché sur le terrain des principes; cette étude nous amènera à nous demander si notre code civil ne contient pas des textes permettant de trouver une solution de nature à sauvegarder les intérêts des chargeurs sans léser l'armement dont les risques, nous ne le contestons pas, sont beaucoup plus grands que ceux des compagnies de transport terrestre.

Avant d'aborder cette étude, nous voulons cependant écarter du débat les clauses dérogatoires aux règles de l'action en responsabilité dont la validité est aujourd'hui admise sans discussion.

Seule la clause attributive de compétence à une juridiction unique a donné lieu à quelques hésitations, mais sa validité est aujourd'hui admise avec raison d'une manière constante par la jurisprudence française, en vertu du principe que la liberté des conventions n'est pas incompatible avec les règles de la compétence commerciale (1). En effet, les règles qui régissent la compétence *ratione personæ* ne sont pas d'ordre public ; il est par suite loisible aux parties d'y faire échec. Au surplus, cette clause ne doit pas être considérée comme autre chose qu'une élection de domicile faite dans l'intérêt de l'armateur et valable d'après l'art. 111 du C. civ. (2).

Les inconvénients pratiques qui ont été signalés ces dernières années comme en résultant, ne sauraient être évidemment suffisants pour en faire rejeter la légitimité. Il ne faut pas hésiter à reconnaître que cette clause attributive de compétence pourrait même faire échec à la compétence exceptionnelle des tribunaux français à l'égard des étrangers, édictée par l'art. 14 du C. civ., car ce texte, écrit dans l'inté-

---

(1) Cass., 22 fév. 1898, *Rev. int. dr. marit.*, XIII, p. 695. — Alger, 23 juin 1902, *ibid.*, XVIII, p. 211. — Trib. com. Havre, 12 août 1904, *ibid.*, XX, p. 312.

(2) Cour de Montpellier, 8 mai 1886, *ibid.*, II, p. 408.

rêt privé de ceux-ci, n'a aucun caractère d'ordre public (¹).

L'argument tiré de la liberté des conventions ne saurait s'appliquer en faveur de la validité de la clause compromissoire qui enlève la connaissance du litige aux tribunaux réguliers pour la donner à des arbitres. Nous nous trouvons en effet ici en présence de l'art. 1006 C. pr. civ., qui exige à peine de nullité que le compromis désigne les noms des arbitres et l'objet du litige, et que par conséquent il ait été conclu postérieurement à la naissance de la contestation au sujet de laquelle il intervient, puisque jusque-là il est impossible de déterminer, d'une manière précise, quel peut en être l'objet. La clause compromissoire insérée dans un connaissement doit donc, en principe, être considérée comme nulle. Ce principe s'applique rigoureusement lorsque le connaissement est délivré en France entre parties françaises et renvoie à des arbitres français; mais une difficulté se présente quand la clause est insérée dans un connaissement créé dans un pays qui admet la validité du pacte compromissoire tel que la Belgique, l'Angleterre. Certains auteurs estiment que, même dans cette hypothèse, la clause compromissoire est nulle, et ils se fondent, pour en décider ainsi, sur le caractère d'ordre public international qu'ils attribuent à l'art. 1006; mais cette solution est excessive; la seule conséquence qui peut être tirée du caractère d'ordre public, même international, de l'art. 1006 est l'impossibilité, en dehors d'un compromis valable, de voir juger par des arbitres en France une contestation qui devrait être soumise aux tribunaux des pays où le contrat a été signé. On ne peut aller jusqu'à soutenir que l'art. 1006 impose la nullité des compromis destinés à donner compétence à des arbitres

(¹) Cass., 20 fév. 1885, Rev. int. du droit., III, p. 655 ; 1er fév. 1898, ibid., XIII, p. 605.

étrangers, lorsqu'ils ont été passés conformément à la loi du lieu où le connaissement a été signé et de celui où les arbitres doivent juger. Il est donc plus juridique de décider, avec la jurisprudence, que la clause compromissoire est valable pourvu qu'elle soit conforme à la *lex loci contractus* (¹) et qu'elle ne donne pas compétence à des arbitres appartenant à un pays qui la prohibe; à cette double condition seulement, la clause compromissoire, même contraire aux prescriptions de l'art. 1006, devrait être respectée par les tribunaux français qui devraient se déclarer incompétents en présence de la compétence des arbitres étrangers, et surtout ne pas refuser l'exequatur à une sentence arbitrale rendue en pays étranger conformément à la loi de ce pays, quoiqu'elle l'ait été en violation de l'art. 1006.

SECTION PREMIÈRE

VALIDITÉ DES CLAUSES RESTRICTIVES DE LA RESPONSABILITÉ

Ces clauses consistent, nous l'avons vu, soit dans la fixation conventionnelle du montant des dommages-intérêts dus au cas de perte, avarie ou retard, soit dans la limitation de la durée de la responsabilité du transporteur, soit enfin dans la déclaration que le transporteur n'a pas eu le temps de vérifier l'état ou le contenu des colis avant de prendre charge, et n'accepte par suite pas comme faisant preuve contre lui à cet égard les énonciations du connaissement.

Aucune difficulté ne saurait être élevée en ce qui concerne la validité de la clause qui fixe par avance le chiffre maximum de l'indemnité qui pourra être due par le transporteur en cas de perte, avarie ou retard; c'est là, en effet, une véritable

---

(¹ Trib. com. Marseille, 6 août 1891, *Rev. int. de marit.*, VII, p. 195.

clause pénale permise d'une manière générale et pour tous les contrats du droit privé (art. 1152 C. civ.) et spécialement pour le contrat de transport par le code de commerce dont l'art. 102 permet au voiturier de convenir à l'avance du montant de l'indemnité qui sera due en cas de retard; on ne voit par suite aucun motif juridique qui défende de stipuler cette clause, au cas de perte et d'avaries. La jurisprudence est formelle en ce sens (1); et il importerait peu que le chiffre fixé par les parties fût très faible, celles-ci ayant évidemment toute latitude à cet égard (2).

Toutefois, pour que cette clause pénale produise effet, il faudra, à la fois, que l'inexécution des obligations du contrat de transport ne soit ni le résultat d'un cas fortuit ou d'une force majeure (car en ce cas il n'y aurait pas lieu à dommages-intérêts), ni la conséquence du dol ou de la faute lourde du transporteur auquel cas le juge reprendrait toute sa liberté d'appréciation.

La jurisprudence valide aussi unanimement les clauses qui, limitant la durée de la responsabilité du transporteur, la font commencer et cesser sur le pont du navire. La Cour de cassation a, en effet, admis, contrairement à un arrêt de la cour de Bordeaux du 16 janvier 1889 (3) qui l'annulait comme contraire à l'ordre public, la clause qui met aux frais et risques du chargeur le transport de la marchandise sur allèges (4). Il en est de même pour la clause en vertu de laquelle l'armateur stipule qu'il ne répondra pas des transporteurs auxquels il remettra les marchandises pour les faire parvenir à destination et que sa responsabilité cessera au mo-

---

(1) Cass., 2 avril 1890, *Rev. int. dr. marit.*, VI, p. 6. — Trib. com. Seine, 24 mai 1901, *Rev. int. dr. marit.*, XX, p. 358.

(2) Trib. com. Seine, 1er octobre 1892, *ibid.*, VIII, p. 326.

(3) *Rev. int. dr. marit.*, IV, p. 615.

(4) Cass., 12 juillet 1892, *Rev. int. dr. marit.*, VIII, p. 13.

ment de la prise en charge de ces marchandises par le transporteur subséquent, alors même que le connaissement aurait été fait directement jusqu'à leur destination définitive (¹).

La question est plus délicate en ce qui concerne la validité des clauses : « que dit être », « marque inconnue », « poids et contenu inconnus », qui ont pour but, en présence de l'impossibilité où a été le transporteur de constater l'état des marchandises au moment du chargement et vérifier l'exactitude des déclarations des chargeurs, d'empêcher que les mentions du connaissement ne lui soient opposables.

La jurisprudence admet cependant la validité de ces clauses; elle se fonde, pour en décider ainsi, sur ce que ces stipulations n'ont pas pour but de modifier les règles de fond de la responsabilité du capitaine ou de l'armateur mais simplement de mettre la preuve de cette responsabilité à la charge du propriétaire des marchandises, celui-ci devant, pour rendre le transporteur responsable, au cas de différence entre les marchandises livrées et les mentions portées au connaissement, établir l'exactitude de ces mentions (²) et la faute du capitaine ou de l'armateur (³). La validité de ces clauses restrictives de la responsabilité du transporteur, dans la mesure où elle est admise par la jurisprudence, nous paraît conforme aux principes juridiques et aux besoins de la pratique. Elle n'entraîne en effet l'exonération du trans-

---

(¹) Trib. com. Seine, 22 septembre 1898 et 15 janvier 1901, *Rev. int. dr. marit.*, XVI, p. 615.

(²) Trib. com. Bordeaux, 19 mai 1896, *Rev. int. de dr. marit.*, II, p. 252. — Trib. com. Nantes, 12 mars 1892, *ibid.*, VIII, p. 59.

(³) Nous avons vu, dans notre précédent chapitre, qu'en vertu de l'interprétation restrictive qui régit notre matière, seules les « clauses sans application » et « que dit être », constituaient une présomption générale de non-responsabilité en faveur du capitaine et que cette présomption était restreinte au poids, à la quantité ou à la marque des marchandises dans les cas de clauses poids, contenu ou marque inconnus.

porteur qu'autant que ce dernier n'a pas commis de faute, et tient compte de l'impossibilité dans laquelle il se trouve de vérifier les marchandises à lui confiées. Les clauses qui aboutissent à un renversement du fardeau de la preuve ne sont autre chose que des réserves contre la valeur probante du connaissement à l'égard du transporteur; or rien évidemment n'empêche une des parties contractantes, alors qu'elle signe un acte destiné à faire preuve contre elle, de ne pas accepter cette force probante et de ne pas reconnaître comme lui étant opposables certaines énonciations qu'elle n'a pu contrôler.

SECTION II

VALIDITÉ DES CLAUSES EXCLUSIVES DE LA RESPONSABILITÉ

Si la validité des clauses restrictives de la responsabilité a donné lieu à peu de difficultés, il en est tout autrement en ce qui concerne la validité des clauses exclusives de la responsabilité dont nous allons maintenant nous occuper.

La doctrine et la jurisprudence ont en effet subi à cet égard des variations importantes qui démontrent à quel point le problème est difficile à résoudre. Des solutions identiques n'ont d'ailleurs pas été admises pour toutes ces clauses; aussi pour essayer de rendre plus claires nos explications sur des diverses théories proposées jusqu'à ce jour, allons-nous successivement nous occuper de celles qui concernent la clause exonérant l'armateur des fautes de ses préposés, puis de celles qui concernent les clauses d'exonération des fautes personnelles de l'armateur et du capitaine. Ce n'est qu'ensuite que nous rechercherons quelle solution pourrait être admise dans l'état actuel de notre législation pour concilier les intérêts des chargeurs qui réclament l'annulation des clauses de non-responsabilité et ceux des armateurs qui en réclament le maintien.

§ 1. *Clauses exclusives de la responsabilité de l'armateur pour fautes de ses préposés.*

Trois théories ont été proposées par la doctrine et ont été successivement adoptées par la jurisprudence relativement à la validité de la négligence-clause : la première en proclame la nullité dans tous les cas ; la seconde, non moins absolue, la regarde comme toujours valable ; enfin dans un troisième système une distinction est proposée d'après la nature des fautes du capitaine dont voudrait s'exonérer le transporteur ; la clause de non-responsabilité serait valable en ce qui concerne les fautes nautiques du capitaine, c'est-à-dire celles qui sont commises dans la direction du navire ; elle serait nulle pour ses fautes commerciales, et on entend par là celles qu'il commet comme agent commercial de l'armateur, c'est-à-dire comme transporteur de marchandises.

La théorie de la nullité de la négligence-clause, qui est aujourd'hui abandonnée en jurisprudence, a été surtout défendue, dans la doctrine, par MM. Desjardins, Cresp et Laurin. M. Desjardins (¹) fonde son opinion sur le caractère d'ordre public qu'il attribue aux règles de l'art. 216 C. com. édictant la responsabilité de l'armateur pour fautes du capitaine, ce qui entraîne l'impossibilité d'y déroger par convention, en vertu de l'art. 6 C. c. Ce caractère d'ordre public de l'art. 216, M. Desjardins le tire de ce qu'il ne serait qu'une application de l'art. 1384 C. c., qui déclare le commettant responsable des fautes de ses préposés. Or l'art. 1384 est

______

(¹) Desjardins, *Traité de dr. comm. marit.*, II, n. 276.

certainement d'ordre public, car il édicte une responsabilité fondée sur ce que le préposant doit être responsable des conséquences de son choix; à quoi l'on peut ajouter que si le préposant pouvait s'exonérer des fautes de ses préposés, il n'aurait plus d'intérêt à les surveiller, ne laissant aux tiers qu'un recours illusoire contre ces derniers, généralement insolvables.

A l'argument opposé avec juste raison par la jurisprudence qu'il y a dans le contrat de transport maritime une situation spéciale, résultant de ce que le capitaine et les hommes de l'équipage échappant le plus souvent, en fait et en droit, à l'autorité de leur commettant, il serait bien rigoureux de soumettre nécessairement celui-ci au droit commun, M. Desjardins répond que, d'après les principes de l'art. 1384 C. c., le maître ou préposant est toujours censé avoir commandé le fait qui a causé le dommage et que l'art. 216 C. com. s'y réfère implicitement, la responsabilité du capitaine envers les chargeurs ne pouvant effacer celle du préposant.

MM. Cresp et Laurin (¹), dans leur cours de droit maritime, invoquent en faveur de la même théorie un autre argument tiré de la faculté d'abandon reconnue à l'armateur par l'art. 216. La limitation ainsi apportée à la responsabilité de l'armateur qui ne peut être tenu au delà de la valeur du navire et du fret, paraît à ces auteurs impliquer la volonté du législateur d'interdire aux parties l'exclusion complète de cette responsabilité; en posant le principe de la responsabilité de l'armateur pour fautes du capitaine, le législateur a montré qu'il entendait maintenir en cette matière le principe de l'art. 1384 du Code civil, et s'il a déterminé avec précision la mesure dans laquelle l'armateur pouvait se décharger de sa

---

(¹) Cresp et Laurin, I, chap. IV.

responsabilité, c'était pour indiquer la limite qu'il défendait aux parties de dépasser; il eût été en effet bien inutile d'apporter aux règles de droit commun une atténuation particulière par suite des conditions spéciales dans lesquelles s'opère le contrat de transport pour laisser, d'autre part, aux parties le soin d'y déroger, et de la faire disparaître ou de l'atténuer.

Ces arguments n'ont pas été admis par la jurisprudence, qui paraît aujourd'hui définitivement fixée dans le sens de la validité des clauses exclusives de la responsabilité de l'armateur pour fautes de ses préposés. Ce furent les cours d'Aix et de Rouen (¹) qui se prononcèrent tout d'abord en ce sens; la Cour de cassation elle-même, après avoir eu l'occasion, à deux reprises différentes (²), de statuer sur ce point, mais seulement d'une manière incidente, a consacré, par un arrêt du 14 mars 1877, la légalité de la clause exonérant l'armateur des fautes du capitaine (³). Quelques tribunaux (⁴) et la Cour de Bordeaux (⁵) ont bien tenté de résister à la Cour suprême et de demeurer fidèles à la théorie de la nullité de la négligence-clause; mais la Cour de cassation, persistant à se prononcer pour la validité, la cour de Bordeaux a dû se ranger à cette opinion, non sans protester il est vrai : « Attendu, dit-elle en effet, que la validité de ces clauses, si exorbitantes en droit et si nuisibles qu'elles soient au commerce, doit être désormais admise, puisque la Cour de cassation l'a affirmé dans sa récente jurisprudence » (⁶).

(¹) Aix, 16 mars 1876, D., 77. 1. 159. — Rouen, 14 juin 1876, D., 77. 2. 68.

(²) Cass., 23 fév. 1864, D., 64. 1. 169; 20 janv. 1869, D., 69. 1. 94.

(³) Cass., 14 mars 1877, D., 77. 1. 449.

(⁴) Trib. com. Havre, 26 juill. 1883, Rev. int. du marit., III, 239.

(⁵) Bordeaux, 6 fév. 1889, ibid., IV, 645; 12 mars 1890, ibid., VI, 28.

(⁶) Bordeaux, 7 déc. 1892, Rev. int. du marit., VIII, 521. — Depuis, jurisprudence constante en ce sens — Adde : Bordeaux, 4 juin 1894; 30 juill. 1906, Journ. des arrêts de la cour de Bordeaux, 1894, 1. 213; 1906, 1. 364.

Depuis, la jurisprudence française s'est toujours prononcée en faveur de la validité de la négligence-clause.

Il serait impossible de citer tous les arrêts rendus en ce sens; qu'il nous suffise de dire que l'un des derniers qui aient été rendus sur la question par la Cour de cassation est fortement motivé dans le sens de la validité de la négligence-clause ([1]). L'opinion de la jurisprudence a d'ailleurs été suivie par la doctrine qui se prononce aujourd'hui d'une façon unanime en faveur de la validité ([2]). Pour démontrer cette validité, de nombreux arguments juridiques ont été produits; les uns tirés des principes généraux en matière de contrats, les autres des règles spéciales du contrat d'affrètement. Au point de vue juridique, dit-on en doctrine et en jurisprudence, le lien de droit qui fait naître à la charge de l'armateur l'obligation de transporter les marchandises du chargeur à un endroit déterminé et d'en prendre soin depuis le moment où elles sont embarquées à son bord jusqu'à leur délivrance au destinataire est un contrat; donc on doit appliquer à sa formation le grand principe de la liberté des conventions (art. 1134 du C. c.); ce principe ne permettrait d'annuler la négligence-clause que si elle portait atteinte à l'ordre public; or il n'en est rien; tout d'abord, en effet, elle ne soustrait pas l'armateur aux conséquences de ses actes frauduleux et en outre, si elle déroge aux règles de la responsabilité du fait d'autrui édictées par l'art. 1384 du C. c., à laquelle, il est vrai, on ne peut se soustraire en principe, cette dérogation devient licite en notre matière par suite de considérations particulières.

[1] Cass., 9 mai 1905, *Rev. int. dr. marit.*, XX, p. 834.
[2] De Valroger, I, n. 245 et 340; Sainctelette, *De la responsabilité et de la garantie*, p. 64; Lyon-Caen et Renault, V, n. 744; note de M. Levillain, D., 88, 1. 115.

Ces considérations ont été fort bien mises en lumière par M. l'avocat général de Raynal dans les remarquables conclusions qu'il présenta devant la Cour de cassation dans l'affaire Compagnie des Messageries Maritimes contre Desgrands (1869) [1] : « Il ne s'agit pas ici, dit-il en substance, de la responsabilité directe et personnelle dont on ne peut se dégager sans porter atteinte à la morale, mais de la responsabilité du fait d'autrui (art. 1384 C. c.). Or dans les art. 216 et 221 C. com., la personnalité du capitaine ne s'efface pas devant celle du propriétaire de navire comme celle du préposé devant celle du commettant. C'est le capitaine qui délivre les connaissements donc il reste garant sans pouvoir s'exonérer. Mais il en n'est pas de même de la responsabilité de l'armateur ; car, si la responsabilité du garant est forcée quand celle de l'agent disparaît il n'en est pas de même quand celle de l'agent subsiste (ce qui se produit dans les rapports du transporteur et des chargeurs) ; on ne voit donc pas pourquoi le garant ne pourrait pas, quand les deux personnalités subsistent et sont indépendantes l'une de l'autre, échapper par une convention licite avec les tiers à la responsabilité civile des faits de son agent ».

La Cour de cassation a accepté cette manière de voir et elle a depuis ajouté à cette considération un nouvel argument tiré de ce que si le capitaine doit être considéré comme le commis ou le préposé du propriétaire de navire, il n'en est pas moins vrai que dans l'exercice de son commandement il échappe en fait et en droit à l'autorité de son commettant et et à sa direction. « Attendu, dit la Cour suprême, qu'en

[1] Les conclusions de M. l'avocat général de Raynal sont rapportées sous cassation 20 janv. 1869 dans D., 1869, I. 95. Ces conclusions ont fortement contribué à fixer la jurisprudence de la Cour de cassation dans le sens de la validité de la négligence-clause.

« admettant que l'ordre public ou les bonnes mœurs ne per-
» mettent pas, en principe, de s'exonérer des fautes de ses
» préposés, et s'il est vrai que le capitaine soit le commis ou
» préposé du propriétaire de navire, il est également vrai que
» dans l'exercice de son commandement, le capitaine échappe
» en fait et en droit à l'autorité de son commettant et à sa
» direction » (¹).

A l'argument décisif qui vient valider la négligence-clause
en vertu du principe de la liberté des conventions, la doctrine est venue en ajouter trois autres tirés des art. 98, 216
et 353 du C. com.

Aux termes de l'art. 98 du C. com. : « le commissionnaire
» de transport par terre ou par eau est garant des avaries ou
» pertes de marchandises s'il n'y a stipulation contraire dans
» la lettre de voiture ou force majeure ». Si le commissionnaire peut ainsi se dégager de la responsabilité qu'il encourt
à raison du fait des tiers qu'il emploie, pourquoi l'armateur
dont la situation est analogue ne le pourrait-il pas aussi ?
M. Desjardins (²) objecte, il est vrai, que dans ses rapports
avec les chargeurs l'armateur n'est pas, vis-à-vis du capitaine, dans la même situation que le commissionnaire de
transport vis-à-vis du voiturier intermédiaire. C'est un véritable préposant, qualité que n'a pas le commissionnaire de
transport. MM. Cresp et Laurin ajoutent (³) que l'art. 222 du
C. com., en rendant le capitaine responsable des marchandises qui lui sont confiées, n'entend pas substituer sa responsabilité à celle de l'armateur mais seulement faire naître à
sa charge une obligation personnelle pour les délits ou

(¹) Cass., 14 mars 1877, S., 77, 1, 123. — Voir aussi en ce sens Cass., 31 déc. 1900, journal *Le Droit*, 13 avril 1901.

(²) Desjardins, II, n. 276.

(³) Cresp et Laurin, I, p. 642 et 643.

quasi-délits qu'il peut commettre dans le transport ; que par suite, en rendant l'armateur responsable des fautes du capitaine, l'art. 216 a en vue la responsabilité civile de ses délits, tandis que l'art. 98 n'envisage que la responsabilité contractuelle du mandant à l'égard des faits du mandataire. Mais il est facile de répondre à cette objection que l'art. 98 ainsi que l'art. 216 est conçu en termes absolus qui n'autorisent aucune distinction ; qu'il est toujours permis au commissionnaire de transport de se soustraire à la responsabilité qu'il encourt par suite des actes du voiturier, sans distinguer s'il s'agit de responsabilité contractuelle ou délictuelle ; et l'on peut en conclure que la situation de l'armateur et celle du commissionnaire de transport étant identiques, puisque le capitaine échappe à son contrôle comme le voiturier ou le commissionnaire intermédiaire échappent à celui du commissionnaire primitif, les fautes du capitaine doivent pouvoir faire l'objet d'une clause de non responsabilité au profit de l'armateur par un argument d'analogie tiré de l'art. 98.

La faculté d'abandon que nous avons vu tout à l'heure invoquer contre la validité de la négligence-clause paraît, au contraire, à certains auteurs, un argument en sa faveur. Ils font remarquer, en effet, qu'elle aboutit fréquemment à une exonération presque absolue de l'armateur pour les faits du capitaine, à cause de la disproportion qui existe entre la valeur de la dette et celle de l'objet abandonné ; qu'elle équivaut même à une exonération totale, par exemple lorsque le navire abandonné a péri. Si donc le 2ᵉ alinéa de l'art. 216 permet ainsi, d'une manière indirecte, à l'armateur d'échapper à la responsabilité édictée par le 1ᵉʳ alinéa du même article, pourquoi ne pourrait-il pas le stipuler expressément ?

Enfin un certain nombre d'auteurs, parmi lesquels il faut

citer en première ligne MM. Lyon-Caen et Renault (¹), fondent la validité de la négligence-clause sur un argument tiré des rapports qui existent entre cette clause et la matière des assurances.

« La clause insérée dans un connaissement pour décharger » l'armateur de sa responsabilité envers les chargeurs, à » raison des fautes du capitaine, a dit notamment M. Lyon-» Caen (²), n'a pas des effets plus dangereux que l'assurance » comprenant la baraterie de patron. Le résultat de cette » clause, comme celui de l'assurance de la baraterie de pa-» tron, est de faire échapper l'armateur au préjudice pécu-» niaire pouvant résulter pour lui des fautes du capitaine. » Ce résultat est atteint directement par la clause de non » responsabilité contenue dans le connaissement; il l'est » indirectement par l'assurance de la baraterie de patron; » c'est la seule différence ».

De cette identité d'effet entre l'assurance de la baraterie de patron et la négligence-clause, M. Lyon-Caen déduit justement la validité de cette dernière; car s'il était contraire à l'ordre public qu'un armateur pût échapper directement à la responsabilité des fautes du capitaine, il devrait lui être défendu de s'y soustraire indirectement en contractant une assurance par laquelle l'assureur prend à sa charge la responsabilité de fautes dont il devrait répondre. Or, l'art. 353 C. com. autorise formellement l'assurance de la baraterie de patron, c'est-à-dire une convention expresse étendant l'assurance du navire à celle de la responsabilité des fautes du capitaine et de l'équipage; cette clause, devenue de style, fait échapper indirectement l'armateur à la responsabilité des fautes du capitaine; pourquoi par suite

(¹) Lyon-Caen et Renault, V, n. 744.
(²) *Note* sous Cass., S., 87. 1. 121.

une clause du connaissement ne pourrait-elle produire le même effet?

Une double différence a pourtant été relevée par certains auteurs et notamment par M. Desjardins (¹), entre la négligence-clause et l'assurance de la baraterie de patron ; en premier lieu cette assurance n'empêche pas l'armateur de demeurer responsable envers l'affréteur, l'assureur n'intervenant que pour le paiement des dommages-intérêts auxquels donne lieu cette responsabilité ; en second lieu dans l'assurance, l'armateur ne se décharge de sa responsabilité que moyennant un sacrifice, la prime, tandis qu'il n'en est pas ainsi dans la négligence-clause. Mais il a été répondu à cette double objection, MM. Lyon-Caen et Renault faisant remarquer tout d'abord qu'il importe peu que l'armateur ne soit pas responsable envers l'affréteur ou qu'il ait contre son assureur un recours l'indemnisant de cette responsabilité, puisque dans les deux cas le résultat est le même à son égard, sa responsabilité disparaît, et, en second lieu, qu'à l'irresponsabilité résultant de la négligence-clause, correspondra toujours une diminution du prix du fret constituant une prime implicite.

Bien que nous ne voulions prendre parti sur la question de validité des clauses de non-responsabilité qu'après avoir passé en revue les diverses théories produites à cet égard, qu'il nous soit permis d'indiquer dès à présent que l'analogie ainsi établie entre l'assurance et la négligence-clause ne nous paraît qu'une analogie de pur fait et qu'au point de vue juridique, il n'y a aucune similitude entre les deux conventions, l'assurance supposant l'existence d'une responsabilité de l'assureur envers la partie lésée, tandis que la clause de

<hr>

(¹) Desjardins. II, n. 270.

non-responsabilité laisse la victime du dommage sans aucun recours contre l'armateur du fait de son capitaine.

Par conséquent, pour nous, la validité de la négligence-clause ne s'appuie que sur deux arguments sérieux : d'une part la distinction entre la responsabilité contractuelle et la responsabilité délictuelle, et le principe de la liberté des conventions, la responsabilité contractuelle étant toujours en jeu dans les rapports entre armateurs et chargeurs; d'autre part, l'impossibilité d'appliquer à la négligence-clause la prohibition de l'art. 6 C. c., étant données les conditions particulières dans lesquelles s'exécute le contrat de transport, conditions qui empêchent l'armateur d'avoir sous ses ordres le préposé, de telle sorte que, alors même qu'il s'agit d'une responsabilité délictuelle, les conditions auxquelles est subordonnée l'application de l'art. 1384 ne sont pas absolument remplies.

Indiquons, en terminant notre étude sur la validité de la négligence-clause, que si la jurisprudence, ainsi que nous venons de le voir, est aujourd'hui définitivement fixée dans le sens de la validité absolue, certains arrêts de Cours d'appel, confirmés par la Cour de cassation (¹), ont adopté à une certaine époque une théorie intermédiaire, introduisant une distinction entre les diverses fautes que peuvent commettre les préposés de l'armateur.

Cette théorie, qui, nous le verrons dans notre chapitre III, a été reprise dans ces dernières années par M. Autran, distingue entre les fautes nautiques, c'est-à-dire les fautes commises par le capitaine dans la direction du navire et les fautes commerciales commises par le capitaine en qua-

---

(¹) Trib. com. Havre, 31 janv. 1887, *Rev. int. dr. marit.*, II, p. 18; 12 mars 1888, *ibid.*, IV, p. 33, confirmés par Cass., 1ᵉʳ mars 1887, *ibid.*, II, p. 641; 11 déc. 1888, *ibid.*, IV, p. 516.

lité d'agent commercial de l'armateur, de représentant du transporteur (négligence dans le chargement ou le déchargement, arrimage défectueux). La clause de non-responsabilité reconnue valable pour les fautes nautiques du capitaine, serait nulle pour les fautes commerciales. Et, en effet, dit-on, les fautes nautiques étant commises au cours du voyage, loin de toute surveillance de l'armateur, il serait injuste que celui-ci ne pût s'exonérer de leurs conséquences ; au contraire, les fautes commerciales se produisent dans les ports de charge ou de décharge, alors que l'armateur peut exercer un contrôle efficace. D'autre part, à un point de vue strictement juridique, la validité de la clause de non-responsabilité pour les fautes commerciales du capitaine aurait pour conséquence extrême l'obligation, pour l'affréteur, de payer le fret, même à défaut de délivrance des marchandises puisque le non-paiement du fret en cas de perte serait un mode de responsabilité de l'armateur. Or, obliger l'affréteur à payer le prix du transport quand les marchandises ne sont pas délivrées à destination, ce serait mettre à sa charge une obligation sans cause.

Cette théorie nous semble avoir été victorieusement réfutée, au moins en ce qui concerne l'argument juridique qu'elle invoque (¹).

En effet, il y a des fautes nautiques qui ont pour conséquence la perte totale des marchandises et malgré le défaut de délivrance de la marchandise, le fret reste dû ; c'est ainsi que dans le cas de l'art. 302 C. com. (perte des mar-

---

(¹) Nous réservons pour notre troisième chapitre l'examen de l'argument de fait qui consiste à dire que les fautes nautiques étant commises en mer ne peuvent pas être imputées à l'armateur comme les fautes commerciales le plus souvent commises dans un port, ce chapitre devant examiner les clauses de non-responsabilité au point de vue de la pratique des affaires.

chandises dans un naufrage), la Cour de cassation (1) a décidé que le fret serait dû, même en cas de perte des marchandises; pourquoi n'en serait-il pas de même au cas où la perte proviendrait de la faute commerciale du capitaine?

§ II. *Clauses d'exonération des fautes personnelles du capitaine ou de l'armateur.*

Si la faculté, pour l'armateur, de s'exonérer de sa responsabilité à raison des fautes du capitaine a été admise sans trop de difficultés, il n'en a pas été ainsi à l'égard des clauses qui doivent nous occuper maintenant et par lesquelles le transporteur voudrait se mettre à l'abri de la responsabilité qu'il encourt pour ses fautes personnelles. On ne saurait s'en étonner, car, non seulement il peut paraître, dès le premier abord, singulier qu'une personne puisse ainsi se rendre irresponsable de ses propres fautes et force son créancier à supporter les conséquences dommageables des faits qu'il commettra, mais encore une telle stipulation est incontestablement des plus préjudiciables aux intérêts des chargeurs.

C'est ce qui explique qu'à l'heure actuelle la question de la validité des clauses exclusives de la responsabilité des fautes personnelles soit encore vivement discutée. Il faut reconnaître toutefois que la tendance en jurisprudence et en doctrine paraît être d'admettre leur validité, sauf à leur faire produire des effets plus ou moins absolus.

Les clauses exclusives de la responsabilité personnelle de l'armateur ou du capitaine ont tout d'abord été considérées comme illicites, contraires à l'ordre public et aux bonnes mœurs par application de l'art. 6 du code civil, et par suite comme radicalement nulles. Cette théorie, qui fut adoptée par

---

(1) Cass., 25 janv. 1892, D., 94. 1. 49.

la Cour de cassation jusqu'en 1874 (¹), se fondait sur nos anciens auteurs (²), et sur le passage suivant des travaux préparatoires du Code civil (³). « Tout individu est garant de son » fait; c'est une des premières maximes de la société. Elle » repose sur ce grand principe d'ordre public que la loi ne » peut balancer entre celui qui se trompe et celui qui souffre ». Mais c'était ne pas tenir compte des différences qui existent entre la responsabilité contractuelle et la responsabilité délictuelle; s'il est vrai que cette dernière soit d'ordre public, il ne saurait en être ainsi de la responsabilité contractuelle, au moins d'une manière absolue. En effet il résulte de l'art. 1137 du Code civil, qui règle la responsabilité du débiteur dans le contrat, que si ce dernier répond en principe de sa *culpa levis in abstracto*, il peut en être autrement dans certains cas, par suite de la volonté présumée des parties; rien n'empêche par suite d'appliquer en notre matière le grand principe de la liberté des conventions formulé par l'art. 1134 en ces termes : « Les conventions légalement formées tiennent lieu de loi à ceux qui les ont faites ». Or la responsabilité du transporteur à l'égard du chargeur est bien évidemment une responsabilité contractuelle puisqu'elle découle de l'inexécution des obligations du contrat d'affrètement; elle peut donc disparaître si les parties le conviennent.

Ces arguments ont aujourd'hui triomphé en doctrine; ils ont amené la jurisprudence sinon à reconnaître d'une manière absolue la validité des clauses de non-responsabilité des fautes personnelles, du moins à leur faire produire un effet important qui consiste dans le renversement du fardeau

(¹) Cass., 26 janv. 1859, D., 59. 1. 66; 20 mai 1866, D., 67. 1. 388; 16 fév. 1870, D., 70. 1. 231.

(²) Émérigon, *Tr. des assur.*, chap. XII, sect. II, § 1; Pothier, *Tr. des assur.*, n. 65.

(³) Rapport au Tribunal, séance du 16 pluviôse an XII.

de la preuve, le chargeur devant prouver que le dommage subi par la marchandise est dû à la faute du transporteur, alors qu'en droit commun c'est à ce dernier qu'il incombe d'établir le cas fortuit ou de force majeure par lequel il se prétend libéré.

La théorie de la doctrine proposée par MM. Lyon-Caen (¹) et Renault et par M. Sarrut (²) et adoptée par plusieurs auteurs (³) ne valide cependant pas les clauses exonératoires de la responsabilité personnelle d'une façon absolue; elle les reconnaît en tant qu'elles visent les fautes non intentionnelles du transporteur mais les annule en tant qu'elles excluent la responsabilité du dol ou de la faute lourde, les considérant à ce point de vue comme illicites et contraires à l'ordre public et aux bonnes mœurs.

Pour rendre impossible l'exonération du dol et de la faute lourde, les auteurs s'appuient sur des textes du droit romain et sur des arguments tirés de notre droit moderne. « *Non valere*, disait Ulpien (⁴), *si convenerit ne dolus praestetur, hoc enim bonae fidei judicio contrarium est, et ita utimur* », et Paul confirmait cette opinion en ces termes : « *Illud nulla pactione effici potest ne dolus praestetur* » (⁵). D'autre part l'art. 1174 du C. civ., qui déclare que toute obligation est nulle quand elle a été contractée sous une condition potestative de la part de celui qui s'oblige, ne doit-il pas recevoir ici son application? Ne serait-ce pas, en effet, introduire dans

(¹) Lyon-Caen et Renault, V, n. 747, *Notes* sous Cass., 21 juill. 1885 et 1er mars 1887, S., 87. 1. 122 et 12 juin 1894, S., 95. 1. 161.

(²) Sarrut, *Note* sous Cass., 19 avril 1886 (5e et 6e espèces); 6 fév. 1889 (16e espèce), D., 90. 1, p. 209 et s.

(³) Du Courey, *Quest. de dr. marit.*, II, p. 125, IV, p. 415; Labbé, Correspondance sur les clauses de non-responsabilité, *Ann. de dr. comm.*, 1886-1887, p. 261.

(⁴) Loi 23, Dig., *de reg. juris*, L. 17.

(⁵) Loi 27, § 3, Dig., *de pactis*, II. 14.

le contrat une véritable condition potestative de la part du débiteur que d'y insérer une clause aux termes de laquelle le créancier renoncerait d'avance à toute poursuite au cas d'inexécution, même dolosive, du contrat par le débiteur, puisque celui-ci reste libre dès lors de remplir ou non ses obligations? Une telle clause devrait donc être regardée comme nulle [1]. Au dol on assimile avec juste raison la faute lourde, car cette dernière implique une négligence impardonnable qui est traditionnellement regardée comme égale à une inexécution volontaire : *culpa lata dolo æquiparatur*.

La validité des clauses exclusives de la responsabilité des fautes personnelles de l'armateur ou du capitaine, en tant qu'elles s'appliquent aux fautes qui ne constituent ni un dol ni une *culpa lata*, est donc admise par les auteurs. Ceux-ci développent à cet égard l'argument que nous avons indiqué tout à l'heure et qui peut se résumer en disant que ces clauses ne sauraient être prohibées parce qu'elles ne sont pas contraires à l'ordre public, et qu'en conséquence elles restent régies par les principes généraux édictés par le Code civil en matière de contrats et spécialement par l'art. 1134 C. c. : « Juger » comme l'a fait un arrêt de cassation du 15 mars » 1876 [2], a dit M. Sarrut dans la note ci-dessus mention- » née [3], qu'il n'est pas permis au moyen d'un contrat d'assu- » rance ou de tout autre pacte, de stipuler d'avance l'immu- » nité de ses fautes lourdes, que l'ordre public s'oppose à la » validité d'un tel pacte, c'est dire qu'en dehors de ces fautes, » l'ordre public est désintéressé et que la liberté des conven- » tions demeure le droit commun ».

Pour que l'art. 1134 ne pût pas recevoir son application

[1] Nancy, 5 janv. 1860, S., 60, 1, 890.
[2] Cass., 15 mars 1876, D., 76, 1, 149.
[3] D., 1860, 1, 209. *Adde.* p. 196, note 2.

en notre matière, il faudrait que la responsabilité du transporteur maritime ne fût pas l'application du droit commun ; or, rien n'indique que les articles 221, 222 et 230 du Code de commerce soient fondés sur d'autres principes. En tant qu'ils n'édictent qu'une responsabilité contractuelle, ces articles peuvent dont recevoir toutes les dérogations qu'il plaît aux parties de créer. On a objecté, il est vrai, pour détruire l'argument dont nous venons de donner le développement d'après les auteurs, que l'intérêt des chargeurs exige que la responsabilité née du contrat de transport maritime soit plus sévèrement réglementée que dans les autres contrats, et que l'art. 230, en édictant en notre matière une présomption de responsabilité contre le capitaine, fournit une preuve bien évidente de cette exigence. Mais il est facile de répondre que l'intérêt des chargeurs, si légitime qu'il soit, ne saurait faire admettre une dérogation au droit commun en dehors de la volonté du législateur, et que l'art. 230 du Code de commerce se contentant d'établir une règle relative à la preuve, ne saurait avoir la portée générale qu'on lui attribue.

Une objection plus profonde a été faite par M. Thaller (¹). Elle s'attaque à la théorie doctrinale en niant en notre matière toute distinction entre la faute contractuelle et la faute délictuelle (²). « Il est excessif, dit M. Thaller, d'admet-

(¹) Thaller, observation sur les clauses de non responsabilité, *Ann. de com.*, 1886-87, p. 185.

(²) M. Planiol, dans son *Précis de droit civil* (II, nᵒˢ 914 et s., p. 272), nie en ces termes la distinction traditionnelle entre la responsabilité contractuelle et délictuelle. « La différence qu'on prétend établir entre les deux espèces de fautes manque entièrement de base, ce n'est qu'une sorte d'illusion résultant d'un examen superficiel ; l'une et l'autre faute créent également une obligation, celle de réparer par une indemnité le dommage causé ; l'une et l'autre supposent également *l'existence d'une obligation antérieure*, l'une et l'autre consistent également en un fait qui est la violation de cette obligation. Seulement dans ce que l'on appelle

» tre qu'une stipulation de non-responsabilité affranchira le
» débiteur des conséquences d'une faute relevée contre lui,
» le dol excepté. Pourquoi les circonstances du dol sont-elles
» toujours réservées? Parce que le débiteur de mauvaise foi
» ne contrevient pas seulement au contrat, mais à la loi qui
» défend à un citoyen de nuire intentionnellement à un autre;
» il commet une faute aquilienne en même temps que con-
» tractuelle et ne saurait par aucun pacte dérogatoire être
» affranchi de la première. Un raisonnement semblable peut
» se faire sur la faute involontaire. Le tort aura souvent sa
» cause dans un acte positif d'imprudence du débiteur, qui
» provenant d'un tiers non lié par le contrat donnerait
» ouverture contre lui à une action en réparation basée sur
» l'article 1382 du code civil, en vertu d'un délit; le fait que
» la faute émanera d'une personne qui a consenti à s'engager
» dans les liens d'un contrat ne fera pas disparaître la res-
» ponsabilité délictuelle, il la renforcera plutôt ».

Cette théorie est sans doute séduisante, mais elle ne nous
paraît pas pouvoir être acceptée, car autre est la situation du
créancier ayant traité avec une personne déterminée en
laquelle il a fait foi et qu'il a la faculté de laisser tenue vis-
à-vis de lui d'une manière plus ou moins étroite, et celle du
tiers auquel préjudicie un acte étranger à toute inexécution
d'un contrat qu'il n'a pu prévoir à l'avance et dont il ne
pourrait par suite valablement exonérer l'auteur.

A l'argument tiré de l'application en notre matière des
principes de droit commun, MM. Lyon-Caen et Renault ajoutent, en faveur de la validité des clauses exclusives de la
responsabilité personnelle du capitaine ou de l'armateur,

la faute délictuelle, l'obligation violée est une obligation légale ayant pour objet
une abstention; au contraire, dans la prétendue faute contractuelle, l'obligation a
pour cause un acte d'omission ».

l'analogie qui existe entre ces clauses et le contrat d'assurance qui a lui aussi pour effet de garantir le transporteur des risques résultant de sa propre faute (1). Par la clause de non responsabilité, le chargeur devient son propre assureur et la prime est représentée par la diminution du prix du fret consentie par le transporteur ; d'autre part, les dangers résultant de la clause de non-responsabilité ne sont pas plus graves que ceux que peut faire naître l'assurance et seront tempérés par la prohibition de la clause exonératoire du dol ou de la faute lourde. Cet argument d'analogie, nous l'avons vu dans notre section précédente, à propos de la négligence-clause (MM. Lyon-Caen et Renault appliquent en effet leur argument d'analogie à toutes les clauses exclusives de la responsabilité), ne nous semble pas pouvoir servir à valider les clauses de non-responsabilité ; l'analogie que l'on prétend trouver entre ces deux institutions n'existe en effet que dans leurs conséquences pratiques ; les principes juridiques qui y sont mis en jeu sont absolument différents. D'ailleurs, en admettant même que cette analogie soit certaine, elle permettrait bien de valider la clause exonérant l'armateur des fautes du capitaine, mais non les clauses exonératoires d'une responsabilité personnelle ; les art. 351 et 352 du Code de commerce relatifs aux assurances maritimes, décident en effet que les dommages provenant des fautes de l'assuré ne sont pas à la charge des assureurs maritimes ; or, le capitaine ou l'armateur jouerait le rôle d'assuré dans la théorie de M. Lyon-Caen ; il faudrait donc en conclure, contrairement à l'opinion de l'auteur, que le législateur n'admettrait pas l'exclusion de la responsabilité des fautes personnelles du capitaine ou de l'armateur.

(1) Lyon-Caen et Renault, V, n 147. — V. aussi en ce sens note précédemment citée de M. Sairot dans D., 90. 1. 210.

Il est vrai que MM. Lyon-Caen et Renault répondent que les dispositions des art. 351 et 352 C. com. n'ont pas un caractère impératif absolu et qu'il peut y être dérogé par la volonté des parties (¹). Mais outre que la tradition nous présente ces articles comme non susceptibles d'une clause dérogatoire aux règles qu'ils édictent (²), nous ne voyons pas quel but le législateur aurait poursuivi en insérant ces articles au code de commerce s'il avait entendu autoriser des clauses en opposition manifeste avec les termes mêmes de la loi.

Les dernières objections faites à la théorie qui proclame la validité des clauses exonératoires de la responsabilité personnelle sont tirées de la pratique et des conditions de fait dans lesquelles s'exécute le contrat d'affrètement. Ces objections qui servent de base aux procès actuels des chargeurs contre les transporteurs n'ont pas, à notre sens, une importance moindre que celles tirées des principes juridiques. La première argumente de ce que le commerce maritime étant entre les mains de puissantes compagnies de navigation, valider les clauses de non-responsabilité c'est encourager leur négligence et les pousser à se décharger des principales obligations qu'engendre pour le transporteur le contrat d'affrètement ; les partisans de la théorie que nous étudions ont répondu, il est vrai, que ces négligences constitueraient des dols que la clause de non-responsabilité ne saurait couvrir ; mais cette réponse n'est pas suffisante, car il est bien des négligences ni dolosives ni constitutives d'une faute

(¹) Lyon Caen, V, n. 717. — V. aussi en ce sens de Valroger, Comment. théorique et pratique du livre II C. com., IV, n. 1886, p. 51-52.

(²) Emérigon, Traité des assurances, chap. XII sect. 2, § 1, s'exprime en ces termes : « Il est donc certain que les assureurs ne répondent jamais des dommages et des pertes qui arrivent directement par le fait ou la faute de l'assuré lui-même. Il serait en effet intolérable que l'assuré s'indemnisât sur autrui d'une perte dont il serait l'auteur ».

lourde qui peuvent cependant être nuisibles aux intérêts des chargeurs si on laisse ces derniers sans recours contre elles. La seconde objection, plus sérieuse encore que la première d'après nous, est tirée du monopole de fait qu'exercent les grandes compagnies de navigation sur certaines lignes ; nous verrons même bientôt qu'à notre point de vue c'est là le véritable terrain sur lequel doivent être discutées les clauses de non-responsabilité. Cette objection a été formulée très exactement par la cour de Bordeaux, qui, jusqu'en 1892, nous l'avons vu, déclarait les clauses de non-responsabilité nulles en matière maritime « parce que ces stipulations sont impo- « sées sans discussion dans des clauses imprimées d'avance « et devenues de style, par les puissantes compagnies qui « tendent à monopoliser les transports maritimes ». — A cette objection, MM. Lyon-Caen et Renault ont répondu que le monopole de fait des compagnies de navigation se rencontre beaucoup plus rarement que celui qu'exercent en matière de transport terrestre les compagnies de chemin de fer, dont la loi du 29 mars 1905 est venue d'ailleurs annuler les clauses de non-responsabilité ; ils ajoutent que si le chargeur n'a pas le choix entre un connaissement simple et un connaissement avec clause de non-responsabilité, ce désavantage est compensé par une diminution du prix de transport lui permettant de payer une prime d'assurance qui le mettra à l'abri des risques pouvant résulter du transport des marchandises ; il se trouvera ainsi dans la même situation que si la compagnie était restée responsable de celles-ci.

La théorie de la doctrine admettant la validité des clauses exclusives de la responsabilité personnelle présente un très grand inconvénient pratique ; car nous verrons plus loin que les compagnies de navigation exercent dans de nombreux cas un monopole de fait, qui produit un véritable vice dans le consentement du chargeur, celui-ci n'acceptant les conditions du transporteur que parce qu'il est dans l'impossibilité de faire transporter ses marchandises à des conditions différentes.

C'est pour cette raison que la jurisprudence a essayé de pallier les dangers des clauses de non responsabilité, en restreignant les effets de ces clauses de la manière la plus étroite. Reprenant à cet égard une théorie proposée par Troplong et admise dès 1874 par la Cour de cassation en matière de transport terrestre (¹), elle décide que si les clauses de non-responsabilité sont valables, elles n'ont pas pour effet d'affranchir le transporteur de toute responsabilité à raison des fautes commises par lui, mais seulement de renverser le fardeau de la preuve, par suite, de substituer à la présomption de faute existant à la charge du transporteur en cas d'inexécution de ses obligations, une présomption inverse qui obligera le chargeur à prouver l'absence de cas fortuit ou de force majeure et à établir l'existence d'un fait précis constituant une faute à la charge du fréteur aucune condamnation ne pouvant être prononcée contre le transporteur à défaut de cette preuve. C'est en ce sens que statuent tous les arrêts qui ont été rendus depuis 1880 sur la question de la validité des clauses exclusives de la responsabilité personnelle du capitaine ou de l'armateur (²). A

(¹) Cass., 4 février 1874, D., 74, 1, 305.
(²) Cass., 21 juillet 1885, D., 85, 5, 86; 1er mars 1887, D., 87, 5, 82; 27 octobre 1890, *Rev. int. dr. marit.*, VI, p. 241; 22 juin 1891, D., 92, 1, 555; 9 novembre 1898, *ibid.*, XIV, p. 321; 2 janvier 1901, *ibid.*, XIV, p. 465. — Trib. com. Marseille, 31 juillet 1891, *ibid.*, VII, 363; 14 mai 1895, *ibid.*, XI, p. 91. — Bordeaux, 4 décembre 1893, *Journal des Arrêts de Bordeaux*, 94, 1, 48; 6 mars 1900, *Rev. int. dr. marit.*, XV, 646. — Douai, 3 mai 1899, *Gaz. Trib.*, 23-24 juillet 1900. — Derniers arrêts : Trib. com. Marseille, 23 oct. 1901, *Rev. int. dr. marit.*, XVII, p. 341. — Trib. com. Nantes, 15 mars 1902, *ibid.*, XVIII, p. 339. — Trib. com. Seine, 15 jan-

l'appui de cette solution, la jurisprudence invoque outre les arguments d'ordre pratique que nous venons d'indiquer, l'art. 1157 du Code civil aux termes duquel : « Lorsqu'une clause est susceptible de deux sens, on doit plutôt l'interpréter dans celui avec lequel elle peut avoir quelque effet que dans le sens avec lequel elle n'en pourrait produire aucun ». Considérant par suite que la clause d'exonération des fautes personnelles ne saurait être regardée comme pouvant entraîner la non-responsabilité du transporteur qui est en faute, et, d'autre part, cherchant à faire produire un effet à la convention des parties, elle en arrive à cette conclusion que cet effet sera d'exonérer le transporteur de la responsabilité de plein droit qu'il encourt, sauf preuve contraire de sa part, au cas où quelque dommage est subi par la marchandise en cours de route, pour ne le laisser soumis qu'à la responsabilité de la faute qu'il est prouvé d'une manière positive avoir commise.

Cette théorie de la jurisprudence a été critiquée à juste raison dans la doctrine, comme ne reposant sur aucun fondement juridique ; elle a, en effet, pour point de départ une fausse interprétation de la convention des parties ; celle-ci a pour but d'exonérer le transporteur de toute responsabilité au cas où tel ou tel dommage a été causé à la marchandise ; lui faire produire, non pas la décharge de toute responsabilité, mais l'interversion du fardeau de la preuve, c'est modifier la convention et non l'interpréter, contrairement aux règles générales qui s'imposent en matière d'interprétation des conventions lorsque celles-ci présentent un sens parfaitement net (¹). Remarquons enfin que ce palliatif imaginé par la

vier 1903, *ibid.*, XIX, p. 359. — Trib. civ. Majunga, 20 mars 1905, *ibid.*, XXI, p. 90.

(¹) M. Sarrut, dans la note précitée qu'il a publiée dans Dalloz (1900, I, p. 212-VI)

jurisprudence pour restreindre les effets des clauses de non-responsabilité sera, dans la réalité des choses, inefficace ; il n'empêchera pas, dans la majorité des cas, le transporteur d'être exonéré en fait de la responsabilité de ses fautes personnelles, la preuve de ces fautes étant presque impossible à administrer par l'expéditeur. Nous allons voir que la jurisprudence aurait peut-être pu trouver dans les principes généraux des contrats un moyen plus efficace de sauvegarder les intérêts des chargeurs, tout en considérant comme valables, en principe, des clauses qu'aucun texte de loi ne prohibe en elles-mêmes.

§ III. *La jurisprudence ne devrait-elle pas trouver, dans les principes généraux des contrats, un critérium général pour résoudre la question de la validité des clauses de non responsabilité ?*

Dans l'état actuel de notre droit, il ne nous semble pas que les clauses exclusives de la responsabilité personnelle du capitaine ou de l'armateur et à plus forte raison les clauses exclusives de l'armateur pour fautes de ses préposés puissent être considérées comme tombant sous le coup d'une prohibition légale. Bien plus, il nous paraît qu'en l'absence de textes prévoyant l'exonération de la responsabilité du transporteur, les principes généraux du code civil commandent d'en admet-

a fort bien mis en lumière cette objection : « Conçoit- on, dit-il, une formule plus nette, moins ambiguë que celle-ci : « La compagnie ne répond pas des avaries et déchets de route »? Des contestations pourront naître, il est vrai, sur la portée des mots « avaries de route, déchets de route », mais ces contestations sont étrangères au sens de la clause en ce qui concerne la responsabilité de la compagnie. La compagnie ne répond pas des avaries de route, cela signifie incontestablement : la compagnie ne doit aucune indemnité pour les avaries de route, et sous prétexte d'interprétation, la jurisprudence décide précisément le contraire : la compagnie doit une indemnité, pourvu que l'expéditeur ou le destinataire justifie d'une faute. Juger ainsi, ce n'est plus interpréter un texte, c'est le dénaturer ».

tre la validité sans distinction, comme nous avons admis celle des clauses restrictives de responsabilité.

Qu'est-ce, en effet, qu'une clause d'irresponsabilité? Une convention dans un contrat, en matière de transport maritime, une convention dans le contrat d'affrètement. Nous devons donc lui appliquer les règles du code civil (livre III, titre III) concernant les contrats et obligations conventionnelles, à moins qu'il n'y ait incompatibilité entre ces règles et les conditions particulièrement dangereuses pour le transporteur dans lesquelles s'effectue le contrat d'affrètement. Or nous avons vu, en étudiant la responsabilité légale que les règles du code de commerce ne dérogent, en notre matière, à celles du code civil qu'en ce qui concerne la relativité des effets du contrat d'affrètement et la preuve de l'inexécution de ses obligations; d'une part, en effet, ce n'est pas, comme l'édicte l'art. 1315 C. c., au demandeur qu'incombe la preuve de l'inexécution des obligations résultant pour le défendeur du contrat d'affrètement, mais bien au transporteur lui-même de faire la preuve de sa non-culpabilité en vertu d'une présomption légale édictée par l'art. 230 C. com., qui s'applique à tous les cas de perte, d'avarie ou de retard dans le transport des marchandises; et, d'autre part, contrairement à l'art. 1165 C. c., qui restreint l'effet des conventions aux parties contractantes, l'affrètement conclu par le capitaine oblige le propriétaire de navire ou l'armateur comme s'il avait été conclu par ces derniers, tout en laissant subsister la responsabilité du capitaine (art. 216, 221, 222 C. com.).

En dehors de ces dérogations, nous retombons dans l'application des principes généraux qui dominent la matière des contrats.

Or, un des principes les plus importants de cette matière est le principe de la liberté des conventions édicté en ces termes par l'art. 1134 C. c. : « Les conventions légalement formées tiennent lieu de loi à ceux qui les ont faites ».

Ce principe d'une portée générale devra conduire la jurisprudence à valider sans exception les clauses de non responsabilité insérées par les armateurs dans leurs connaissements, clauses qui sont devenues obligatoires à partir du moment où le chargeur a signé le connaissement, acte qui fait preuve du contrat.

L'art. 6 C. c., qui prohibe toute convention contraire à l'ordre public ou aux bonnes mœurs, n'apportera même pas, dans le transport des marchandises, une restriction à l'étendue d'application du principe de l'art. 1134, la clause d'irresponsabilité ne mettant en jeu que des intérêts matériels aux avantages desquels il n'est jamais interdit de renoncer.

Toutefois, dans sa généralité même, le principe de la liberté des conventions que nous invoquons en faveur de la validité de nos clauses comporte quelques restrictions qui permettront à la jurisprudence de pallier, dans des cas assez fréquents, les inconvénients que présente la validité absolue des clauses de non-responsabilité.

D'abord, comme nous l'avons déjà indiqué précédemment, et comme la doctrine l'a déjà admis, la clause de non responsabilité ne devra être validée qu'autant qu'elle ne s'applique pas à une faute intentionnelle du capitaine (dol ou faute lourde), car nous considérons qu'une telle faute, même commise dans l'exécution d'un contrat, présuppose l'existence d'un délit ou d'un quasi-délit emportant application des règles de la responsabilité délictuelle auxquelles, nous le savons, on ne peut déroger (art. 1382 et 1384 C. c.) (¹).

(¹) Nous ne prétendons pas par là nier avec M. Planiol (*Précis de dr. civil*, II, n. 914 et 915) la distinction traditionnellement admise entre la faute contractuelle et la faute délictuelle ; nous pensons, en effet, que si M. Planiol peut avoir raison

En outre la liberté des conventions est tempérée par l'application des autres principes généraux des contrats. C'est ainsi que toute clause de non-responsabilité insérée dans un connaissement devra être déclarée nulle et sans effet si, d'une part, elle introduit dans le contrat une condition purement potestative de la part du transporteur et si, d'autre part, l'exonération de responsabilité qu'elle édicte n'a pas été librement consentie par le chargeur.

Aux termes de l'art. 1174 C. civ., la condition purement potestative de la part de celui qui s'oblige (dans le transport des marchandises, l'armateur ou le capitaine) est nulle. Donc toutes les fois qu'en fait une clause d'un connaissement subordonnera la responsabilité du transporteur à une circonstance dépendant de sa volonté, la jurisprudence devra l'annuler [1].

D'autre part, et c'est là peut-être un moyen de concilier, dans l'état actuel de notre loi, les intérêts des chargeurs et ceux de l'armement, nos clauses ne devront être regardées comme valables que si elles ont été consenties d'une manière véritablement libre par les deux parties et ne sont pas entachées d'un vice de consentement entraînant leur nullité d'après les principes de droit commun.

Cette seconde restriction, qui ne nous paraît pas encore avoir été prise en considération par la jurisprudence, serait cependant, à notre avis, des plus équitables et des plus juri-

en affirmant que l'une et l'autre de ces fautes consistent dans la violation d'une obligation préexistante et créent l'obligation de réparer le dommage résultant de cette violation, il doit reconnaître que la responsabilité qu'elles engendrent n'a pas la même gravité et doit être réglé dans l'un et l'autre cas par les règles qui leur sont propres.

[1] Ces clauses sont rares ; elles ne figurent pas parmi les clauses imprimées de l'armement, mais elles peuvent être introduites dans les connaissements au moment du contrat.

diques. Elle permettrait de donner satisfaction aux justes
intérêts des chargeurs lésés par suite du monopole de fait
qu'exercent les compagnies de transport sur certains parcours, monopole qui les oblige par une véritable contrainte
à accepter des conditions qui sont la négation même des
obligations du contrat de transport maritime. Sans doute,
il serait de beaucoup préférable que la question fût tranchée
par un texte de loi spécial au contrat d'affrètement, mais
nous verrons, dans notre troisième chapitre, que la question
de validité des clauses de non-responsabilité n'a pas encore
été résolue par le législateur ; en cet état, nous devons donc
appliquer purement et simplement les règles du droit commun en matière de contrats. Or, une convention n'est valable que lorsqu'elle a été librement consentie par les parties,
c'est-à-dire lorsque le consentement est dépourvu d'un des
vices (erreur, dol, violence ou lésion) qui entraînent sa nullité en vertu des articles 1109 et 1117 C. c.

Nous considérons que le fait d'imposer aux chargeurs des
clauses dérogatoires aux règles qui régissent les obligations
de l'armateur ou du capitaine peut constituer une violence
entraînant la nullité du contrat aux termes des art. 1111 et 1112
C. c. si, en l'espèce, le chargeur a été contraint de les accepter
sous peine de ne pouvoir expédier ses marchandises. Celui-ci
se trouve bien, vis-à-vis de l'armateur qui lui impose des
clauses imprimées auxquelles il ne peut se soustraire, dans
les conditions exigées par l'art. 1112 C. c. pour que la violence soit une cause de nullité de l'obligation. Le chargeur a
bien consenti cette clause sous la crainte d'exposer sa fortune
à un mal considérable et présent, puisqu'il a dû l'accepter
en présence du monopole de fait exercé par le transporteur,
sous peine de ne pouvoir faire transporter ses marchandises
et aussi de subir un grave préjudice, soit en se mettant dans

l'impossibilité d'exécuter ses marchés, soit en se résignant à abandonner son exploitation commerciale.

La solution que nous proposons nous paraît non seulement plus juridique que celle qu'admet la jurisprudence en décidant, contrairement à la volonté des parties, que les clauses de non-responsabilité des fautes personnelles ont pour effet d'obliger le chargeur à prouver la faute du transporteur; mais encore présente cet avantage de permettre l'adoption d'une solution uniforme s'appliquant aussi bien aux clauses exonératoires des fautes personnelles de l'armateur ou du capitaine qu'aux clauses d'exonération de la responsabilité de l'armateur pour fautes du capitaine et ainsi de protéger d'une manière plus efficace les intérêts des chargeurs.

D'autre part, elle ménage d'une manière très satisfaisante les intérêts des armateurs, puisque les magistrats devant lesquels les chargeurs poursuivront l'annulation de la clause d'exonération devront rechercher dans les circonstances de la cause si la compagnie de transport ou l'armateur exerçait en fait le monopole de la navigation sur le parcours effectué par les marchandises et si les chargeurs ont pu discuter les clauses qui ont été insérées dans les connaissements acceptés et signés par eux; les magistrats pourront ainsi rendre dans chaque cas une décision en harmonie avec les conditions mêmes dans lesquelles a été passé le contrat.

Nous ne nous dissimulons pas toutefois que l'avantage que nous venons de signaler ne va pas sans entraîner une certaine critique; il est toujours dangereux en effet d'adopter un critérium de fait, pouvant être appliqué d'une façon plus ou moins large suivant les tribunaux et pouvant laisser l'exécution du contrat d'affrètement abandonnée à l'arbitraire de telle ou telle juridiction.

Cette critique est assurément fondée dans une certaine

mesure, mais elle n'est pas suffisante pour faire repousser une solution basée à la fois sur des principes juridiques certains, et sur l'intérêt des chargeurs dans le cas où il est manifestement méconnu par les clauses du contrat d'affrètement.

Mais, dira-t-on, en faisant l'application aux clauses de non responsabilité des principes généraux des contrats, il faut en admettre toutes les conséquences; or, qu'il y ait vice du consentement dans la conclusion du contrat ou engagement des parties sous condition purement potestative, ce n'est pas la clause en litige qui sera seule annulée mais tout le contrat, ce qui produira des inconvénients préjudiciables aux intérêts mêmes des chargeurs. A cette objection nous pouvons cependant répondre qu'en matière de contrats le rôle du juge est de rechercher la volonté présumée des parties; si donc il est saisi d'une action en nullité par le chargeur, il devra se demander si les parties ont entendu provoquer l'annulation du contrat ou simplement celle de la clause incriminée; or, dans la plupart des cas, les parties n'ayant en vue que telle ou telle clause du connaissement, le juge devra la déclarer non écrite en ce qu'elle n'a pas été librement consentie ou contient une condition purement potestative de la part du transporteur.

En résumé, tout en pensant que la question de la validité des clauses de non-responsabilité dans les connaissements devrait être tranchée par le législateur, nous préférerions lui voir appliquer par la jurisprudence les principes généraux des contrats avec les restrictions qu'ils comportent, que de voir cette dernière s'obstiner dans une interprétation arbitraire de clauses qui ont pour but d'exonérer l'armateur de sa responsabilité et non de détruire la présomption de faute que le contrat d'affrètement fait naître à la charge de ce dernier.

CHAPITRE III

Projets de réforme de la législation des connaissements.

Nous avons vu que la jurisprudence, en l'absence d'un texte précis réglementant la matière, n'était pas encore parvenue à donner une solution de nature à concilier les intérêts opposés des chargeurs et des armateurs en ce qui concerne la question de la validité des clauses de non responsabilité. Les chargeurs ont donc cru nécessaire de porter le débat devant le législateur, lui demandant non pas d'exclure d'une manière absolue les clauses de non-responsabilité, mais de déterminer les fautes à l'égard desquelles elles ne pourraient produire effet. Les différents projets ou propositions de loi présentés devant les chambres à ce sujet n'ont pas abouti jusqu'à ce jour, les chargeurs et les armateurs n'ayant pu, dans les différents congrès où la question a été portée, arriver à se mettre d'accord sur une solution capable de ne léser aucun des intérêts en présence. Il semble cependant que le législateur soit entré dans une voie nouvelle depuis le mois de mars 1905, époque à laquelle il a annulé par la loi Rabier les clauses de non-responsabilité insérées par les compagnies de transport terrestre dans leurs lettres de voiture.

Une solution aussi absolue serait sans doute inapplicable au contrat d'affrètement par suite des risques plus considé-

rables que fait naître son exécution et aussi à cause de l'infériorité où elle mettrait notre marine marchande au regard de
celle de la plupart des nations maritimes qui admettent la
validité des clauses de non-responsabilité. Toutefois nous verrons qu'une distinction proposée à l'heure actuelle, validant
les clauses exonératoires de la responsabilité des fautes nautiques et annulant celles qui se rapportent aux fautes commerciales, mériterait d'être adoptée comme solution de la
réforme de la législation des connaissements ([1]).

La question de la réforme des connaissements au point de
vue qui nous occupe fut posée pour la première fois au congrès international de droit commercial de Liverpool (1883).

Elle fut reprise par les congrès de Hambourg (août 1885)
et d'Anvers (septembre 1885) : ces congrès, après avoir formulé les règles en vertu desquelles devrait être déterminée
la responsabilité de l'armateur pour fautes du capitaine et de
ses préposés, ajoutaient dans leurs résolutions : « Il doit être
» interdit aux propriétaires de navire de s'exonérer d'avance
» de leur responsabilité par une clause insérée dans le contrat
» d'affrètement, le connaissement ou toute autre convention :
» a) pour tous faits de leurs capitaines ou préposés qui com-
» promettraient le parfait état de navigabilité de leurs navi-
» res; b) pour tous ceux qui auraient pour effet de causer des
» dommages par vice d'arrimage, défaut de soins ou incom-
» plète délivrance des marchandises confiées à leur garde;
» c) pour toute baraterie, tous faits, actes ou négligences
» ayant le caractère de faute lourde ». Le congrès de Bruxelles en 1888 complétait ces règles, en ajoutant dans l'art. 2

([1]) Remarquons que si dans notre chapitre précédent nous avons repoussé cette
distinction en nous plaçant sur le terrain des principes actuellement en vigueur,
elle nous paraît cependant la seule qui puisse servir de base à l'intervention législative pour satisfaire aux besoins de la pratique des affaires.

de ses résolutions : « Il est néanmoins permis aux parties de
« déroger aux règles de la responsabilité, sauf en ce qui
« concerne : *a*) les actes ou négligences de nature à compro-
« mettre le parfait état de navigabilité du navire; *b*) l'arri-
« mage, la garde, le maniement ou la délivrance de la
« cargaison; *c*) les actes ou négligences du capitaine, de
« l'équipage et des préposés du fréteur ayant le caractère de
« faute lourde ».

Ces différents Congrès, dont le but était d'arriver à l'unification, dans les diverses législations, des règles de la responsabilité en matière de transport maritime, ne virent
malheureusement pas leurs décisions adoptées par les législateurs des différentes nations. Ils amenèrent cependant le
dépôt, dans divers États, de nombreuses propositions ou projets de loi.

1° *Projet Faure-Siegfried.* — En France, un premier
projet de loi présenté devant la Chambre des députés,
le 10 avril 1886, par MM. Félix Faure, Siegfried, Armand
Lalande, Fernand Faure et Mérillon, tendait à la prohibition de certaines clauses de non-responsabilité. D'après
ce projet, l'art. 281 C. com., qui énumère les indications
que doit contenir le connaissement, aurait reçu l'adjonction
suivante : « Doivent être considérées comme nulles et non
« avenues toutes les clauses énoncées dans un connaissement,
« une charte-partie ou toute autre convention, qui tendraient
« à diminuer ou à détruire les obligations résultant pour les
« armateurs ou propriétaires de navire du principe du con-
« trat de transport qui consiste à délivrer les marchandises
« dans l'état où le transporteur les a reçues, sauf les cas for-
« tuits ou de force majeure. Les armateurs et propriétaires
« de navire pourront valablement s'exonérer des erreurs,
« négligences et fautes nautiques résultant du commande-

» ment dans la manœuvre ou de l'exécution du commande-
» ment » (¹).

On le voit, cette proposition de loi n'annulait les clauses
de non-responsabilité qu'en ce qui concerne les fautes lourdes et celles qui sont commises dans l'exécution du contrat
d'affrètement et contenait, par suite, déjà en germe la distinction entre les fautes nautiques et commerciales; mais elle
ne vint même pas en discussion.

2° *Projet Lebon.* — Dix ans plus tard environ, une nouvelle
tentative fut faite sur l'initiative d'un des auteurs de la proposition de 1886 (²) et un projet de loi reproduisant les
termes de la proposition précédente fut déposé à la Chambre
par M. Lebon, ministre du commerce, le **22** octobre **1895**.
« Depuis un certain nombre d'années, dit l'exposé des motifs,
» l'habitude a été prise par les armateurs d'insérer, dans les
» connaissements, des clauses les exonérant des conséquences
» des fautes commises par leurs préposés et diminuant ou
» annihilant à leur profit les obligations primordiales inhé-
» rentes au contrat de transport. A l'appui de leurs préten-
» tions, les armateurs invoquent le principe de la liberté des
» conventions et se prévalent de la stipulation d'immunité
» inscrite au contrat, soutenant que ce contrat fait loi *inter*
» *partes* et doit être exécuté sans restriction. Ce raisonnement
» ne serait pas dénué de fondement si l'adhésion du chargeur
» au contrat signé avec l'armateur était volontaire et consen-
» tie en toute liberté d'esprit; mais il n'en est pas ainsi en
» pratique. Par suite du développement qu'ont pris les tran-
» sactions maritimes, il s'est créé des lignes régulières de
» navigation desservant des parcours déterminés à intervalles
» fixes. Des compagnies riches et puissantes ont affecté aux

(¹) J. Off., Déb. parl., Chambre, 1886, p. 1347.
(²) M. Félix Faure, devenu Président de la République.

« transports maritimes des navires réunissant des conditions
» de portée, de vitesse et de régularité qui défient toute
» concurrence. Elles ont conquis par ce moyen et exercent
» en fait entre les points qu'elles mettent en communication
» un monopole semblable à celui des compagnies de chemins
» de fer. Elles fixent à leur gré les prix et conditions du
» transport sans avoir à subir le contrôle de l'homologation
» ministérielle et les chargeurs doivent s'y soumettre ou
» s'abstenir de leur confier leurs marchandises. Chacun d'eux
» est trop faible pour résister et ils sont trop disséminés pour
» se concerter.

« L'exemple des grandes compagnies de transport maritime
» a été suivi par les armateurs particuliers. La clause de leur
» irresponsabilité, devenue de style, est imprimée d'avance
» dans les connaissements imposés aux chargeurs. On peut
» conclure de là que les parties n'ont en aucune façon libre-
» ment débattu les conditions du contrat et que les propriétai-
» res des marchandises ne subissent ces conditions que parce-
» qu'ils ne peuvent s'y soustraire sous peine de voir refuser
» leurs marchandises. La situation respective des parties
» paraît donc trop inégale pour que le principe de la liberté
» des conventions puisse être légitimement invoqué dans l'es-
» pèce ».

A cet argument ainsi mis en relief par le ministre du commerce et tiré du monopole de fait des compagnies de transport et du défaut de liberté du consentement de la part des
chargeurs, on pouvait ajouter, comme le firent les chambres
de commerce consultées à cet égard, que la responsabilité de
l'armateur est la condition essentielle du contrat d'affrètement :

« Le capitaine, simple employé à gages, sans solvabilité
» apparente, ne saurait trouver une personne disposée à se

« lier avec lui s'il n'engage valablement le propriétaire du
» navire ; c'est l'armateur qui est le véritable transporteur,
» qui choisit et congédie le capitaine ; il doit donc répon-
» dre de ses actes comme tout mandant répond des actes
» de ses préposés. Permettre aux armateurs de décliner la
» responsabilité des fautes du capitaine, serait permettre
» au mandant d'échapper aux conséquences de sa propre
» faute, stipulation contraire à la morale et à l'ordre pu-
» blic » (1).

Malgré la force de ces arguments, le projet de loi Lebon
fut abandonné à la suite de l'enquête approfondie faite par
la commission de la chambre des députés chargée de son
examen auprès des représentants des compagnies de navigation. Celles-ci reprochaient au projet de mettre l'armement français dans une situation d'infériorité par rapport
aux armateurs étrangers, l'impossibilité de s'exonérer de la
lourde responsabilité établie par les articles 216 et 222 du
Code de commerce devant empêcher les armateurs français
d'abaisser leur fret et par suite de lutter contre la concurrence étrangère. Or il serait impossible par une disposition
de la loi d'assujettir les compagnies étrangères aux mêmes
règles que les compagnies françaises ; car elles assureraient
le respect des conditions de leurs connaissements grâce à
une clause attributive de juridiction renvoyant tout litige
devant leurs tribunaux qui valident presque tous les clauses
de non-responsabilité.

Les compagnies de transport demandaient donc avec les

(1) Extrait de la lettre du président de la chambre de commerce de Bordeaux
au ministre du commerce (8 mai 1895, concluant à une distinction entre les
fautes nautiques et commerciales, et à l'annulation des clauses de non-responsabilité seulement en ce qui concerne ces dernières dossier de la chambre de commerce de Bordeaux sur la réforme des connaissements).

chambres de commerce de Paris (¹) et de Marseille une
entente internationale préalablement à toute réforme : « La
» concurrence entre les diverses marines du monde, écrivait
» la chambre de commerce de Marseille, est si évidente, la
» lutte des intérêts si âpre, qu'il serait dangereux d'adopter
» les modifications de la loi actuelle, sans accord internatio-
» nal, à raison surtout de la tendance des tribunaux à appli-
» quer à chaque navire la loi du pavillon ».

Pour donner cependant une certaine satisfaction aux chargeurs, les compagnies de transport maritime crurent devoir
proposer, en janvier 1897, un nouveau type de connaissement, dit connaissement de garantie, qui, moyennant un
surfret de 0 fr. 15 par 100 francs, laissait les risques de la
navigation maritime à la charge du transporteur ; les chargeurs avaient donc dorénavant le choix entre le connaissement sans clause de non-responsabilité et le connaissement
avec clause de non-responsabilité ; mais cette réforme ne
donna pas des résultats appréciables, les chargeurs préférant
supporter les risques de la navigation et payer un fret
moindre.

L'impossibilité d'une conciliation entre les intérêts des
chargeurs et ceux des armateurs aurait assurément empêché
la reprise de la question de la réforme des connaissements
si les assureurs maritimes, lésés par l'aggravation de risques
qu'amenaient pour eux les clauses de non-responsabilité en
obligeant les chargeurs à assurer les marchandises pour tous
les cas de dommages prévus par ces clauses, n'avaient voté,
dans le congrès international qu'ils tinrent à Paris en 1900
(séances des 18 et 20 septembre), une résolution qui posait
de nouveau la question.

______

(¹) Rapport de M. Hugot à la chambre de commerce de Paris, 11 juin 1895.

Les assureurs déclaraient qu'à partir du 1ᵉʳ janvier 1903, ils n'accepteraient les clauses de non-responsabilité qu'en tant qu'elles viseraient les fautes nautiques du capitaine ou de l'armateur et ne prendraient plus à leur charge les risques résultant des fautes commerciales des capitaines. De là, une nouvelle rédaction des polices d'assurances laissant les chargeurs supporter la responsabilité de ces fautes, tout en imposant à l'assuré une réduction de l'indemnité par la déduction d'une franchise de 3 p. 100 par séries ou 10 p. 100 par colis.

Cette résolution donnait un nouvel intérêt à la question de la validité des clauses de non-responsabilité ; les armateurs ne pouvaient plus, en effet, ni prétendre qu'elles ne lésaient pas les intérêts des chargeurs, ni continuer à soutenir qu'elles n'avaient pour effet que de déplacer le fardeau de la preuve de la responsabilité des fautes du capitaine en l'enlevant aux assureurs des chargeurs pour le faire supporter à ceux des armateurs ; en s'exonérant de leur responsabilité, les assureurs rejetaient dorénavant sur les chargeurs personnellement tous les risques afférents à l'exécution du contrat d'affrètement.

3° *Avant-projet Autran*. — Émus de ce danger, les chargeurs cherchèrent à imposer aux armateurs le risque dont les assureurs voulaient s'exonérer et, dans ce but, le Syndicat des exportateurs provoqua la réunion à Marseille d'un congrès de chargeurs (octobre 1902). Devant ce congrès, M. Autran présenta un avant-projet de loi, beaucoup plus complet que les projets Siegfried et Lebon, mais basé sur la même distinction des fautes nautiques et commerciales. Cet avant-projet comporte des additions aux articles **216**, **273** et **281** du code de commerce.

A l'article **216** relatif aux règles de fond de la responsabilité, M. Autran proposait les additions suivantes : « Tout » propriétaire d'un navire faisant le transport des passagers

» ou des marchandises à destination ou au départ d'un port
» français, peut s'exonérer de la responsabilité des avaries ou
» pertes résultant des fautes ou erreurs de navigation ou de
» conduite du navire, émanant du capitaine, du pilote, des
» officiers ou autres gens de l'équipage.

» Il est interdit à tout capitaine, armateur, propriétaire de
» navire, à leurs agents, courtiers et représentants, d'insérer
» dans toute charte-partie, connaissement, billet de bord,
» reconnaissance, titre de transport, papier d'embarquement
» quelconque créés en France, toute clause, convention,
» stipulation quelconque, aux termes de laquelle les per-
» sonnes susnommées s'affranchiraient, en tout ou partie des
» pertes ou avaries résultant des négligences, fautes lourdes
» ou légères dans le chargement, l'arrimage, la garde,
» le soin ou la livraison convenables des marchandises
» légales à eux confiées et ce à partir du moment où la mar-
» chandise leur a été remise jusqu'au moment de la délivrance
» effective aux réceptionnaires.

» Toute contravention aux dispositions précédentes expose
» les personnes susnommées conjointement et solidairement
» au paiement en faveur du chargeur du demi-fret convenu.

» Toutes conventions contraires aux dispositions précéden-
» tes seront nulles et de nul effet, aussi bien à l'égard des
» contrats de transport créés en France que de ceux créés à
» l'étranger.

» Le propriétaire de navire, en justifiant qu'il a fait toute
» diligence pour armer, équiper, approvisionner son navire
» et le rendre à tous égards navigable avant le départ,
» pourra s'exonérer de la responsabilité dérivant des acci-
» dents survenant à la coque, machine, agrès et apparaux du
» navire que la prudence ordinaire d'un père de famille ne
» pouvait avant le départ ni prévoir ni empêcher ».

Aux art. **273** et **281** relatifs, le premier aux mentions que doit contenir la charte-partie, le second à la forme du connaissement, est ajoutée la disposition suivante : « Il est inter» dit de déroger aux dispositions des paragraphes nouveaux » de l'art. **216**.

« Toute clause d'une charte-partie attribuant compé» tence à un tribunal étranger est nulle et de nul effet et » n'emporte pas renonciation au bénéfice du code civil ».

Remarquons immédiatement que, contrairement aux projets de loi antérieurs, l'avant-projet de M. Autran prévoit, avec juste raison, que la réforme proposée consisterait en une modification non pas des articles du code de commerce relatifs à la forme des connaissements, mais bien de l'art. **216** consacré aux règles de fond de la responsabilité du fréteur : la validité des clauses de non-responsabilité n'est pas, en effet, une question de forme mais une question qui touche au fond du droit.

La réforme proposée par M. Autran a pour base essentielle la distinction entre les fautes nautiques et les fautes commerciales. Tout d'abord en ce qui concerne les clauses exonérant l'armateur des fautes du capitaine et de ses préposés, l'armateur ou propriétaire de navire pourra, par une clause du connaissement, s'exonérer de la responsabilité des premières ; mais sera nulle toute clause qui affranchira le propriétaire des « négligences, fautes lourdes ou légères dans le chargement, l'arrimage, la garde, le soin et la délivrance des marchandises depuis leur remise entre ses mains jusqu'à la délivrance aux réceptionnaires ». La même distinction doit être étendue, dit M. Autran, aux clauses exonérant le capitaine ou l'armateur de ses fautes personnelles : quant aux clauses restrictives de la responsabilité, leur validité, dit l'Exposé des motifs, sera consacrée « afin de ne pas exposer

« les armateurs à des réclamations abusives de la part des
« chargeurs peu scrupuleux ». Cependant, en ce qui concerne
la clause limitant la responsabilité de l'armateur à une somme
déterminée, elle ne devrait être reconnue valable que si le
connaissement ne portait pas mention de la valeur des marchandises chargées, toute déclaration spéciale de cette valeur
emportant de plein droit dérogation implicite à cette limitation, et devant servir de base à l'évaluation de l'indemnité.

Pour répondre à l'objection tirée de la situation d'infériorité dans laquelle l'armement français serait placé vis-à-vis
des armements étrangers par suite de l'annulation de certaines
clauses de non-responsabilité reconnues valables par les
législations étrangères, M. Autran propose une sanction
imitée de celle qui est édictée dans l'art. 5 de l'Harter Act
américain de 1893 ; aux termes de ce texte l'agent, l'armateur
ou le capitaine qui violent les principes de cette loi ou refusent
de délivrer un connaissement en conformité de ces principes
est passible d'une amende pouvant s'élever à 2.000 dollars,
amende dont le navire est responsable. Une sanction analogue serait appliquée aux connaissements créés en France ;
il suffirait pour cela de déclarer que le fait de créer en
France un connaissement en contradiction avec les dispositions de la loi nouvelle donnera ouverture, au profit du chargeur, à une action en dommages-intérêts fixés d'avance au
demi-fret ; cette pénalité aurait pour effet de faire disparaître
les clauses d'irresponsabilité des fautes commerciales de tous
les connaissements, même étrangers, créés en France, aucun
armateur, consignataire ou courtier ne voulant s'exposer à
payer la moitié du fret au départ même pour bénéficier
d'une irresponsabilité éventuelle ; une semblable disposition,
bien loin d'éloigner, au dire de M. Autran, les chargeurs de

nos ports, les y attirerait à raison des garanties accordées au transport de leurs marchandises.

Enfin, pour assurer l'exécution complète de la loi, il serait nécessaire d'annuler toute clause attributive de compétence à des tribunaux ou arbitres étrangers; le législateur a, en effet, le droit de prendre les précautions nécessaires pour empêcher l'emploi de moyens destinés à éluder les prescriptions qu'il édicte. Or, sans cette prohibition, les armateurs pourraient tourner la loi, en portant leurs contestations devant une juridiction validant les clauses de non-responsabilité.

Après avoir pris en considération l'avant-projet de loi présenté par M. Autran, le Congrès de Marseille proposa l'adoption d'un connaissement-type dont les clauses seraient introduites en ces termes dans les cahiers des charges des compagnies subventionnées :

Art. 1er. Les armateurs doivent mettre le navire en bon état de navigabilité, pourvoir à son armement, équipement et approvisionnement pour lui permettre d'accomplir convenablement son voyage. Ils répondent des fautes et négligences des gens à leur service en ce qui concerne le bon arrimage, la garde et la livraison des marchandises, ainsi que des soins à leur donner à partir du moment où elles leur ont été confiées, jusqu'au moment de leur livraison au destinataire. Toutes stipulations et clauses contraires aux dispositions qui précèdent seront nulles et non avenues.

Art. 2. Les armateurs seront exempts des périls de mer, feu, ennemis, pirates, attaques de corsaires, arrêt et contrainte de prince, gouvernants et belligérants et barateries dolosives du capitaine.

Ils ne répondront pas des avaries et pertes causées par abordage, échouement, etc., quand même l'avarie ou la perte en provenant pourrait être attribuée à quelque faute, négligence ou erreur de jugement du pilote, capitaine ou matelots, ou autres gens au service de l'armateur.

Art. 3. Quand les marchandises auront été reçues dans les hangars de l'armateur, sur le quai ou dans les allèges, ces marchandises seront considérées comme prises en charge au point de vue de la responsabilité des armateurs et du navire.

Art. 4. Si les marchandises ne sont pas reçues sans retard par le consignataire ou dans le délai stipulé par les règlements du port de débarquement, elles pourront être mises à terre sur pontons ou allèges par le capitaine aux frais de leurs propriétaires, et dans un délai de 48 heures après le débarquement aux risques de ces derniers.

Art. 5. Les poids, mesure, qualité, contenu et valeur seront considérés comme inconnus du capitaine à moins de stipulation contraire. Ne sera pas considérée comme stipulation contraire la simple signature du connaissement.

Enfin le congrès des chargeurs nomma une délégation qui reçut mission d'organiser une commission mixte, composée de chargeurs et d'armateurs, afin d'examiner l'avant-projet de M. Autran et de chercher à établir un terrain d'entente conciliant les intérêts opposés des uns et des autres. L'idée de cette commission mixte ayant été acceptée par le comité central des armateurs de France, les délégués des chargeurs et des armateurs se réunirent à Paris sous la présidence de M. Derode, président de la chambre de commerce de Paris, le 14 mai 1903. L'examen de la question de la réforme des connaissements fut de leur part l'objet d'une étude approfondie. Au début de la séance, M. Lebon, président du Comité des armateurs de France (celui-là même qui avait déposé le projet de loi de 1895), fit la critique de l'avant-projet de loi de M. Autran en ce qui concerne spécialement sa sanction :

l'annulation des clauses attributives de juridiction à un tribunal étranger qui attirerait, dit-il, à l'armement français, des représailles de la part des nations qui valident ces clauses. Il ajouta que dans ces conditions, toute loi purement nationale serait nuisible au pavillon français, et que la réforme ne pourrait aboutir que si armateurs et chargeurs français unissaient leurs efforts à ceux des chargeurs étrangers en vue d'aboutir à une entente internationale.

Une discussion juridique fut alors engagée entre M. Autran délégué-conseil des chargeurs, et M. Lyon-Caen, délégué-conseil des armateurs. M. Autran défendit son projet de loi en disant que le contrat de transport maritime pouvait se résumer, à l'heure où il parlait, dans cette formule : « Je vais « prendre votre marchandise, vous me paierez tel fret et je « vous la rendrai si je veux ». Il justifia l'intervention de l'État dans la réglementation des clauses des connaissements en faisant apparaître que le monopole de fait exercé par les compagnies de transport rendait nécessaire la sauvegarde de l'intérêt général menacé par un intérêt particulier, et que l'État seul pouvait en ce cas défendre l'intérêt général.

Répondant aux arguments de M. Lebon, M. Autran ajoutait qu'une entente internationale ajournerait indéfiniment la solution de la question ; que la nullité des clauses attributives de compétence insérée dans l'Harter act n'avait donné lieu à aucune représaille de la part des autres nations ; et qu'enfin la clause d'exonération n'était pas un facteur essentiel du prix du fret, qui est surtout déterminé par la loi de l'offre et de la demande.

M. Lyon-Caen, se maintenant sur le terrain juridique, riposta qu'il admettait bien la faculté, pour le législateur, de regarder comme contraires à l'ordre public certaines clauses d'un contrat conclu en France ou à l'étranger, mais qu'aucun principe de droit ne permettait de prohiber la clause attribuant compétence à une juridiction étrangère ; qu'en tous cas on ne pourrait empêcher les autres nations d'édicter la même prohibition, ce qui rendrait illusoire celle que contiendrait la loi française ; la sanction nécessaire de l'application du projet Autran ne pouvant être maintenue, le projet lui-même n'avait plus de raison d'être.

La réunion de la commission mixte n'ayant pas donné de résultat en présence de la divergence de vues des armateurs et des chargeurs, le syndicat des exportateurs de Marseille adressa le 23 mai 1903 une lettre à MM. les Ministres des finances, de la marine, du commerce et des colonies, leur demandant de porter l'avant-projet de loi Autran devant les chambres et d'introduire dans les cahiers des charges des compagnies subventionnées les dispositions du connaissement-type adopté par le Congrès de 1902.

C'est en réponse aux demandes des chargeurs que fut pris l'arrêté ministériel du 13 février 1904 (¹) instituant une com-

---

(¹) Cet arrêté ministériel qui a paru au *Journal officiel* du 18 février 1904 est ainsi conçu : « Le ministre du commerce, de l'industrie, des postes et télégraphes, sur le rapport du directeur du commerce et de l'industrie, arrête : Art. 1er. — Il est institué au ministère du commerce, de l'industrie et des postes et télégraphes une commission chargée d'examiner s'il y a lieu d'apporter des modifications à la législation sur les connaissements (liv. II, titre VII C. com.). — Art. 2. Cette commission sera composée comme suit : Président, M. Dutand, conseiller à la Cour de cassation. Membres : MM. Colson et Mercier, conseillers d'État, le deuxième directeur des affaires civiles et du sceau au ministère de la Justice ; Rodolphe Rousseau, avocat à la cour de Paris ; L. Renault, jurisconsulte du ministère des affaires étrangères ; Bladé, sous-directeur des affaires commerciales au ministère des affaires étrangères ; Chapsal, maître des requêtes au conseil d'État, directeur du cabinet du ministre du commerce ; Jean Cousin, directeur du commerce et de l'industrie ; Jarcolley, directeur de l'exploitation postale ; Taconet, président du comité des courtiers maritimes de France. Secrétaire : M. Drouet, sous-chef du bureau de la législation commerciale et industrielle et des chambres de commerce au ministère du commerce. Fait à Paris, le 13 février 1904.

Le ministre du commerce.

Signé : G. Trouillot.

mission inter-ministérielle chargée d'étudier la question de la réforme de la législation des connaissements. Cette commission avait à résoudre deux questions : 1° en dehors de toute entente internationale peut-on, sans léser les intérêts de l'Etat, apporter à notre législation les modifications demandées par les chargeurs ? 2° dans le cas contraire, y a-t-il lieu de proposer des éléments nouveaux en vue d'une entente internationale ? Cette commission, après avoir décidé d'accueillir les demandes d'audition de tous les intéressés (séances des 11 février et 13 mai 1903) a consacré à cette audition ses séances des 16 et 17 juin 1903. Dans la première la commission entendit les dépositions des chargeurs et des représentants des chambres de commerce favorables au projet de loi Autran. La défense du projet fut présentée par M. Autran lui-même au point de vue des principes juridiques. M. Artaud, délégué des chargeurs, le soutint par des considérations de fait. Après avoir énuméré les nombreuses clauses par lesquelles les Compagnies de navigation s'exonèrent de leur responsabilité et fait ressortir les abus qui en résultent, il dit qu'on ne pouvait invoquer la liberté contractuelle en faveur de ces clauses ; car leur conformité quasi-littérale sur tous les connaissements de toutes les Compagnies impose aux chargeurs la loi des armateurs. Il n'y a pas là d'accord librement consenti. L'argument international ne vaut guère mieux ajouta-t-il, car la responsabilité attire les chargeurs et le fret et finit par donner une supériorité aux compagnies qui l'acceptent. Enfin, M. Artaud soutint que la prospérité de l'armement dépend du développement du commerce et qu'il est plus important de conserver l'activité commerciale fournie par les chargeurs que de favoriser l'armement ; que d'ailleurs l'assurance des marchandises par le transporteur aux frais du chargeur, telle qu'elle existe aujourd'hui dans presque tous les connaissements, est un remède insuffisant car elle n'engendre qu'une répartition forfaitaire d'un risque qui ne doit pas incomber au chargeur.

Les conclusions des diverses chambres de commerce, toutes prises en faveur du projet Autran, furent ensuite déposées : au nom de la chambre de commerce de Marseille par M. Rolland, au nom de celle de Bordeaux par M. Gruet, au nom de celle de Rouen par M. Lacoste, au nom de celle du Havre par M. Roederer et au nom de celle de Dunkerque par M. Lesti Woussen.

Enfin M. Mabire, président du Comité des assureurs maritimes de Paris, vint se joindre aux chargeurs, disant que les clauses d'exonération entraînaient deux conséquences fatales pour les assureurs sur faculté : aggravation considérable de risques que l'assureur ne peut évaluer et déplacement de risques qui devraient peser sur les armateurs. Il faisait connaître, en terminant, l'intention bien arrêtée des assureurs de s'exonérer de toutes ces responsabilités dans le cas où la réforme proposée n'aboutirait pas.

Dans la séance du lendemain, la Commission interministérielle entendit les dépositions des armateurs soutenues par M. Lyon-Caen qui, après avoir invoqué l'impossibilité pour ceux-ci d'exercer sur le chargement à eux confié une surveillance efficace pendant la durée du transport, dit que le projet de loi Autran ne pourrait être admis en France que si l'on pouvait imposer le même régime à l'armement étranger, ce qui lui semblait presque impossible, les législations étrangères étant libres d'autoriser l'insertion de clauses attribuant à leurs juridictions compétence exclusive pour toutes contestations susceptibles de s'élever entre les chargeurs et leurs armateurs.

A la suite de ces réunions et de celles des 1er et 7 juillet

1905, la Commission confia à un de ses membres, M. Rodolphe Rousseau, le soin de lui présenter un rapport sur la question de savoir s'il y avait lieu de restreindre la liberté des connaissements et dans quelle mesure on pourrait le faire; et dans sa séance du 17 février 1906, elle adopta à l'unanimité les conclusions de ce rapport, ainsi conçues [1] : « Il n'y a pas lieu de modifier la législation actuelle du con-
» naissement, parce que l'ordre public n'exige nullement, en
» l'espèce, qu'il soit porté atteinte au principe de la liberté
» des conventions; parce qu'en l'état des relations maritimes
» commerciales, on peut toujours pallier les inconvénients
» résultant de l'irresponsabilité de l'armateur, soit au moyen
» du double connaissement, soit au moyen de l'assurance
» sous ses diverses formes; parce qu'enfin et surtout, le pro-
» jet de réforme soulèverait de grosses difficultés au point
» de vue juridique international et qu'il aurait pour consé-
» quence, au point de vue commercial, de mettre les arma-
» teurs français dans une situation d'infériorité évidente vis-
» à-vis des armateurs étrangers ; qu'ainsi, à moins d'une
» entente internationale, la réforme apparaît comme irréali-
» sable ».

La réforme des connaissements paraît donc subordonnée à une entente internationale. Malheureusement sur ce dernier terrain, les progrès faits par la question ne sont guère appréciables, le congrès de Copenhague (juillet 1902) et celui de Lisbonne (22-28 mai 1904), s'étant contentés de voter en ce sens d'assez vagues résolutions.

Bien qu'aucun des projets ou avant-projets de loi relatifs à la réforme des clauses d'exonérations des connaissements n'ait été pris en considération par la commission interminis-

----

[1] Rapport de M. Rodolphe Rousseau publié par le ministère du commerce (mars 1906).

térielle, la Compagnie des Messageries Maritimes, reconnaissant dans une certaine mesure le bien-fondé des réclamations des chargeurs, vient d'adresser à la date du 1er décembre 1906 une note à ces derniers par laquelle elle introduit quelques réformes dans la rédaction de ses connaissements. Cette note, accompagnée du nouveau modèle de connaissement, est ainsi conçue : « La Compagnie des Messageries » Maritimes n'a jamais eu, en fait, des difficultés graves » avec les chargeurs touchant l'application des clauses de » ses connaissements. Ces clauses sont d'ailleurs parmi les » plus libérales. Cependant elle n'a pas hésité à se solidari» ser avec l'ensemble de l'armement français dans l'attitude » prise par celui-ci en présence des revendications des char» geurs, relatives à cette question.

» Mais la compagnie considère que, malgré les conclu» sions de la commission interministérielle, les résultats » d'une attitude tout à fait intransigeante pourraient être » dangereux. Si chaque armateur a toute liberté pour main» tenir à ses connaissements la formule qu'il juge utile à ses » intérêts et pour prendre, en cas de réclamations, les réso» lutions qui lui conviennent, la Compagnie des Messageries » Maritimes désire, pour sa part, montrer qu'elle n'est » réfractaire à aucun progrès et, en outre, qu'il est possible » d'adopter des mesures qui, tout en sauvegardant les légiti» mes intérêts des chargeurs, ne font pas courir à l'armateur » des risques trop grands. La compagnie, après une étude » approfondie, croit avoir trouvé la solution de cette ques» tion en ce qui la concerne par l'adoption des mesures sui» vantes qu'elle appliquera à partir du 1er janvier 1907 :

» 1° Le connaissement a été remanié, coordonné et plutôt » allégé au profit du chargeur.

» 2° Tous les risques dont la compagnie entend s'exoné-

« rer sont groupés d'une façon très claire dans une même
« clause.

« 3° Par des arrangements spéciaux avec des assureurs, la
« compagnie offre de garantir le chargeur, par l'assurance,
« contre tous les risques définis et laissés à la charge de la
« marchandise par le connaissement remanié, les conditions
« auxquelles cette garantie est donnée étant les plus larges
« qu'il soit possible d'obtenir en pareille matière.

« 4° Afin de simplifier les formalités généralement longues
« et complexes des règlements d'assurances, les agents de la
« compagnie ont en même temps qualité d'agir pour repré-
« senter les assureurs.

« 5° Ces conditions sont obtenues moyennant une prime
« soigneusement établie. Cette prime, si elle est peut-être
« pour certains chargeurs supérieure à celle qu'ils peuvent
« obtenir en adoptant les conditions moins avantageuses de
« leur police flottante, est cependant ramenée, pour la plu-
« part des points importants, à un taux inférieur à ce qu'elle
« était antérieurement selon la police flottante de la compa-
« gnie.

« Il serait peut-être désirable que cet exemple étant suivi,
« les critiques adressées à l'armement français pussent être
« déclarées sans fondement ».

Bien qu'étant très disposés à féliciter, avec la chambre de
commerce de Bordeaux (¹) et le syndicat des exportateurs de
Marseille, la Compagnie des Messageries Maritimes des
importantes améliorations qu'elle est venue introduire dans
ses connaissements, nous ne pouvons nous empêcher de
constater que sa réforme porte beaucoup moins sur le principe même de l'exonération dont elle couvre sa responsabi-

¹ Exposé de M. Gruel à la chambre de commerce de Bordeaux (séance du
23 janv. 1907).

lité vis-à-vis des chargeurs, que sur les palliatifs qu'elle propose pour en atténuer les conséquences pratiques. Si nous nous reportons en effet aux articles du nouveau connaissement de la Compagnie des Messageries Maritimes, nous voyons que la négligence-clause et la plupart des clauses qui exonèrent l'armateur ou le capitaine de leur responsabilité personnelle au cas de perte, avarie ou retard y sont reproduites. Les risques restent donc, comme par le passé, à la charge de la marchandise; seulement sous le nom de clause de garantie l'art. 17 vient rendre la compagnie solidairement responsable de l'exécution de la police flottante souscrite par le chargeur à la compagnie qui assure ses navires; de la sorte, le chargeur aura toujours, au cas de contestation, un recours contre la Compagnie des Messageries. De plus, par l'effet de l'art. 17, la marchandise se trouve assurée, non seulement contre les fortunes de mer, mais encore contre les négligences ou fautes quelconques commises, tant par la compagnie que par ses préposés, c'est-à-dire contre tous les risques compris dans les clauses d'exonération. Enfin, pour simplifier les règlements d'indemnité dus par l'assureur, au cas de perte ou d'avarie de marchandises, les agents de la Compagnie des Messageries ont pouvoir d'en acquitter en son nom le montant entre les mains des destinataires, sauf à la compagnie à exercer son recours contre l'assureur.

Comme on le voit, la Compagnie des Messageries a accompli une réforme très importante en se portant elle-même garante de l'exécution de la police d'assurance contractée par le chargeur; mais il n'en reste pas moins vrai que la prime est due par ce dernier et que la compagnie ne prend pas à sa charge exclusive l'assurance des marchandises, obligation qui semblerait devoir résulter de l'essence même du contrat de transport. Dans ces conditions, la réforme adoptée par la Compagnie des Messageries, aussi utile qu'elle soit, laisse entière la question de la validité des clauses de non-responsabilité au sujet de laquelle armateurs et chargeurs ne peuvent pas arriver à se mettre d'accord.

Les chargeurs, en effet, trouvent insuffisante la garantie que leur procure l'assurance de leur marchandise pour laquelle ils sont, en plus du fret, obligés de payer une prime, sacrifice que ne parvient pas à compenser la diminution d'ailleurs variable du fret; ils ajoutent qu'ils sont contraints d'accepter les conditions de l'armement à cause de l'uniformité des clauses imposées par les compagnies de navigation et les armateurs.

D'un autre côté, les armateurs résistent à ces plaintes en invoquant la gravité des risques que mettent à leur charge les conditions périlleuses dans lesquelles s'exécute le contrat de transport maritime; et les dangers de la concurrence internationale qui les oblige à réduire au minimum le prix du fret et, par conséquent, à restreindre l'étendue de leur responsabilité.

Dans ces conditions, une intervention législative est seule capable de mettre fin au débat.

Mais sur quelles bases la loi nouvelle devra-t-elle être établie? Faudra-t-il étendre au contrat de transport maritime les dispositions de la loi Rabier et annuler avec elle les clauses de non responsabilité sans aucune distinction ou au contraire conserver celle qui a été proposée en 1886, 1893 et 1902? Comment, d'autre part, rendre efficaces au regard de tous les intéressés de quelque nationalité qu'ils soient les dispositions de la nouvelle loi?

Nous devons, en effet, remarquer que le contrat d'affrètement n'engendre pas seulement des liens de droit entre nationaux d'un même pays comme le contrat de transport terrestre, mais encore entre personnes soumises à des législations différentes. La solution adoptée par le législateur en ce qui concerne la validité des clauses de non-responsabilité devra donc envisager les deux côtés de la question : le point de vue purement national et le point de vue international.

Au point de vue national français, la loi nouvelle devra, à notre sens, prendre pour point de départ le principe formulé en ces termes par M. Thaller [1] : « En matière de responsa- » bilité, la doctrine la plus plausible est celle qui oblige une » entreprise à assumer le fardeau des fautes tenant à des vices » dans son organisation ou son personnel; on ne doit pas » pouvoir valablement se présenter au public avec les appa- » rences d'une bonne exploitation et cependant s'exonérer » des négligences commises dans cette exploitation ». Nous savons bien qu'à entendre les armateurs [2] les chargeurs peuvent se soustraire au préjudice résultant de la non-responsabilité de l'armateur en faisant assurer leurs marchandises, mais il faut bien dire qu'il n'y a d'assurance régulière que celle qui est exploitée professionnellement; que si l'assurance peut faire masse de responsabilités similaires, elle n'a pas pour but d'opérer un simple déplacement de risques; que, de plus, beaucoup de petits chargements ne sont assurés par les chargeurs ni à leur propre compagnie ni à celle de l'armateur; et qu'enfin les franchises contenues dans les polices d'assurances empêchent le chargeur de retrouver l'indemnité qui lui échappe du côté de l'armateur.

Mais s'il est vrai qu'il faille prohiber les clauses de non-responsabilité, il n'est pas moins vrai qu'il y a certaines fautes du capitaine ou de l'armateur qui, étant données les

[1] Thaller, Ann. de comm., 1895, p. 157.
[2] En ce sens Lyon-Caen, V, n. 747 ter.

conditions dangereuses dans lesquelles s'effectue aujourd'hui la navigation, constituent presque des fortunes de mer dont le transporteur a le droit de s'affranchir, sans que cependant il soit de plein droit irresponsable des pertes, avaries ou retards qui peuvent en résulter. Ces fautes, appelées fautes nautiques dans l'avant-projet de loi de M. Autran, pourraient, à notre avis, être rangées sous le nom générique de risques de navigation. L'immunité dont elles bénéficieraient couvrirait donc toutes les conséquences des erreurs (mais non des délits ou dols) que peuvent commettre l'armateur, le capitaine ou les gens de l'équipage dans la conduite ou le bon fonctionnement du navire. D'après ce principe, toute clause de non-responsabilité relative à l'abordage, à l'incendie, au déroutement, à l'innavigabilité du navire, à la déclaration de tonnage affranchira le capitaine et l'armateur de leur propre responsabilité et ce dernier de sa responsabilité pour les fautes commises par le capitaine et les gens de l'équipage.

Aux risques de mer nous opposerons les risques du transporteur, les fautes commerciales de l'armateur ou du capitaine, comme les appelle M. Autran. Ces risques comprendront toutes négligences ou erreurs commises dans l'embarquement, l'arrimage, la garde, le soin et la délivrance des marchandises.

Des conséquences de ces risques, le transporteur sera présumé responsable parce que les fautes qui leur ont donné naissance résultent de l'inexécution des obligations du contrat de transport. L'armateur étant, avant tout, un transporteur, doit tous les soins d'un administrateur diligent aux marchandises qui lui sont confiées; en conséquence il sera responsable de sa *culpa levis in concreto*, c'est-à-dire de la faute que ne commettrait pas un administrateur diligent, et toute clause par laquelle il voudra s'affranchir des conséquences de sa négligence sera nulle. C'est ainsi qu'il ne pourra stipuler son irresponsabilité ou celle de ses préposés pour les pertes, avaries ou retard résultant d'un mauvais arrimage des marchandises, d'une grève des ouvriers du port de débarquement, d'un blocus, d'un pillage des marchandises ou encore pour abandon sur le quai ou remise de ces marchandises à une personne autre que le porteur du connaissement.

En résumé, sera annulée toute clause qui affranchira l'armateur ou le capitaine des conséquences des risques du transporteur; sera, au contraire, validée toute clause relative aux risques de la navigation.

Nous savons que cette distinction des risques de navigation et des risques du transporteur, si bien mise en lumière par M. Autran, a été vivement attaquée dans ces dernières années (nous l'avons nous-même repoussée sur le terrain des principes); mais une loi peut très bien la rééditer pour sauvegarder les intérêts des chargeurs. Outre que dans sa généralité elle embrasse toutes les clauses de non-responsabilité aussi bien la négligence-clause que les clauses exclusives de la responsabilité personnelle du capitaine ou de l'armateur, elle a l'avantage de rester sans application aux clauses limitant cette responsabilité à un taux déterminé ou à celles qui déclarent le poids, la mesure ou la marque de la marchandise inconnue du transporteur, clauses qui ont toujours été validées sans discussion. Il n'en est cependant pas de même des clauses limitatives de la durée de la responsabilité du transporteur, qui doivent être annulées comme couvrant les risques du transporteur qui peuvent se produire entre le déchargement et la délivrance des marchandises.

Quant au danger économique que l'on a prétendu tirer de l'annulation des clauses relatives aux risques du transporteur en affirmant que toute restriction à la liberté des conventions mettrait notre armement dans un état d'infériorité par rapport à l'armement étranger, il nous semble avoir été bien exagéré; si, en effet, nous en croyons les chiffres qui nous sont donnés dans le tableau ci-annexé, la nation la moins favorisée est précisément celle dont la jurisprudence valide, sans distinction, les clauses de non-responsabilité, c'est-à-dire la France. Ce tableau nous indique le développement comparé des compagnies qui continuent le commerce avec les États-Unis depuis l'Harter act, qui, nous le verrons dans notre dernier chapitre, a adopté la distinction entre les fautes nautiques et les fautes commerciales; des sociétés allemandes qui ont accepté les conditions des connaissements de Hambourg et de Brême et enfin des sociétés italiennes du port de Gênes, soumises à la juridiction de la Cour de cassation de Turin qui a annulé jusqu'en 1904, sans distinction, les clauses de non-responsabilité et nous pouvons constater que dans aucun de ces pays la marine marchande n'a souffert de la prohibition de ces clauses.

Nous devons cependant remarquer que l'annulation des clauses de non-responsabilité a pour conséquence un développement très grand de la navigation à vapeur au détriment de la navigation à voile, les risques de cette dernière étant beaucoup plus considérables que ceux de la navigation à vapeur. C'est ainsi que le tonnage annuel des voiliers continue à augmenter tant en France qu'en Angleterre, pays qui valident sans distinction les clauses de non-responsabilité, tandis qu'il tend à diminuer dans ceux qui les annulent.

Tous ces motifs nous amènent à nous rallier à la distinction établie par l'avant-projet Autran, distinction qui permet de protéger les chargeurs par l'annulation de toute clause

Tableau comparé du développement de la marine marchande dans les pays qui n'acceptent pas sans restriction les clauses de non-responsabilité

(pour prouver que la prohibition de ces clauses n'est pas funeste au développement de la marine)

ANNÉES	MARINE MARCHANDE AMÉRICAINE (depuis l'Harter Act) (annulation des fautes nautiques et commerciales)		MARINE MARCHANDE ALLEMANDE (depuis la convention de Hambourg-Brême)		MARINE MARCHANDE ITALIENNE (sous le régime de la Cour de Cassation de Turin) (annulation des clauses de non-responsabilité)		MARINE MARCHANDE FRANÇAISE (prohibition par la jurisprudence de toutes les clauses de non-responsabilité)	
	VAPEURS (Tonnage net)	VOILIERS (Tonnage net)	VAPEURS (Tonnage net)	VOILIERS (Tonnage net)	VAPEURS (Tonnage net)	VOILIERS (Tonnage net)	VAPEURS (Tonnage net)	VOILIERS (Tonnage net)
1893	475.335	1.333.719	768.780	600.731	201.972	476.920	467.025	196.226
1894	659.244	1.283.693	826.921	569.995	202.307	453.053	471.382	197.820
1895	680.781	1.244.081	910.567	545.255	209.472	439.853	467.533	191.677
1896	714.024	1.229.266	912.613	516.212	221.376	420.598	469.938	198.730
1897	792.129	1.221.415	963.950	479.951	277.752	408.296	480.735	275.466
1898	836.600	1.272.315	1.022.319	469.644	272.351	413.933	487.015	206.898
1899	875.862	1.229.079	1.216.521	506.602	289.611	429.896	516.016	214.856
1900	1.021.216	1.226.205	1.334.605	490.114	322.020	463.316	542.305	298.369
1901	1.236.293	1.222.188	1.501.282	486.372	420.051	459.535	544.600	228.847
1902	1.381.423	1.382.988	1.628.116	502.230	441.368	467.271	557.038	415.020
1903	1.566.473	1.389.989	1.730.106	488.935	448.791	476.226	584.197	168.255
	Augmentation	Diminution	Augmentation	Augmentation	Augmentation	Diminution	Augmentation	Augmentation
Augmentation ou diminution moyenne par année d'après le répertoire du Bureau Veritas	6.36 %	0.30 %	4.51 %	0.45 %	5 %	0.47 %	1.45 %	2.51 %

de non-responsabilité concernant le transport de leurs marchandises.

Il ne faut cependant pas se dissimuler que l'application de la loi nouvelle soulève de très grosses difficultés d'application au point de vue international et que pourtant il est inutile d'en consacrer les dispositions, si ces dispositions peuvent être violées impunément par la volonté de parties que leur nationalité soustrait à l'obligation de respecter la loi française.

Il importe donc d'assurer à la loi une sanction qui empêche les armateurs français ou les armateurs étrangers qui prennent du fret en France de se soustraire à son application en portant tous litiges relatifs au transport des marchandises devant la juridiction d'un pays qui valide sans distinction les clauses de non-responsabilité dans le contrat d'affrètement.

D'autre part, frapper la clause de non-responsabilité, comme l'indique M. Autran dans son avant-projet de loi, même dans les connaissements établis à l'étranger, par la prohibition de la clause attributive de juridiction, c'est négliger un des grands principes du droit international privé, l'application de la *lex loci contractus* pour tout ce qui concerne l'exécution du contrat.

Nous croyons que l'unique moyen d'assurer le respect d'une loi dont nous souhaitons la prochaine promulgation est de provoquer une entente internationale; si une pareille entente est difficile à obtenir en ce qui concerne l'unification des règles mêmes de la responsabilité du transporteur, il nous semble qu'il n'en serait pas de même en ce qui concerne la loi applicable aux conflits de loi que peuvent faire naître les clauses de non-responsabilité. Nous pensons que la plupart des nations consentiraient sans peine à appliquer, dans tous les litiges qui concernent l'exécution des connaissements français, la loi du pays où le contrat d'affrètement a été conclu, ce qui les amènerait à n'appliquer la loi française que quand le connaissement a été signé en France, de même que les tribunaux français respecteraient la loi ou la jurisprudence du pays du chargement, quelles que soient leurs dispositions en ce qui concerne les clauses de non-responsabilité.

Cette solution réduirait à néant les dangers de la clause attributive de juridiction et permettrait d'éviter toute velléité de représailles de la part des nations qui persisteraient à valider les clauses de non-responsabilité. Quant à la sanction que M. Autran veut imposer à l'armateur comme mesure préventive contre l'insertion, dans les connaissements, des clauses de non-responsabilité (cette sanction, nous l'avons vu, consiste dans le paiement par l'armateur ou le capitaine du demi-fret convenu au profit du chargeur), il nous paraît difficile de l'admettre; elle consiste, en effet, à accorder des dommages-intérêts à une personne non lésée, ce qui est incompréhensible, ou à prononcer une amende au profit d'un particulier, ce qui n'est guère plus satisfaisant; de plus l'action en nullité des clauses de non-responsabilité constituerait une protection suffisante pour les intérêts du chargeur.

En résumé, en nous plaçant sur le terrain de la pratique des affaires, nous croyons nécessaire de demander au législateur : 1° de déclarer nulles les clauses par lesquelles l'armateur ou le capitaine s'exonèrent de la responsabilité qu'ils encourent en tant que transporteur ou préposé du transporteur; 2° de valider celles qui visent les fautes ou risques de la navigation; 3° de provoquer une entente internationale afin d'assurer, au moins en ce qui concerne l'armement français, le respect des dispositions qu'il édicte (nous verrons, en examinant les conflits de lois dans la 3° section de notre dernier chapitre, que l'application de la *lex loci contractus* par toutes les nations maritimes serait la meilleure base de cette entente) sans avoir recours à la prohibition de la clause attributive de juridiction, universellement reconnue valable, ou à la sanction du demi-fret qui léserait les intérêts de l'armement.

CHAPITRE IV

Législation comparée et conflits de lois en matière de clauses restrictives et exclusives de la responsabilité du transporteur.

Une des objections essentielles formulées par les adversaires de la réforme de la législation des connaissements contre une modification des règles admises par notre jurisprudence, consiste dans les divergences que présentent à cet égard les législations ou les décisions jurisprudentielles des différentes puissances maritimes. Si en effet la plupart d'entre elles admettent la nullité des clauses exclusives de la responsabilité personnelle du transporteur, les solutions sont divergentes en ce qui concerne la négligence-clause que la plupart des nations valident ; on ne peut guère citer aujourd'hui dans un sens opposé que l'Harter act américain du 13 février 1893 et la loi australienne du 15 décembre 1904, qui adoptant la distinction entre les fautes nautiques et les fautes commerciales annulent les clauses de non-responsabilité seulement en ce qui concerne les fautes de la seconde catégorie. L'étude des règles admises en notre matière par les États étrangers en ce qui concerne tant les clauses restrictives que les clauses exclusives de la responsabilité présente donc un intérêt tout particulier, puisqu'elle fera apparaître quels sont les points sur lesquels une modification devrait leur être apportée pour rendre possible la réforme demandée par les chargeurs.

Nous ferons suivre cette étude de l'examen des solutions adoptées par les différents pays pour résoudre les conflits des lois que fait naître la divergence de vues des différents législateurs concernant la validité des clauses de non-responsabilité, et nous verrons comment à cet égard l'application de la loi du pavillon peut nuire à l'armement des nations qui prohibent certaines d'entre elles.

SECTION PREMIÈRE

CLAUSES RESTRICTIVES DE LA RESPONSABILITÉ

La plupart des codes étrangers reconnaissent la validité de ces clauses d'une manière explicite et à leur défaut cette validité résulte de l'interprétation que leur donne la jurisprudence des différents États. Comme en France, il est généralement admis qu'elles n'ont pas pour effet de dégager le transporteur de son obligation de délivrer identiquement ce qu'il a reçu ni de veiller à la conservation des marchandises mais qu'elles ont pour but de renverser le fardeau de la preuve et d'obliger les chargeurs à prouver que la non-concordance entre les indications du titre, relatives au contenu, au nombre, à la mesure ou au poids des marchandises et l'état réel des colis remis au destinataire provient d'une faute ou d'une négligence du transporteur.

Le code de commerce allemand du 10 mai 1897 s'occupe de nos clauses dans ses articles 654 à 657. L'article 655 dit en effet que si les marchandises désignées au connaissement quant à leur nombre, leur mesure et leur poids n'ont pas été comptées, mesurées ou pesées contradictoirement avec le capitaine, ce dernier peut ajouter au connaissement la clause « nombre, mesure et poids inconnu »; et l'article 657 ajoute :

« quand le connaissement renferme cette mention, le fréteur
» n'est pas responsable de l'exactitude des indications qui y
» sont portées »; enfin l'art. 656 porte qu'en l'état de la
clause « contenu inconnu » le fréteur n'est responsable que
si les marchandises livrées sont différentes des marchandises
embarquées. La preuve de cette différence est par suite
laissée à la charge du fréteur. Quant à la clause « marque
inconnue » la jurisprudence du tribunal supérieur hanséatique l'interprète en ce sens qu'elle dégage la responsabilité
du capitaine en cas de divergence entre les marques relevées
au débarquement et celles portées au connaissement, pourvu
toutefois que la marchandise offerte soit bien celle qu'il a
reçue, la preuve de l'identité de ces marchandises restant à
la charge du capitaine (1). La jurisprudence allemande fait
donc produire à la clause « marque inconnue » un effet beaucoup plus restreint que celui qui est attaché aux précédentes.

La jurisprudence anglaise qui, nous le verrons plus loin,
regarde comme valables les clauses exclusives de la responsabilité valide à plus forte raison les clauses restrictives de
cette responsabilité. La clause la plus répandue dans les
connaissements anglais est la clause : poids, contenu et valeur
inconnus (weight, content and value unknown, ou ship not
accountable for weight, quantity or quality). Cette clause ne
dispense pas le capitaine de l'obligation de transporter la
marchandise aux conditions du contrat; elle met seulement
aussi la preuve d'une faute de sa part à la charge du fréteur.

Les connaissements autrichiens contiennent aussi la mention : sans responsabilité du poids, volume, qualité ou contenu (2).

(1) Trib. supérieur hanséatique, 23 décembre 1901, *Rev. int. de mart.*, XVII,
p. 60; Trib. supérieur hanséatique, 31 janvier 1903, *ibid.*, XX, p. 85.
(2) Connaissement de la Cie hongroise *Adria*.

La jurisprudence belge valide la clause « poids, contenu et valeur inconnus » et la clause « marque inconnue ». En ce qui concerne la première, la cour d'appel de Bruxelles a jugé ([1]), comme les tribunaux français, qu'elle n'exonère pas le capitaine de la responsabilité de la faute qu'il commet en mentionnant dans le connaissement un poids qu'il sait ne pas avoir embarqué ; mais il ne peut être tenu pour responsable par cela seul qu'il y a un écart même considérable entre le poids indiqué au connaissement et le poids des marchandises réellement chargées. Il faut que la preuve d'une faute soit administrée contre lui ; car la clause poids inconnu n'a d'autre effet que de renverser le fardeau de la preuve ([2]).

Quant à la clause « marque inconnue », la jurisprudence belge, après avoir décidé qu'elle ne mettait le capitaine à l'abri de tout recours qu'autant qu'il avait prouvé l'identité des marchandises délivrées avec les marchandises reçues tend aujourd'hui à admettre que cette clause dégage la responsabilité du capitaine, à moins qu'une faute ne soit établie à sa charge ([3]).

Le code de commerce brésilien (art. 582) et le code chilien de 1866 autorisent le capitaine à insérer dans le connaissement la clause « poids, nombre ou mesure inconnus » et décident que si le chargeur a accepté cette réserve en n'exigeant pas la vérification contradictoirement avec le capitaine, ce dernier n'est tenu de délivrer que les effets du chargeur en quelque qualité ou quantité qu'ils se trouvent à bord, à moins que la preuve d'une faute ne soit administrée contre lui.

La jurisprudence des États-Unis valide comme la jurisprudence anglaise la clause « weight, content and value un-

---

[1] Cour de Bruxelles, 26 juin 1906, *Rev. int. de marit.*, XXI, p. 115.

[2] V. encore en ce sens Cour de Bruxelles, 28 janvier 1904, *Rev. int. de marit.*, XX, p. 436.

[3] Trib. com. Anvers, 14 décembre 1904, *Rev. int. de marit.*, XXII, p. 542.

known »; toutefois elle lui fait produire un effet plus restreint que celui qui y est attaché par les tribunaux anglais; elle décide en effet que cette clause n'empêche pas que la marchandise soit présumée reçue en bon état extérieur, l'armateur restant tenu de prouver la cause de la différence entre le poids porté au connaissement et le poids réellement délivré, sa responsabilité étant d'autre part dégagée quand il a prouvé la livraison au destinataire de la quantité des marchandises chargées (¹).

Le code de commerce hollandais (art. 510) et le code de commerce portugais (art. 1559), donnent au capitaine la faculté de mentionner sur le connaissement que l'espèce, le nombre, le poids ou la mesure des marchandises lui sont inconnus; il en est de même dans les codes maritimes suédois, danois et norwégien, dont l'art. 145 dispose qu'en vertu de ces clauses, le capitaine est dégagé de sa responsabilité, sauf le cas où il a vu ou aurait dû comprendre lors du chargement que les indications étaient fautives.

D'après la jurisprudence italienne, la clause « poids inconnu » exonère le capitaine de toute responsabilité en cas de différence entre les quantités livrées et celles qui sont portées au connaissement; elle déplace le fardeau de la preuve et fait naître en faveur du capitaine la présomption qu'il a régulièrement exécuté le contrat de transport et que la quantité de marchandise livrée est bien celle qui a été chargée (²).

Le destinataire des marchandises n'aura le droit de rendre l'armateur responsable des manquants qu'à condition de justifier qu'il ne lui a pas été livré toute la quantité de mar-

---

(¹) Cour d'appel, 3e circuit, 1er mai 1899, *Rev. int. dr. marit.*, XVI, p. 111. — Cour du district Nord de Californie, 25 novembre 1904, *ibid.*, XXI, p. 524.

(²) Cour d'appel de Lucques, 29 mars 1905, *ibid.*, XX, p. 126.

chandises réellement mise à bord au port d'embarquement (¹).

Signalons enfin qu'à côté de la clause poids inconnu, la jurisprudence italienne admet la clause d'*affidavit*, qui, moyennant la déclaration sous serment du capitaine qu'il a exactement livré toute la cargaison du bord, exonère ce dernier de toute responsabilité en cas de différence entre le poids constaté à la livraison et le poids reconnu à l'embarquement (²).

SECTION II

CLAUSES EXCLUSIVES DE LA RESPONSABILITÉ

Les clauses exclusives de la responsabilité sont insérées dans la plupart des connaissements étrangers, mais la validité de celles qui excluent la responsabilité des fautes personnelles de l'armateur ou du capitaine est loin d'être admise par tous les pays. Il n'en va pas de même de la négligence-clause, qui est aujourd'hui validée par la plupart des puissances maritimes : Allemagne, Angleterre, Belgique. Seule la jurisprudence des États-Unis se prononçait pour la nullité de cette clause ; mais la loi fédérale du 13 février 1893, est venue en restreindre la portée en établissant pour toutes les clauses de non-responsabilité une distinction entre les fautes nautiques et les fautes commerciales du transporteur, l'armateur ou le capitaine ne pouvant s'exonérer de leur responsabilité que pour les premières.

L'exemple donné par les États-Unis n'a malheureusement été suivi que par l'Australie, qui a adopté les mêmes règles dans la loi du 15 décembre 1904.

¹. Cour de Gênes, 4 avril 1902, *Rev. int. dr. marit.*, XIX, p. 739.
². Cour de Gênes, 29 décembre 1903, *ibid.*, XX, p. 124.

Après avoir passé en revue les différents pays qui admettent plus ou moins complétement la validité des clauses de non-responsabilité, nous examinerons le système de l'Harter act et de la loi australienne, que nous souhaitons voir consacré par le législateur français.

§ 1. *Pays qui admettent la validité des clauses de non-responsabilité.*

Les connaissements allemands contiennent de nombreuses clauses de non-responsabilité. C'est d'abord la clause qui exonère l'armateur des barateries, fautes ou négligences du capitaine ou de l'équipage : cette clause est semblable dans ses termes à celle que portent nombre de connaissements français ; mais la jurisprudence allemande lui donne une interprétation plus large que celle qui résulte de la jurisprudence de notre pays : elle entend en effet par baraterie tout acte sciemment malhonnête auquel l'armateur n'a pas participé et y comprend même les vols commis par l'équipage. La négligence-clause exonérera donc le transporteur de toute responsabilité même pour le dol ou la faute lourde de ses préposés (¹). Quant aux clauses excluant la responsabilité des fautes personnelles de l'armateur ou du capitaine, la jurisprudence les annule ; elle autorise seulement l'armateur à limiter la période pendant laquelle il est responsable de la marchandise ; c'est ainsi que le tribunal supérieur hanséatique a jugé que la clause « livrable du port du navire où la responsabilité du transporteur cesse » exonérait l'armateur de toute responsabilité, une fois que la marchandise a quitté le bord du navire (²).

La jurisprudence anglaise a toujours validé les clauses de

(¹) Trib. de Hambourg, 2 janvier 1903, *Rev. int. dr. marit.*, XIX, p. 425.
(²) Trib. sup. hanséat., 9 juin 1890, *ibid.*, XVI, p. 81.

non-responsabilité de l'armateur pour fautes du capitaine ou pour fautes personnelles; aussi les connaissements anglais sont-ils riches en clauses d'exonération; cette considération explique d'ailleurs que les armateurs anglais se soient refusés jusqu'à ce jour à participer à l'entente internationale proposée par les chargeurs en vue de réduire les effets de ces clauses. Toutefois les tribunaux anglais ont toujours appliqué en notre matière le principe de l'interprétation restrictive. C'est ainsi que la Haute Cour de justice anglaise a jugé que quand le connaissement contient deux clauses d'exonération dont l'une est plus limitative que l'autre, c'est la première qui doit être appliquée. Dans l'espèce où la Haute Cour a statué, le connaissement portait une première clause, en gros caractères, stipulant purement et simplement l'exonération de la responsabilité de l'armateur, tandis qu'une seconde, en petites italiques, subordonnait cette exonération à la prise de mesures de précautions. La cour a estimé qu'il y avait là une condition essentielle à l'application des stipulations d'irresponsabilité et que, par suite, si ces précautions n'avaient pas été prises, la responsabilité de l'armateur subsistait (¹).

La même juridiction a décidé que la clause exonérant le transporteur de toute responsabilité pour perte ou dommage survenu aux marchandises ne suffisait pas à le dégager, quand cette perte était due à la faute de ses agents (²).

En ce qui concerne la négligence-clause contenue dans les connaissements anglais sous la forme suivante : « L'armateur
» ne répondra pas des fautes des pilotes, des gens d'équipage
» et du capitaine dans le « management or navigation of the
» ship », une discussion s'est élevée sur le point de savoir si

---

(¹) Haute Cour de Justice, 16 fév. 1905, *Rev. int. dr. marit.*, XX, p. 758.
(²) Haute Cour de Justice, 22 janv. 1903, *ibid.*, XIX, p. 752.

cette clause entend exclure seulement la responsabilité des fautes nautiques ou si elle ne comprend pas les fautes commises par le capitaine comme agent commercial (¹). Il paraît conforme à l'interprétation restrictive que nous venons de signaler comme adoptée par la jurisprudence anglaise de ne regarder cette clause d'irresponsabilité « in management or navigation of the ship » que comme applicable aux fautes commises dans la direction nautique du capitaine.

Remarquons enfin qu'en Angleterre comme en Allemagne, le mot *barattry* comprend les fraudes du capitaine et que par suite la clause exonérant l'armateur de la barattry, le rend irresponsable même des fautes intentionnelles du capitaine (²).

Les connaissements austro-hongrois contiennent aussi fréquemment des clauses d'exonération. On y lit par exemple : « La compagnie ne répond pas des erreurs provenant des « différences de marque, de la casse, du coulage, du jet à la « mer, des abordages, collisions, échouage ou autres risques « de la navigation » ; ou encore : « La compagnie s'exonère « de tous risques pouvant résulter pour les chargeurs du « transbordement des marchandises ou du retard provenant « des déviations ou rétrogrades. Elle ne répond pas non plus « des fautes ou négligences quelconques des capitaines, de « l'équipage, pilotes, passagers ou de toute autre personne « embarquée à bord du navire » (³).

La jurisprudence valide toutes ces clauses, en tant qu'elles exonèrent l'armateur de sa responsabilité pour fautes de ses préposés, mais il n'en est pas de même de celles qui l'exonèrent de sa responsabilité personnelle.

---

¹) Dans le 2ᵉ sens, voir Aix, 24 déc. 1891, *Rev. int. de droit.*, VII, p. 408, et dans le 1ᵉʳ sens, Trib. com. Marseille, 6 mai 1892, *ibid.*, VIII, p. 103.

² Aix, 23 décembre 1891, *Rev. int. de droit.*, VII, p. 411.

³ Art. 21 des connaissements de la Cⁱᵉ hongroise *Adria*.

En Belgique, longtemps le tribunal de commerce d'Anvers proclama la nullité de la négligence-clause ; mais il a dû s'incliner [1] devant la jurisprudence constante de la Cour de cassation de Bruxelles qui en admet la validité en se fondant sur ce que « la clause des connaissements portant que l'arme- » ment n'est pas responsable des actes, fautes ou négligences » du pilote, du capitaine ou de l'équipage, n'intéresse en rien » l'ordre public et lie ceux qui invoquent le connaisse- » ment » [2].

La jurisprudence belge reconnaît même aujourd'hui comme valables dans une certaine mesure [3] les clauses exonéra- toires de la responsabilité personnelle du capitaine ou de l'armateur. C'est ainsi que le tribunal de commerce d'Anvers a validé la clause par laquelle l'armement s'exonère de sa responsabilité pour tout dommage survenu aux marchandises pourvu toutefois qu'il soit susceptible d'être couvert par une assurance [4].

La jurisprudence égyptienne et la jurisprudence grecque valident la clause par laquelle le propriétaire du navire s'affranchit de la responsabilité des fautes du capitaine et de l'équipage en se fondant également sur ce que les parties peuvent faire subir aux règles de la convention, toutes les modifications qui ne sont pas contraires à la loi, à l'ordre public et aux bonnes mœurs. Mais elles n'appliquent pas toutes deux ce principe avec la même ampleur : tandis que la jurisprudence égyptienne valide cette clause pour tout acte, erreur, négligence ou faute quelconque du capitaine et de l'équipage [5], la jurisprudence grecque en restreint la

[1] Trib. com. Anvers, 20 juillet 1892, *Rev. int. dr. marit.*, VIII, p. 140.
[2] Cour de cass. Bruxelles, 16 fév. 1895, *ibid.*, XI, p. 150.
[3] Cour de Bruxelles, 7 mai 1887, *ibid.*, III, p. 75.
[4] Trib. com. Anvers, 28 mars 1901, *ibid.*, XVII, p. 495.
[5] Cour d'app. d'Alexandrie, 19 nov. 1902, *ibid.*, XIX, p. 607.

portée à la responsabilité des fautes légères du capitaine ou de l'équipage n'en reconnaissant pas la validité lorsqu'il s'agit de leur dol ou de leur faute lourde (1).

En Italie, nous l'avons vu dans notre chapitre précédent, la Cour de cassation de Turin, dont dépend le port de Gênes déclarait nulle jusqu'à ces dernières années toute clause d'exonération de la responsabilité de l'armateur pour faits du capitaine, mais par un arrêt du 27 juillet 1904, elle s'est ralliée à la jurisprudence commune (2), et valide aujourd'hui la négligence-clause.

Quant aux clauses exonératoires de la responsabilité des fautes personnelles, elles sont reconnues valables par le tribunal de Gênes (3), et il est probable, bien que nous n'ayons pas trouvé de décision sur ce point, que la même jurisprudence serait adoptée par la cour de Turin.

Enfin la législation maritime scandinave, dans son état le plus récent, bien qu'elle réglemente d'une façon rigoureuse les conditions du contrat d'affrètement, reconnaît cependant la validité des clauses de non-responsabilité, sous certaines conditions toutefois. Aux termes de l'art. 146 de la loi maritime danoise du 1er avril 1892, si lors du chargement on n'a pu contrôler l'état des marchandises, ou la solidité de l'emballage, le capitaine peut, en insérant dans le connaissement la clause « franc de coulage, bris ou dommage » se dégager de la responsabilité qui lui incombe d'après l'article 142 de la même loi, mais cette réserve ne dégage pas sa responsabilité, si l'armement est responsable des causes de détérioration.

L'art. 147 ajoute que s'il est chargé des marchandises manifestement détériorées ou défectueusement emballées, le

(1) Trib. com. de Syra, 23 janvier 1901, *Rev. int. dr. marit.*, XVII, p. 364.
(2) Cass., Turin, 27 juill. 1904, *ibid.*, XX, p. 161.
(3) Tribunal de Gênes, 18 mars 1902, *ibid.*, XVII, p. 816.

capitaine reste responsable envers le destinataire, alors même que le connaissement contiendrait la réserve de l'art. 146, si mention expresse n'en a pas été faite au connaissement.

§ 11. *L'Harter Act américain et la loi australienne de 1904.*

Jusqu'en 1893, la jurisprudence des États-Unis d'Amérique, en l'absence d'une loi réglementant la matière, se prononçait pour la nullité des clauses exonérant l'armateur de sa responsabilité (1).

Une loi fédérale du 13 février 1893, connue sous le nom d'Harter act, est venue atténuer cette solution absolue, en introduisant à cet égard la distinction que nous voudrions voir admise par le législateur françois, entre les fautes nautiques et les fautes commerciales du capitaine. Dorénavant l'armateur pourra bien ne pas répondre des fautes nautiques commises par lui ou ses préposés, c'est-à-dire de celles qui sont commises dans la direction du navire ; mais il ne pourra s'affranchir des fautes dont il se rend coupable comme agent commercial de l'armateur et de celles qui se rapportent à l'innavigabilité du navire. Il nous paraît au surplus intéressant de reproduire les articles d'un acte législatif qui a servi de modèle à l'avant-projet de loi présenté en France par M. Autran (2) :

Art. 1er. « Il est interdit au gérant, agent, capitaine ou
» propriétaire de tout navire affecté au transport des mar-
» chandises entre les ports des États-Unis ou entre les dits
» ports et les ports étrangers, d'insérer dans aucun connais-

<hr>

(1) Cour suprême des États-Unis, 6 mars 1889, *Journ. dr. int. privé*, 1890, p. 153.

(2) *Rev. int. dr. marit.*, VIII, p. 632 et s.

» sement ou autre police de chargement aucune clause, sti-
» pulation ou convention en vertu de laquelle les dits gérants,
» agent, capitaine ou propriétaire soient déclarés non respon-
» sables de la perte ou de l'avarie provenant d'une négli-
» gence, faute ou défaut dans le bon chargement, l'arrimage,
» la garde, le soin ou la livraison convenable de toute
» marchandise légitime à eux confiée. Toutes expressions ou
» stipulations de cette sorte insérées dans les connaissements
» ou récépissés de chargement sont nulles, non avenues et
» sans effet ».

Art. 2. « Pour tout navire transportant des marchandises
» entre les ports des Etats-Unis ou entre les dits ports et les
» ports étrangers, il est interdit à l'armateur, capitaine,
» agent ou gérant, d'insérer dans aucun connaissement ou
» police de chargement aucune stipulation ou clause tendant
» à restreindre, atténuer ou annuler les obligations des arma-
» teurs du dit navire, d'exercer la diligence nécessaire pour
» son bon armement, équipement, approvisionnement et
» aménagement ainsi que pour le mettre en bon état de navi-
» gabilité et capable d'accomplir le voyage projeté; ou ten-
» dant à restreindre, atténuer ou annuler les obligations des
» capitaines, officiers, gérants ou préposés, de manipuler et
» d'arrimer avec soin la cargaison, d'en prendre soin et de
» la livrer comme il convient ».

Art. 3. « Si l'armateur d'un navire transportant des mar-
» chandises de ou entre les ports des Etats-Unis ou entre les
» dits ports et des ports étrangers doit exercer la diligence
» nécessaire pour que le navire soit à tous égards en bon état
» de navigabilité et pour qu'il soit convenablement équipé,
» armé et approvisionné; — d'autre part, le navire, son ou
» ses armateurs, son agent ou ses fréteurs ne doivent pas être
» responsables ou réputés responsables du dommage ou de

» la perte provenant des fautes ou erreurs de navigation ou
» de gestion (management) du navire; et ils ne seront pas
» responsables des pertes résultant des dangers de mer ou
» autres eaux navigables par le fait de Dieu ou de l'ennemi
» ou par les défauts naturels, la qualité ou l'imperfection des
» marchandises transportées ou par l'insuffisance de l'embal-
» lage ou par la saisie par les voies légales, ni des pertes
» résultant d'un acte ou d'une omission quelconque de la
» part de l'expéditeur ou du propriétaire des marchandises,
» de son agent ou représentant ou encore résultant d'un sau-
» vetage ou d'une tentative de sauvetage à la mer d'hommes
» ou de marchandises ou de toute déviation de route occa-
» sionnée par ce sauvetage ».

L'art. 4 s'occupe des mentions et déclarations que doit
contenir le connaissement.

ART. 5. « Pour la violation des articles de cette loi, l'agent,
» l'armateur ou le capitaine du navire qui se sera rendu
» coupable de cette violation et refusera de délivrer, quand
» on le lui demandera, un connaissement dans les formes
» ci-dessus, sera passible d'une amende maximum de 2.000
» dollars; le montant de cette amende et les frais encourus
» pour cette violation auront pour gage le navire du délin-
» quant; la moitié de cette amende reviendra à la partie
» lésée; l'autre sera attribuée au gouvernement ».

Le système de l'Harter act peut se résumer de la façon
suivante : l'armateur et le capitaine répondront toujours des
pertes ou avaries résultant des négligences, fautes ou défauts
dans le chargement, l'arrimage, la garde, le soin ou la livraison convenable, l'armement, l'équipement, l'approvisionnement et la préparation du navire; sera par suite nulle, toute
clause tendant à exonérer l'armateur de sa responsabilité
pour les fautes de cette nature, que cette faute lui soit

personnelle ou qu'elle soit imputable au capitaine agissant comme agent commercial de l'armateur (art. 1 et 2). Mais quand l'armateur ou le capitaine ont fait « due diligence » pour que le navire soit, à tous points de vue, en état de tenir la mer et pour qu'il soit convenablement équipé et approvisionné, d'une part, ils sont exonérés de plein droit de toute responsabilité pour pertes ou avaries résultant de fautes ou d'erreurs du capitaine « in navigation or in the management of the ship », c'est-à-dire dans la conduite du navire et d'autre part, ils ne sont pas responsables des pertes ou avaries occasionnées par fortune de mer, force majeure ou vice propre de la marchandise (art. 3).

L'art. 4 ajoute que le capitaine et l'armateur doivent délivrer un connaissement mentionnant les marques, nombre ou quantité, poids déclaré, ordre ou état apparent de la marchandise.

Enfin l'Harter Act, pour assurer l'application de ses dispositions prohibitives concernant les clauses de non-responsabilité édicte, comme nous le savons déjà, une amende très élevée contre les capitaines ou armateurs qui y contreviendraient (art. 5).

La distinction établie par l'Harter Act entre les fautes nautiques et les fautes commerciales a donné lieu, dans la jurisprudence américaine comme dans la jurisprudence européenne qui a eu à statuer sur l'application de ce texte, à des interprétations divergentes, tant au point de vue du domaine de chacune de ces deux fautes qu'au point de vue du fardeau de la preuve et du caractère de la nullité des clauses exclusives de la responsabilité des fautes commerciales. Ces divergences d'interprétation constituent un des principaux griefs invoqués contre l'admission, dans notre législation, de la distinction des fautes nautiques et commerciales.

L'Harter Act ne fait pas en effet une distinction très nette entre ces deux catégories de fautes ; l'art. 3 autorise seulement les clauses d'exonération des fautes commises « in management or in navigation of the ship », et si l'interprétation du mot « navigation » paraît assez facile à faire, il en est autrement de l'expression « management ». Une précision peut bien être tirée à ce point de vue de la disposition de l'art. 1er qui interdit toute clause relative aux fautes commises dans le chargement, l'arrimage, la garde et la livraison des marchandises, d'où il résulte que toutes les opérations mentionnées dans l'art. 1er ne rentrent pas dans le management visé par l'art. 3, mais il reste encore place à des difficultés pour la détermination du sens précis de cette expression.

Les tribunaux français ont une tendance à interpréter les termes de l'Harter Act de la façon la plus restrictive et à restreindre la portée des clauses d'exonération des connaissements américains aux fautes commises dans le commandement du navire (¹).

Au contraire la jurisprudence américaine a décidé que le mot « management » avait un sens plus étendu que le mot « navigation » et qu'il comprenait les fautes commises, même quand le navire est dans un port, si ces fautes se rapportent aux soins à donner au bâtiment (²).

La question s'est aussi posée de savoir, au cas de perte ou d'avarie constatée au débarquement, si c'est au destinataire à prouver à l'encontre de l'armateur ou du capitaine que cet événement est dû à l'une des fautes dont ils sont responsables en vertu des articles 1 et 2 de l'Harter act, ou si au

---

¹) Trib. co. Rouen, 15 juin 1893, *Rev. int. dr. marit.*, X, p. 211 ; Trib. co. Havre, 2 mars 1898, *ibid.*, XIII, p. 779.

² Cour d'appel de circuit, 25 mai 1895, *ibid.*, XI, p. 320.

contraire il incombe à l'armateur et au capitaine de justifier de leur irresponsabilité par suite de la due diligence, de la fortune de mer ou du vice propre de la marchandise.

En ce qui concerne la due diligence, l'article 3 semble en mettre la preuve à la charge de l'armateur et édicter contre lui une présomption de faute jusqu'à ce qu'il ait prouvé sa diligence, puisque la *due diligence* est indiquée par cet article comme l'une des conditions de l'irresponsabilité [1]. Pour les autres causes d'avaries, on invoque avec raison, pour en mettre également la preuve à la charge du transporteur, l'article 4 de l'Harter act qui déclare que le connaissement doit mentionner l'état apparent de la marchandise; il semble bien en résulter qu'en l'absence de cette mention, la marchandise doit être considérée comme ayant été reçue en bon ordre, et que dès lors c'est à l'armateur ou au capitaine à prouver la fortune de mer ou le vice propre [2]. Cependant le tribunal de commerce du Hâvre a statué en sens contraire et jugé que le capitaine et l'armateur ne deviendront responsables que si la preuve du mauvais arrimage des marchandises est administrée [3].

Si des divergences se sont ainsi élevées en ce qui concerne la détermination exacte des fautes nautiques et des fautes commerciales, il est au contraire admis sans difficulté que la nullité qui frappe les clauses de non responsabilité relatives aux fautes commerciales est une nullité absolue, invocable par toute personne et en tout état de cause [4].

Le système de l'Harter act américain et la distinction entre

---

[1] C. du district sud de New-York, 18 septembre 1901, *Rev. int. du marit.*, XVI, p. 710; Trib. supérieur hanséatique, 21 janvier 1901, *ibid.*, XVII, p. 478.

[2] C. du district ouest de New-York, 13 juin 1912, *ibid.*, XVIII, p. 574; Trib. supérieur hanséatique, 21 janvier 1901, cité note 1.

[3] Trib. com. Hâvre, 23 septembre 1913, *ibid.*, XIX, p. 384.

[4] Cour de Rouen, 31 juillet 1895, *ibid.*, XI, p. 312.

les fautes nautiques et les fautes commerciales ont été repro-
duits par la loi australienne du 15 décembre 1904 (¹) relative
au transport des marchandises par mer, loi qui a même élargi
le domaine des fautes commerciales et la prohibition des
clauses d'irresponsabilité qui s'y rattachent. L'art. 5 de cette
loi est en effet ainsi conçu :

« Toute clause, stipulation ou convention sera illégale,
» nulle, non avenue et de nul effet lorsque :

» *a)* Le propriétaire, l'affréteur, le capitaine ou un agent
» du navire ou le navire lui-même est affranchi de sa respon-
» sabilité pour la perte ou le dommage soufferts par les mar-
» chandises, résultant de la condition défectueuse ou impropre
» de la cale du navire ou autre partie du navire où sont
» transportées les marchandises, ou bien résultant de la
» négligence ou de la faute dans le chargement, l'arrimage,
» la garde, le soin ou la livraison des marchandises reçues
» par eux pour être transportées dans ou par le navire.

» *b)* Lorsqu'elles tendent à diminuer, affaiblir ou suppri-
» mer les obligations du propriétaire ou de l'affréteur d'un
» navire d'exercer la diligence convenable, de l'armer, de
» l'équiper, de l'avitailler convenablement, de rendre le
» navire navigable et le maintenir en bon état de navigabilité,
» de maintenir convenables et sûres pour la réception, le
» transport et la conservation des marchandises, toutes par-
» ties du navire dans lesquelles les marchandises sont trans-
» portées.

» *c)* Lorsqu'elles tendent à diminuer, atténuer ou éluder
» les obligations des capitaine, officiers, agents ou employés
» du navire de soigneusement manipuler et arrimer les mar-
» chandises, d'en prendre soin, de les conserver et d'en
» donner livraison convenable ».

¹ *Rev. int. dr. marit.*, XX, p. 84.

L'art. 6 ajoute qu' « en cas de contestations sur les clauses du connaissement, relatives au transport des marchandises, on appliquera la loi du lieu d'embarquement ; et que toute clause contraire sera nulle ».

L'art. 7 édicte contre le propriétaire, affréteur, capitaine ou agent de navire la même sanction que l'Harter Act ; ils ne pourront ni insérer dans un connaissement une clause déclarée illégale par la présente loi, ni faire exécuter un connaissement contenant ces clauses sous peine de 100 livres sterling d'amende.

Enfin l'art. 8 permet à l'armateur de s'exonérer de toute responsabilité des dommages ou des pertes résultant de fortunes de mer, vice propre des marchandises, insuffisance d'emballage, actes de Dieu ou du Roi, omissions des chargeurs ou déroutement pour sauvetage.

SECTION III

CLAUSES DÉROGATOIRES AUX RÈGLES DE L'ACTION EN RESPONSABILITÉ

La validité des clauses qui dérogent aux règles ordinaires de compétence et d'organisation judiciaire, n'a pas été prévue par la législation étrangère ; elle a seulement donné lieu à des décisions de jurisprudence dans les différents pays qui ont été amenés comme le nôtre à s'occuper de leur validité. La jurisprudence anglaise valide la clause attributive de compétence, non seulement entre Anglais, mais entre transporteur étranger et chargeur anglais ; il en est de même dans la jurisprudence allemande, qui va même jusqu'à valider avec la jurisprudence belge (¹) la clause compromissoire, déclarée au contraire nulle en Angleterre comme en France. La juris-

____
(¹) Trib. com. Anvers, 3 août 1893, Journ. de dr. int. privé, 1894, p. 1039.

prudence grecque et la jurisprudence italienne (¹) admettent aussi la validité de la clause attributive de juridiction, même à une juridiction étrangère, mais annulent la clause compromissoire : même solution dans la jurisprudence suédoise, qui permet de déroger à la règle de l'art. 324 du Code maritime de 1891 donnant compétence au tribunal du domicile du défendeur.

SECTION IV

CONFLITS DE LOIS

Les divergences que nous venons de constater dans la législation et la jurisprudence des différents États en ce qui concerne la validité des clauses d'exonération et l'effet de ces clauses, donnent un intérêt tout particulier à la solution des conflits de lois en notre matière. Si l'on suppose en effet qu'un capitaine prenne un chargement dans un pays tel que les États-Unis dont la législation annule la plupart des clauses de non-responsabilité, alors que son navire appartient lui-même à un État qui en admet la validité, quelle loi devra-t-on appliquer en cas de contestation entre chargeur et armateur? Devra-t-on appliquer la loi du pays d'origine du navire, et par conséquent valider ces clauses ou au contraire les annuler au nom de la loi du pays où a été passé le contrat?

Tout conflit de lois semble écarté quand les parties ont exprimé leur volonté quant à la législation par eux adoptée. En vertu du principe de la liberté des conventions qui régit en l'absence de loi spéciale notre matière, chargeurs et armateurs peuvent valablement convenir que les clauses du con-

(¹) Cass. de Naples, 16 avril 1898, *Rev. int. de droit.*, XIV, p. 204; art. 27 des connaissements italiens.

naissement seront régies par la loi du pays du port de départ ou celle du pays du port de destination. C'est ainsi que la disposition de l'art. 26 du connaissement de la Compagnie Transatlantique : « Le présent connaissement sera régi par la loi française » s'imposera au tribunal saisi du litige qui devra appliquer la loi du pays d'origine du navire (loi du pavillon) et valider les clauses de non-responsabilité (1). Il en sera de même pour toute disposition analogue insérée dans un connaissement ou une charte-partie.

Mais si les conflits de lois ne se produisent aujourd'hui que dans les rares hypothèses où le connaissement reste muet en ce qui concerne la loi applicable aux clauses et conditions qu'il contient, ils se produiront très fréquemment le jour, prochain nous l'espérons, où notre législateur viendra annuler, en tout ou en partie, les clauses de non-responsabilité.

Les armateurs français ou étrangers auront en effet une tendance à se soustraire aux dispositions de la loi française en déclarant soumettre toutes les difficultés nées à propos de l'exécution du contrat d'affrètement à la loi d'un pays qui ne prononce pas la nullité de ces clauses.

Aussi penserions-nous que notre législateur devrait donner dans la loi nouvelle une solution aux conflits de loi que son application peut entraîner. Mais quelle solution devrait-il adopter ?

Il ne saurait être évidemment question d'appliquer en notre matière la règle *locus regit actum*, car l'insertion, dans les connaissements, d'une clause de non-responsabilité ne saurait être considérée comme ne mettant en jeu qu'une

---

(1) Si l'application de cette clause est simple pour le juge saisi du litige quand elle attribue compétence à la juridiction du pays même à la loi duquel elle soumet tous litiges relatifs à l'exécution du contrat d'affrètement, il n'en va pas de même dans l'hypothèse inverse.

règle de forme; elle pose essentiellement une question relative aux conditions de fond de l'exécution du contrat d'affrètement. On a proposé d'appliquer à cet égard la loi du pavillon, c'est-à-dire la loi du pays d'origine du navire, ce qui conduirait, dans l'espèce que nous avons indiquée plus haut, à valider les clauses de non-responsabilité. Cette solution, qui paraît avoir été adoptée par certains tribunaux français (1), présente en effet plusieurs avantages; tout d'abord, il n'y aura, de cette façon, qu'une seule loi applicable pour tout le chargement, bien que les marchandises proviennent de différents pays. On peut soutenir en outre qu'un accord tacite de volonté doit être regardé comme s'étant formé entre les contractants pour s'en remettre à la loi d'origine du navire.

Il nous semble cependant plus juridique d'admettre avec MM. Lyon-Caen et Renault (2), en vertu des principes généraux du droit international privé, que la loi présomptivement adoptée par les parties doit être la *lex loci contractus*, loi du pays où a été conclu le contrat, où le connaissement a été signé. C'est donc d'après celle-ci que doit être jugée la question de la validité des clauses excluant la responsabilité de l'armateur pour fautes du capitaine ou même excluant la responsabilité des fautes personnelles, soit du capitaine, soit de l'armateur. Les mêmes motifs s'appliquent en effet à ces deux catégories de clauses; les unes et les autres réglementent l'exécution du contrat d'affrètement; elles modifient les conditions de cette exécution et doivent par suite être gouvernées par la loi du pays où a été conclu le contrat. Cette théorie, qui a été adoptée par notre

(1) Trib. com. Marseille, 29 juin 1893, *Rev. int. de droit.*, IX, p. 217. — Trib. com. Havre, 31 déc. 1895, Journal *Le Droit*, 25 janv. 1896.

(2) Lyon-Caen et Renault, V, n. 849, note de M. Lyon-Caen, sous Cass., 12 juin 1894, S., 95, 1, 161.

Cour de cassation (¹) et par la Cour suprême des États-Unis (²),
ne saurait être critiquée même en ce qui concerne les clauses
exonératoires de la responsabilité personnelle ; car en admettant que ces clauses doivent être annulées comme contraires
à l'ordre public national (nous ne l'avons pas admis parce
que ces clauses sont avant tout des conventions), elles ne
sont sûrement pas contraires à l'ordre public international ;
c'est-à-dire aux règles supérieures de moralité qui s'imposent à toutes les nations ; le fait que leur validité n'est pas
unanimement admise ou repoussée par toutes les nations le
montre bien ; nous avons vu d'ailleurs que ce n'est plus sur
le terrain de l'art. 6 du Code civil que ces clauses sont contes-
tées, mais que leur annulation est motivée par le préjudice
qu'elles apportent aux intérêts particuliers.

Aussi, à notre avis, le législateur devrait-il, pour régler les
difficultés internationales que soulève la question de la validité des clauses de non-responsabilité, ajouter à la loi nouvelle, que nous lui demandons en terminant de voter et de
promulguer dans le plus bref délai possible, un article ainsi
conçu : « Tout litige relatif aux clauses et conditions du contrat d'affrètement devra être jugé d'après la loi du pays où ce
contrat a été passé ».

(¹) Cass. arrêt cité note précédente. — La Cour de cassation appliquait auparavant la *lex fori* ou loi du tribunal saisi.

(²) Cour suprême des États-Unis, 5 mars 1889, *Journ. du dr. intern. privé*, 1890, p. 153.

BIBLIOGRAPHIE

1° Ouvrages de doctrine.

BÉDARRIDE. — Commentaire du Code de commerce : le commerce maritime, Paris, 1859, I et II.

COTRON (de). — Questions de droit maritime, Paris, 1888 à 1892, II, III, IV.

GILLET et LAURIN. — Cours de droit maritime, Paris, Aix, 1876, I et II.

DESJARDINS. — Traité de droit commercial maritime, Paris, 1882, II, III, IV.

LEJEUNE. — Les clauses d'irresponsabilité des connaissements, Anvers, 1885.

LYON-CAEN et RENAULT. — Traité de droit commercial, 3° éd. Paris, 1901, V.

PLANIOL. — Traité élémentaire de droit civil, Paris, 1900, II.

RUBEN DE COUDER. — Dictionnaire de droit commercial, industriel et maritime, 3° éd. Paris, 1877, v° Armateur et Capitaine.

SAINCTELETTE. — De la responsabilité et de la garantie, Bruxelles, 1884.

VALROGER (de). — Droit maritime, Paris, 1883, I, II et V.

2° Codes.

RIVIÈRE et POST. — Les codes français, Paris, 1905. — Code de commerce, art. 216, 221, 222, 230, etc.

SIREY. — Code de commerce annoté, Paris, 1903.

LOIS MARITIMES SCANDINAVES. — Trad. Beauchet, Paris, 1901.

CODE DE COMMERCE ITALIEN de 1882. — Trad. Bohl, Paris, 1884.

CODE DE COMMERCE PORTUGAIS de 1888. — Trad. Lehr, Paris, 1889.

3° Recueils de jurisprudence, Revues.

DALLOZ. — Répertoire de législation, v° Droit maritime.

» Supplément au répertoire de législation, ibid.

FUZIER-HERMAN et CARPENTIER. — Répertoire du droit français, v° Affrètement et Connaissement.

PANDECTES FRANÇAISES, v° Affrètement et Capitaine de navire.

ANNALES de droit commercial, 1886 à 1906.

Journal des Arrêts *de la Cour de Bordeaux*, 1893-1905.
Revue critique *de législation et de jurisprudence*, années 1890 à 1906.
Revue internationale *de droit maritime*. Autran, XV à XXI, années 1899 à 1906.

4° Thèses.

Barrère. — Les obligations de l'armateur et du capitaine en droit romain. Bordeaux, 1896.
Brest. — La clause de non-responsabilité de l'armateur pour fautes du capitaine. Bordeaux, 1901.
Gautier. — De la clause attributive de juridiction insérée dans les connaissements. Montpellier, 1905.
Guibal. — La responsabilité des armateurs en droit romain.
— La copropriété des navires en droit français. Montpellier, 1883.
Lefebvre. — De la responsabilité des propriétaires de navire et de l'abandon. Paris, 1883.
Laus. — Les clauses de non-responsabilité dans le contrat de transport par terre et par eau. Poitiers, 1895.
Roux. — La responsabilité au point de vue de la clause de non-garantie et du fardeau de la preuve. Paris, 1881.

5° Connaissements.

A. *Français*. — Messageries Maritimes sans clause de garantie, n° 119.
— avec clause de garantie, n° 120.
Compagnie Générale Transatlantique, modèle 404.
Chargeurs Réunis, année 1906.
B. *Etrangers*. — Angleterre : Pacific Steam Navigation Company.
General Steam Navigation C° and American Line, janvier 1903.
Autriche-Hongrie : Compagnie royale hongroise Adria.

6° Documents relatifs aux projets de réforme des connaissements.

A. Observations présentées par la Compagnie des Messageries Maritimes sur le projet de loi relatif aux connaissements. Paris, 1896.
B. Brochures publiées par le syndicat des exportateurs de Marseille :
Rapport de M. Autran au Congrès des Chargeurs de Marseille (1902).
Avant-projet relatif aux clauses d'irresponsabilité dans le contrat de transport maritime. Marseille, 1903.
Compte rendu de la commission mixte pour la réforme des clauses d'exonération des connaissements. Marseille, 1903.
Compte rendu des dépositions faites devant la commission interministérielle pour la réforme des connaissements (juin 1905). Marseille, 1905.

C. *Journal officiel*, n. du 18 février 1905.

D. Procès-verbal n. 28 des délibérations de la chambre de commerce de Bordeaux
(1905).

E. Rapport de M. Rodolphe Rousseau à la commission interministérielle (février
1905), Paris, 1905.

F. Dossier de la chambre de commerce de Bordeaux contenant les différentes
tentatives de réforme de la législation des connaissements (1886 à 1905).

G. Circulaire de la Compagnie des Messageries Maritimes portant création d'une
clause de garantie dans ses connaissements (1er décembre 1905).

TABLE DES MATIÈRES

PREMIÈRE PARTIE

Étude de la responsabilité légale.

DEUXIÈME PARTIE

La responsabilité conventionnelle.

Pages